丛书主编 曾天山 陈才明

G20

国家教育研究丛书

加拿大基础教育

胡 军 刘万岑 著

同济大学出版社
TONGJI UNIVERSITY PRESS

图书在版编目(CIP)数据

加拿大基础教育/胡军,刘万岑著. --上海:同济大学出版社,2015.9
(G20国家教育研究丛书/曾天山,陈才明主编. 第1卷,基础教育卷)
ISBN 978-7-5608-5927-9

Ⅰ.①加… Ⅱ.①胡… ②刘… Ⅲ.①基础教育—研究—加拿大 Ⅳ.①G639.711

中国版本图书馆CIP数据核字(2015)第182316号

G20国家教育研究丛书

加拿大基础教育

胡　军　刘万岑　著

责任编辑 陈佳蔚　　**责任校对** 徐春莲　　**封面设计** 王国樑　　**出版策划** 曹　建

出版发行	同济大学出版社　www.tongjipress.com.cn	
	(上海市四平路1239号　邮编200092　电话021-65985622)	
经　销	全国各地新华书店	
印　刷	上海晨熙印刷有限公司	
开　本	710 mm×1 000 mm　1/16	
印　张	18	
字　数	360 000	
印　数	1—5 000	
版　次	2015年9月第1版　2015年9月第1次印刷	
书　号	ISBN 978-7-5608-5927-9	
定　价	80.00元	

本书若有印装质量问题,请向本社发行部调换　　版权所有　　侵权必究

G20 国家教育研究丛书
基础教育编委会

主　　任
朱永新　　田慧生

副 主 任
李玉先　　贾　炜

编　　委
（按姓氏笔画为序）

王　素	王晓辉	王曜君	方腊全
田慧生	冯增俊	孙启林	李玉先
李笑非	刘宝存	刘京海	朱永新
张民选	芮火才	陈才明	陈时见
陈洪捷	杨国顺	周满生	赵　琛
钟启泉	贾　炜	唐洪平	黄友权
曾天山	程红兵	程显栋	潘璋林

执行编委
朱维炳　　胡永昌　　骆桂明

策　　划
陈才明　　王　素　　朱维炳　　胡永昌

丛书主编

曾天山　　陈才明

执行主编

王　素　　朱维炳

分册主编

（按姓氏笔画为序）

冯俊华　　刘定鸣　　朱俊红　　肖　京
杨　明　　郑武天　　郭晋保　　徐钦福
徐晓蓉　　曹　岩　　喻　进

特约编辑

（按姓氏笔画为序）

计　琳　　宋旭辉　　沈勉荣　　张国强
陆志丰　　顾晓寒

视觉设计

王国樑

统　筹

陈征峰　　顾根荣　　谢　震　　郑　伟

资　助

上海文帆教育科技发展有限公司

序

"G20国家教育研究"丛书已经部分出版了,这套丛书由基础教育、大学教育、职业教育及幼儿教育四卷组成,已经出版的是"基础教育卷"部分,是一套分量不轻的丛书。

这套丛书首先引起我关注的是研究对象。从国内外来看,把G20国家的教育作为研究课题,将世界教育的发展情况进行系统的、全面的、集中的比较研究的丛书,目前尚未发现。G20,即20国集团,由美、俄、英、法、德、日本、意大利、加拿大8个发达国家,加上中国、阿根廷、澳大利亚、巴西、印度、印度尼西亚、墨西哥、沙特阿拉伯、南非、韩国、土耳其11个新兴工业国家以及欧盟组成。G20总人口约40亿,GDP占全球经济的90%,贸易额占全球的80%。G20教育发展的情况,一定程度上代表了世界教育的发展趋势和方向。其发展过程中的得与失,可为中国的教育改革向纵深发展提供可资借鉴的经验。由此可以说,出版发行这样一套书很有必要,也应该关注。

这套丛书的构思,不拘泥于国别的研究,它把国别教育的变革与发展放在全球化、信息化的大背景下展开,并与国际教育潮流有机地结合起来,使本丛书具有21世纪的时代特征。

从国别教育(基础教育部分)所写的内容来看,是比较丰富多彩的。它既有史诗般的展开,又有现实改革中的各种举措;既有各国改革的共同关注方面,又有各国在改革中的重点、特点和亮点。编写的内容比较全面、系统,涵盖了招生考试制度的改革、学校管理、教师队伍的建设、课程设置和教育装备等诸多方面。

其次,编写基础教育部分的作者是中国教育科学研究院和部分高等院校的中青年理论研究者,他们都在所著书的国家生活、学习、工作过,了解、熟悉编写所在国的基础教育的状况及发展趋势。这是一件可喜的事情,我国教育理论队伍亟须不断壮大并注入新鲜血液,需要大量的新生力量参与,才会显得更有朝气、更有活力。我衷心希望这支队伍能真正成为有战斗力的教育理论队伍中的生力军。

第三,引起我关注的是此丛书可资借鉴的积极意义。当前,教育资源在全球进行配置,教育要素在全球加速流动,世界各国教育相互影响、相互依存的程度不断提高,各国教育相互交流、相互竞争、相互包容、相互激荡,共同促进世界的繁荣和发展。各国在人才培训目标的确定、教育内容的选择以及教育手段和方法的采用等方面,不仅要满足来自本国、本土化的要求,而且还要适应国际间产业分工、贸易互补等经济、文化交流与合作的新形势。各国都想充分利用国内和国际两个教育市场,优化配置本国的教育资源和要素,抢占世界教育的制高点,培养出在国际上有竞争力的高素质人才,为本国的最高利益服务。

党的"十八大"以来,习近平总书记对教育工作作出了一系列重要论述,深刻阐明了新时期我国教育改革发展的重大理论和实践问题,丰富发展了中国特色社会主义教育理论,这是推进教育事业改革发展的强大思想武器。这些重要论述揭示了教育的本质属性,阐明了教育在实现中国梦伟大征程中的重要作用和战略地位。

中国自古以来就是一个教育大国,先人为我们留下了极其丰富的办学、治学遗产,我们一定要把扎根于祖国大地的这份遗产中最精华部分传承、发扬、光大。只有坚持从历史走向未来,从延续民族文化血脉中开拓前进,才能做好今天的事业。

然而,要坚守传承民族教育文化精华,还必须要有国际视野。所以,我们必须坚持改革开放。深化教育改革要有全球的视野,海纳百川,兼收并蓄,吸收国际先进经验,为我所用,推动我国教育事业健康发展。当今世界各国无不把教育改革与创新作为应对时代挑战和提高竞争力的重要举措,"提高质量,促进公平,推动发展"已成为许多国家教育改革的共同主题。在各国教育发展过程中,没有哪国的教育发展不需要参考和借鉴其他国家的经验。为此,我们希望有一套丛书来全景式地展示世界各国教育的现状、改革举措和教育成果,为我们揭示世界教育的共同点，比较不同点，寻找各国教育改革得失的原因，提出可资借鉴的可行性建议，为我国教育工作者提供一套不出国门就能知晓全球教育的权威资料性丛书。我希望这套丛书能起到这个作用。

第四，此套丛书也是教师素养培训的好教材。如果说科教兴国是国家的基本国策，那么，教师就是教育事业之本。强国必强教，强教必强师，教育质量本质上是师资质量。一个庞大的教育体系，必须要有一支庞大且道德高尚、业务精良的教师队伍。因此，要加强教师的继续教育。在这里，我特别强调一点，要大力提倡教师多看书，多读书，阅读是教师职业的本能。有了教师大量的阅读，才能对学生进行"传道、授业、解惑"。尤其在今天这个知识不断更新的时代，更要不断吸收新营养，来充实自己。此套丛书可以拓展教师的眼界，为其教育、教学和科研工作提供可资借鉴的经验，吸收营养，加强理论修养，提高业务水平。中国知识分子历来有手不释卷的习惯，而现在很多年轻人却手不释"机"。我希望我们的教师能成为社会阅读的榜样，至少在学校里为学生做一个努力阅读的楷模。当然，我们所有的教育工作者都应该如此。

最后，我要感谢"G20国家教育研究"丛书的策划者、组织者、编写者以及出版者，感谢他们经过数年潜心研究，为我国基础教育推进国际化进程，融入全球化，加强国际教育文化交流，奉献了这样一套有时代意义的丛书。

郝　平

（作者为教育部副部长）

Brief Summary of 'Basic Education in Canada'

The development of Canadian basic education is closely related to the establishment of the country. Actually, Canada, as an independent state, is less than 100 years old. As early as the 16th century, this part of the world was reduced to being a colony of Britain and France. It didn't gain independence until the early 20th century. Such a long colonial rule created a multi-ethnic and multicultural country where people not only speak English and French, but also use local Indian languages.

Basic education in Canada mostly relies on local governments. There is no unified education department, no unified textbooks, and no unified examination system. This, however, doesn't affect the development of basic education, but helps form its own characteristics.

On the basis of the real national conditions, the book presents the core contents of basic educational reform-curricula, textbooks, teaching, and evaluation by introducing the historical development of basic education, educational system and structure, and school management.

From relevant basic education theory and policy research to the analysis of practice and application, from the Canadian Council on Education to provincial educational authorities, and even schools, classes and families, this book tries to display the country's role in promoting the development of basic education; from community culture and curriculum arrangement to curriculum standards and textbook design and development, it highlights the country's efforts in encouraging multi-cultural, interdisciplinary integration, and the cultivation of learning ability and working habits; from the perspective of teacher cultivation and development, it makes an analysis of the characteristics of basic education. The last two chapters focus on highlights of Canada's achievements in basic education, namely, juvenile psychological health education and the exploitation and utilization of social education resources.

Seen from the point of view of basic education reform, Canada, also well known as the "country of maple leaves", is actually much more like an artist's palette.

目录

序

引言 / 1

第一章 加拿大基础教育发展概况 / 4

第一节 基础教育历史沿革 / 5

一、加拿大公共教育的源起(16世纪—19世纪中期) / 5

二、加拿大公共教育起步于英国殖民时期 / 6

三、加拿大基础教育的成型与发展(19世纪末—20世纪60年代) / 7

四、变革中的当代加拿大基础教育
  (20世纪70年代—21世纪初) / 9

第二节 基础教育发展现状 / 12

一、加拿大教育管理权限和责任 / 12

二、基础教育发展的状况 / 14

三、基础教育发展方向 / 16

四、基础教育面临的挑战与改革 / 17

第二章 加拿大基础教育制度与结构 / 20

第一节 学制体系简介 / 21

一、学制 / 21

二、学时及语言 / 22

三、培养方向 / 23

第二节　基础教育阶段学校类型 / 24

一、公立学校 / 24

二、私立学校 / 25

三、家庭学校教育 / 27

第三节　升学与考试 / 28

第四节　基础教育培养目标 / 32

第五节　基础教育行政管理 / 34

一、管理体系以及各级管理机构的职责 / 34

二、基础教育的财政管理 / 35

三、基础教育的人事管理 / 36

第三章　加拿大中小学学校管理 / 40

第一节　学校管理机制 / 41

一、教师学院和学区董事会 / 41

二、校长及校长委员会 / 42

三、家长委员会 / 43

四、学区学监 / 43

第二节　学校管理的内涵 / 45

一、建立共同愿景和管理目标 / 45

二、课程和班级管理 / 45

三、教师管理 / 46

四、教学管理 / 47

五、问题管理 / 47

六、监督管理 / 47

第三节　管理模式的新尝试 / 48

一、学校管理改革的内容 / 49

二、改革以后的基础教育管理体制面临的新挑战 / 51

第四章　加拿大基础教育课程改革 / 55

第一节　加拿大基础教育课程演变过程 / 56

一、20世纪50—70年代 / 56

二、20世纪80年代 / 57

三、20世纪90年代以来 / 57

第二节　加拿大基础教育课程开发和设置 / 59

第三节　加拿大基础教育课程标准 / 61

一、课程标准研制和修订 / 61

二、课程标准共同构架 / 64

三、课程标准中的课程期望和学习成果 / 64

第四节　课程标准中的跨学科(课程)能力 / 67

第五节　比较新旧课程标准之变化 / 69

一、重新调整课程目标 / 70

二、新增基本概念和关键概念 / 71

三、调整内容系列 / 72

四、强调评估和评价 / 73

第六节　课程标准开发的动态模式 / 74

第七节　加拿大中小学课程案例 / 77

一、课程设置基本要求 / 77

二、课程表(2014/15) / 78

三、课外活动 / 81

第五章　加拿大基础教育教材管理和特色 / 83

第一节　教材开发 / 84

一、教材开发队伍 /84

　　二、教材开发依据 /84

　第二节　教材评估认定 /85

　　一、教材评估程序和要求 /85

　　二、教材评估标准和报告 /86

　　三、评估结果 /93

　第三节　教材的出版与发行 /93

　　一、教材出版的特殊费用 /93

　　二、地方分权制政策对教材出版和印刷业的影响 /95

　　三、联邦政府如何刺激加拿大教材的生产 /96

　第四节　教材的供应与选用 /98

　　一、教材的免费供应 /98

　　二、教材的选用 /99

　　三、学生在教学用书上的花费 /99

　　四、教材采用周期 /100

　　五、教育者对教材的选择范围 /100

　第五节　加拿大的多元文化教材政策 /101

　第六节　教材特色 /102

　　一、实例剖析一 /104

　　二、实例剖析二 /106

第六章　加拿大基础教育阶段的教学 /110

　第一节　加拿大基础教育教学环境 /111

　　一、教学环境设计理念 /111

　　二、教学资源配置 /113

　　三、教学学制和时间 /118

第二节　加拿大基础教育教学组织 / 120

　　一、小班教学 / 120

　　二、混龄班教学 / 121

　　三、网络教学 / 123

第三节　加拿大基础教育教学流派(方式)和教学方法 / 125

　　一、教学标准 / 125

　　二、广义的教学方法 / 126

　　三、加拿大教学新理念 / 127

　　四、课堂中的教学方法 / 130

第四节　特色教学案例分析 / 135

　　一、加拿大不列颠哥伦比亚省教学案例 / 135

　　二、加拿大安大略省教学案例 / 143

　　三、加拿大阿尔伯塔省教学案例 / 145

第七章　加拿大基础教育质量评价与监测 / 148

第一节　学校(日常学习)层面的评估与评价 / 149

　　一、评价策略和方法 / 149

　　二、学习技能与工作习惯发展评价 / 151

　　三、基于表现标准的学业成就评价 / 153

　　四、评价成果的报告与呈现 / 157

第二节　省级层面的评价与监测 / 159

　　一、不列颠哥伦比亚省教育质量监测 / 159

　　二、阿尔伯塔省教育质量监测 / 160

　　三、安大略省教育质量监测 / 161

第三节　国家层面的评价与监测 / 161

　　一、泛加拿大评估项目(PCAP)的发展 / 162

二、泛加拿大评估项目结果 / 162

三、泛加拿大评估计划(PCAP)科学评估框架 / 164

第四节 国际层面的评价和监测 / 164

一、国际学生评估项目 / 165

二、其他国际教育质量监测项目 / 168

第八章 加拿大基础教育教师发展 / 171

第一节 教师培养体系 / 172

一、加拿大教师的培养机构和课程 / 173

二、加拿大的教师资格 / 176

第二节 教师在职发展 / 181

第三节 教师的管理 / 185

一、教师考核评价制度 / 185

二、教师待遇 / 188

三、教师退出机制 / 189

第九章 加拿大学生心理健康教育 / 191

第一节 保护儿童心理健康 / 192

第二节 发现、转介、评估和诊断 / 196

一、发现问题,做出判断 / 197

二、做好转介 / 198

三、评估和诊断 / 198

四、心理治疗中心 / 201

第三节 危机干预和自杀预防 / 203

一、危机干预 / 203

二、自杀预防 / 205

第四节 学生的心理辅导与心理治疗 / 207

一、常见心理问题 / 207

二、心理辅导和治疗 / 209

第五节 防止欺凌行为 / 212

一、阿曼达事件 / 212

二、防止欺凌行为 / 213

第六节 学校危机事件的控制与预防 / 215

一、了解学生的家庭状况 / 216

二、了解学生的在校表现 / 216

三、社会因素的影响 / 217

第七节 社区服务和社区资源利用 / 220

第十章 加拿大社会教育资源的开发与利用 / 224

第一节 丰富教育资源 / 225

一、安大略省 E-学习 / 225

二、加拿大课程服务 / 226

三、加拿大 21 世纪 / 228

四、让我们谈论科学 / 228

第二节 拓展教育资源 / 233

一、人类学博物馆 / 234

二、多伦多公共图书馆 / 236

三、多伦多美术馆 / 239

四、多伦多动物园 / 242

五、安大略省科学中心 / 243

第三节 补充教育资源 / 245

第四节 非营利组织的贡献模式 / 252

一、共同特点和挑战 / 252

二、启示和借鉴 / 253

附录 / 258

一、加拿大当代著名的教育家 / 258

二、加拿大著名的中小学校 / 259

后记 / 267

引言

加拿大位于北美洲北部。国土面积约998万平方千米,位居世界第二。但是人口不多,只有3 000多万。

加拿大自然资源非常丰富,素有"枫叶之国"的美誉,是一个现代化工业科技水平较高且能源与资源充足的国家,制造业、矿业和服务业也很发达。作为经济合作与发展组织、G8和G20成员,加拿大是世界上第八大经济体,其在教育方面的开支占GDP总额的比例位居世界第二。其政治体制为联邦制、君主立宪制及议会制。加拿大的诞生源于原住民(第一民族)与两个欧洲国家——法国和英国人的交汇,其官方语言有英语和法语。根据人均生活标准、预期寿命和教育水平,联合国经常把加拿大列为世界上生活质量最高的国家之一。因而不难理解为何每年大约有20多万不同背景、国别和政治信仰的移民来到加拿大。这不断丰富和影响着加拿大的文化和社会,使之受益匪浅,卓越创新。

近些年来,加拿大已成为中国留学生出国深造的首选国家之一。2012年,加拿大总理哈珀访华时与中国政府签订了有关扩大双边学术交流的协议,包括在2017年之前,双向留学生数量增加到10万人。可喜的是,到2013年,中国留加学生已达到9.5万人。加拿大之所以能吸引众多留学生,除环境优美宜人外,更与其教育质量和水平在世界多种权威组织的评估、调查中名列前茅密不可分。

加拿大基础教育发展的历程,是和这个国家建成的过程分不开的。加拿大真正成为一个完整、独立、自治的国家,其历史不到百年。原来在这块土地上只住着占加拿大总人口四分之一的原住民(主要是印地安人),还有四分之三的人口大多来自欧洲的移民以及他们的后裔。从16世纪起,一直被英、法等国占领,成为英、法的殖民地。到了20世纪初，才开始真正地独立。所以，在这漫长的殖民地统治时期，加拿大逐步形成了一个多民族、多元文化的国家，英语、法语成了加拿大人的母语，除此之外，也保留了原住民的语言。所以，加拿大的基础教育，一开始就没有全国统一的要求，是根据各地区自治发展起来的。直到现在，全国没有统一的教育部，没有统一的教材，没有统一的考试制度。但是，这一切并不影响加拿大基础教育的发展，相反，却成就了加拿大基础教育独树一帜的风景线。

本书从加拿大的国情出发，通过对基础教育发展的历史沿革回顾，在全面解读其教育制度与结构以及学校管理的基础上，捕捉基础教育改革中最核心的内容——课程、教材、教学以及评价的发展与改革，点面结合、层层递进、章章突破。从加拿大基础教育相关理论及政策视角的研究与展现，到实践及应用层面的分析与列举；从加拿大教育理事会到各省教育部，乃至学校、课堂和家庭，剖析他们在基础教育中扮演的不同角色和发挥的重要作用；通过社区文化、课程设置，到课程标准和教材的设计与开发，突出加拿大多元文化、跨学科整合、注重学习能力和工作习惯培养的特色，并介绍其教师的培养与专业发展。最后再用两章着重展示加拿大基础教育的亮点，即青少年心理健康教育和社会教育资源的开发与利用，并强调其在加拿大基础教育成功改革中起到的重要支撑和保障功能。通过领略加拿大著名博物馆、艺术馆、科技馆、图书馆、植物园、动物园以及一些为教育作出重要贡献的非营利机构的风采，感受加拿大丰富的社会资源的开发与利用，深切体会到教育无处不在。教育的发展离不开社会价值观和文化的变革，一切源自文化、发展文化、回归于文化。

本书在写作过程中，注重选取并呈现加拿大基础教育最新讯息，反映当前状况，预测未来趋势；展示加拿大不同省(地区)基础教育改革的做法、特点和亮点；强调理论与实践相结合，考虑并尽量满足不同背景、兴趣和角色读者群的需要，几乎每章都有案例，并通过小结进行归纳梳理；采用各种类型的图表、照片，增加本书的可读性和直观性；结合本书作者在加拿大访问研究、亲身经历和多年中加教育比较研究的经验，充分运用批判性和创造性思维，对热点问题提出自己的分析与观点；同时邀请加拿大相关领域的专家、学者参加编写，以提升本书的品质和特色。

枫叶之国不仅带给我们丰富的资源和如画的景色,从基础教育改革的角度看,它更像一块调色板,五彩缤纷,绚烂多姿,有纯色,更有混搭,需要您来细细体会和品味。

第一章

加拿大基础教育发展概况

第一节　基础教育历史沿革

加拿大是一个多民族的国家,其文化受各种族影响而呈多样化,多元文化是它们的国策,受宪法保护。有社会学家称加拿大的多元文化为文化马赛克现象——即加拿大文化由不同地区的、原住民的以及不同种族的文化构成。作为英国和法国的殖民地,加拿大文化受到这两国文化的影响,同时也受原住民文化的强烈影响,最终,在这些文化的基础上形成加拿人文化。在作为殖民地的很长一段时期,欧洲文化被认为是他们的母亲文化,但是从19世纪20年代开始,加拿大人的国家意识逐渐出现,他们开始在语言、艺术、音乐等方面追求自己的风格表现,力图形成影响着加拿大人自我认同的加拿大本土文化。如今,许多加拿大人都十分珍惜多元文化,且视多元文化为本国的特点。

20世纪早期,作为自治领地的加拿大仍被英国控制着外交事务。在第一次世界大战期间,加拿大因为英国的参战而自动对德宣战。加拿大志愿兵被派往欧洲战场上的西方战线,随后这些志愿兵组成了加拿大军。二战之后,加拿大经济快速增长,随之带来了加拿大人更强烈的自我认同,标志事件为1965年枫叶旗的采用、1969年双语政策的实施以及1971年多元文化机构的成立。从此,多元文化的公共教育成为加拿大教育发展的主流。

一、加拿大公共教育的源起(16世纪—19世纪中期)

在欧洲人到来之前,加拿大主要以印地安人(图1-1)为主,社会结构以氏族为主,把传统的生存方式和文化历史传给下一代就是教育的目的和内容。通过口授历史,讲故事,举行仪式,学习狩猎等生存的必要技术让年轻人继承部落的文化和生活方式。

16世纪起,英、法裔人大量涌入。由于当时法国政府不关心教育发展,教育模式虽然模仿法国传统,有人文的教育,但当时的开拓者对教育发展的兴趣还是以务实的技能培养为目的。同时,由于天主教会的强大影响,当时的教会对教育有绝对的控制权,基本的公民教育,或者世俗教育基本没有地位。法属加拿大的教育处于不发达状态。

图1-1 早期的印地安人

二、加拿大公共教育起步于英国殖民时期

从1754年到1760年的7年间,英法两国展开数次殖民地战争,结果英国从1763年的《巴黎和约》(Treaty of Paris)中获得对加拿大的支配权。从18世纪60年代到19世纪40年代,英国政府对加拿大殖民地教育进行了积极的介入和管理。政府允许和鼓励多种学校体制和多种教育机构存在。公民教育或者世俗教育开始得到发展。

在美国革命中,英属北美(加拿大成为独立国家之前)选择了忠于英国。在成功独立后,美国人开始尝试扩大自己的版图,并在1775年和1812年两次入侵了英属北美。尽管英军与当地武装成功地击退了美国的入侵,但是美国的威胁还是一直持续到了19世纪才消除。这个威胁也是加拿大于1867年独立的原因之一。英国在1840年颁布了联合法案,重新将上下加拿大合并成立加拿大省。1849年,代表所有英属北美的责任政府建立,传统的总督直接统治变为殖民地自治,加拿大政治家开始自主处理加拿大的事务,英属北美殖民地开始成为一个独立的国家,这也为加拿大基础教育的产生提供了必要的条件。一些加拿大教育研究者认为,加拿大的建国历程也是其基础教育或者公共教育产生和发展的过程。

从18世纪60年代到19世纪中期,英国、法国、德国等西欧国家相继完成工业革命,初等教育得到重视和发展。英属加拿大在进入19世纪40年代,才逐步从农业和商业社会向工业化社会转变。随着工业化城市化和铁路时代的来临，社会生活的各个方面都发生了巨大变化，北美这块英国殖民地上的移民们开始产生国家意识。随着政治经济的发展，教育改革也开始酝酿。在欧美国家教育发展的影响下，19世纪中叶，加拿大基础教育的根基——公共教育制度开始形成和发展。

在加拿大公共教育的建立过程中，安大略省教育主管莱尔森（Egerton Ryerson）起到了非常关键的作用。他不但积极推动公共教育思想的传播和实践，同时更推动和参与起草了安大略省（Ontario）的一系列教育法案。作为教育主管，从1844年10月到1876年的30多年的时间里，他一直在推动公共教育发展。这些法案不仅对安大略省，也对整个加拿大公共教育的确立产生了巨大影响。在莱尔森的积极推动下，安大略省出现了加拿大最初的公共教育，这也是加拿大基础教育的开始。

莱尔森发起和参加起草了《1846年公共教育法》（*The Common School Act of 1846*）。在其规划下，西加拿大设立了统一的教育管理机构，主要制定教育法规，学校课程计划，课本教材的使用等，法案还详细规定了通过认证、监管和建立师范学校等提高公共学校的教学质量。

接着，在莱尔森推动下制定的《1850年法案》（*Act of 1850*）从法律上宣告了免费学校时代的开始。各个学校的董事会可以通过三种方式来筹集教育资金：根据财产评估对所有居民课税；靠居民自愿捐款；或者照以前的做法向上学孩子的父母收税。可以采取其中一种方式，也可以三种方式同时采用。

三、加拿大基础教育的成型与发展（19世纪末—20世纪60年代）

1867年7月1日，英国议会通过了《英属北美法案》（*British North America [Bna] Act of 1867*）（北美法律），正式承认加拿大自治权，魁北克（Quebec）、安大略（Ontario）、新不伦瑞克（New Brunswick）与新斯科舍（Nova Scotia）四省形成加拿大联邦。这标志着北美殖民地时代的结束，统一和独立民族国家的开始。该法案是加拿大宪法的主要组成部分，同时也对加拿大的教育制度有所规定。法案规定各省政府拥有教育的控制权，各级教育立法权和学校设立的批准由各省立法机关负责;中央政府无权直接管理各省的教育事务,但是具有干预权。这一法案导致各省教育系统因各自的历史、现状及教育目标而不相同。同时,也规定加拿大联邦政府负责教育事务中审查、统计、教育报告的发布,负责军人及其子女、土著居民以及劳改犯的教育。

《1871年法案》(Act of 1871)制定并推行,使得免费教育和初等教育在西加拿大成熟了。这个法案要点主要包括免费义务教育、高效监管和教师补助。这也意味着不再向学生家长征收教育税,免费学校提供义务教育。忽视子女教育的父母和监护人将被处罚。此法案在19世纪60至70年代对加拿大各地教育产生了巨大的推动作用。建立公共教育制度已渐渐成为各地区发展教育的必然趋势。

19世纪末到20世纪初,加拿大各个自治领地基本上能为儿童提供公共教育。但是,大多数公立学校设施简陋,师资缺乏。由于各省教育部门对其公立小学的管理政策不同,加上经济发展的差异,导致各地公立小学的发展不平衡。20世纪20至60年代,加拿大的综合国力不断提高。在经历了20世纪30年代的殃及整个资本主义的经济危机以后,加拿大政府逐步采用英国经济学家凯恩斯提出的国家干预理论。在这种治国理念下,政府为了实现公民参与,保证公正与公平,合理划分政府职能,扩大社会福利资源四大目标,加拿大政府制定了一系列公共福利制度,包括失业与医疗保险制度以及教育福利制度。同时,在研究和借鉴欧美各国先进的教育理念和经验的基础上,加强师范教育,使得这一时期的教育得到很大发展。从1922年开始,加拿大每年都会发布加拿大国内教育统计报告。

1931年,加拿大的内政外交正式脱离了英国的从属关系,得到了完全的自治权,成为英联邦成员国,其议会也获得与英国议会平等的立法权。1945年加入国际联盟,并于1949年加入北大西洋公约组织,正式稳固了其在国际政治方面的地位。

到20世纪30年代,除魁北克和纽芬兰省以外,加拿大其他省份基本上实现了免费中等教育。一战以前每个省的义务教育年龄不同,有的为7—13岁,有的为7—15岁。二战以后,加拿大各省开始在全国范围实施全学年的义务教育,并将义务教育的年限提升到 16 岁。

1944 年加拿大颁布了《家庭津贴法》(*Family Allowance Act*)，为 16 岁以下儿童的家庭按月发放津贴，在一定程度上保障了青少年在校学习。这也是加拿大全国"第一个普遍性福利计划"，很多儿童至今还受惠于这个法案。

四、变革中的当代加拿大基础教育（20 世纪 70 年代—21 世纪初）

1. 形成自身特点

20 世纪 70 年代到 21 世纪初，加拿大教育经历了一些变化。特殊教育回归主流，从早期与普通公立学校教育的隔离走向融合。政府的多元文化教育和《1982 年宪法法案》表明对原住民的政策从同化转为尊重。与欧洲悠久的历史渊源，美国教育的渗透与影响，以及国际地位、经济发展、地区主义、双语多元文化政策等变化发展，使得加拿大公共教育形成了自身的特点：免费，平等和全民的公立中小学教育，严格的公共教育监察管理机制，强大的公共教育经费支持。同时，自 20 世纪 90 年代以来公共教育改革对传统的公共教育造成了一定的冲击。其中自由市场机制在带来一些活力的同时，也带来了问题。

20 世纪 70 至 80 年代，世界一些发达国家进行了教育行政改革，对传统行政管理实践进行回顾与反思；同时，提出了各种新的教育理论。例如，公共选择理论，新公共管理理论，新自由主义理论等。加拿大传统的公共教育体制也经历了包括教育理念、教育制度和学校运行机制在内的全面改革。

创建于 19 世纪后半叶的加拿大公共教育一直由政府掌控，并且向公众提供教育服务。但是面对 20 世纪 80 至 90 年代社会发展的需求，这种政府运营模式的弊端和问题显现出来。

加拿大把公共教育视为一种公共服务，理所当然地认为公共教育服务的提供者和生产者都是国家，形成政府对教育的垄断。在教育资源的来源和配置方面过于强调教育活动的特殊性，单纯依靠政府财政拨款，排斥市场体制，拒绝社会力量和民间资本介入。

公立学校的办学直接接受政府机构的统一管理，学校完全依据政府的方针政策计划展开，无需担心学习者的选择以及同行的竞争，缺乏求变求新的动力。

公立学校在行使职权时,缺乏必要的创新能力和应变能力。在20世纪80至90年代,与私立学校相比,教育质量较为低下。

2. 构成三级管理体系

1867年《英属北美法案》和1982年《加拿大宪法》都规定,各省立法机构是唯一为该省各项教育制度制定法规的部门,从而在法律意义上确立了各省相对独立的教育管理体系。各省议会负责教育立法,省政府教育部门负责执行,联邦政府只设立由各个省教育部长组成的教育部长联合会,定期与联邦政府,国务院和财政部等机构协调全国的教育计划。省教育部、学区教育局和学校构成了加拿大三级公共教育管理体系。从20世纪90年代开始,加拿大各省的教育部相继推行了一系列的改革措施,通过特许学校、校本管理和完善评估体系等形式,变革政府垄断教育的局面;明确教育管理集权与分权的关系,在联邦宪法指导下,给予学校更多的自主权,变革官僚控制的局面,实现教师、学生、家长等广泛参与教育管理的目的;对政府、市场和社会三种力量在教育公告治理中的作用进行重新分配,对政府和学校的关系进行调整。从根本上改造教育公共管理的机构。构建政府、市场与社会共同市场与管理教育的制度体系,改变政府教育的低效率状况。既加强政府监控,同时又灵活应用市场机制,实现学校之间的竞争。

3. 校本管理模式

20世纪90年代后半叶,加拿大各省开始借鉴阿尔伯塔的校本管理经验,逐步下放财政权力,加强学校的地方化管理和控制,推行分权式的公共教育管理体系,强调发挥学校基层管理人员和教师的积极性,强调学区、校方高层行政人员与社区、家长、学生共同决策,共同参与教学改革。这种模式的管理效率虽然高,但是,教师、家长和社区成员的参与少,难以调动他们的积极性。因此,其他省份采取不同的模式。新布伦瑞克省采取社区控制性模式。取消学校的董事会,代之以由选举产生的家长理事会。各个公立学校的家长理事会派代表参加省教育委员会。家长理事会有广泛的决策权和监督权。在这种教育体制下,重视个人的选择自由,并且把它作为个人的一个基本的权利。学生家长有更多的选择学校的权利,学校管理面临前所未有的市场竞争,不得不努力提高教学质量。社区控制型的管理模式是以市场为导向,强调社区的需要和学生、家长的需要。在总结两种模式的基础上,加拿大很多省份逐渐发展形成了一种新的校本管理模式——平衡控制模式。充分发挥校长、教师等专业人员的专业知识做好关键决策,同时也兼顾家长和社区的意见与需求的模式。

平衡控制模式校本管理坚持,在家长参与学校管理的时候,学校教职工也应当对家长和社区的需要做出回应。教职工、学生家长、社区都应有权利参与预算、课程和人事等方面的决策。

4. 公私合作伙伴

公立学校和社区建立密切的合作伙伴关系,实现资源共享。除了特许学校以外,加拿大其他省份在20世纪90年代还采用另外一些学校选择方式。一些省份,如魁北克、大不列颠哥伦比亚、安大略等,学生和家长享有比较广泛的选择学校的范围,如公立学校、私立学校、教会学校或者一些独特的教育计划,如家庭教育,混合教育计划,远程教育计划等。

在这一改革的过程中,加拿大的公共教育体制重点聚焦于各省的三级教育管理体制,校本管理以及学校选择运动,将更多的教育机会带给普通民众。公共教育的市场化、民营化使加拿大公立学校越来越重视学习者的要求,使得学习者有更多的自主权和选择权。

自1867年到20世纪60年代,加拿大联邦政府推行的民族政策,实质是要求原住民放弃自己的文化传统,融入以英裔为主的社会文化体系中。加拿大传教使团和政府合力兴办为原住民子女专门设立的寄宿制学校。学生被迫离开父母,他们被禁止使用自己的语言,放弃传统宗教,接受的课程多为基督教教义。完全以白人的方法来对这些儿童进行教育,使这些儿童身心受到很大伤害。1972年,全国印地安人兄弟会起草《由印地安人控制的营地教育》提交政府,联邦政府接受了印地安人的建议,并决定以此作为发展印地安人教育的基础。如今,加拿大印地安人原住民已经争取到教育的自治权,尤其是其自身的教育传统与理念越来越得到加拿大主流社会的尊重。

第二节 基础教育发展现状

一、加拿大教育管理权限和责任

加拿大是联邦制国家,由 10 个省和 3 个地区组成。教育事务由各省区教育部负责,联邦政府不设统一管理全国教育事务的教育部。《1867 年联邦宪法》从法律上赋予各省教育立法权和管理权,至今未有改变。由于联邦一级不设教育部,加拿大省际之间的教育交流与合作由各省教育部长组成的教育部长理事会(CMEC)协调,有常设办事机构。

1. 联邦政府在教育发展中的作用

虽然教育由各省负责,但是加拿大联邦政府通过三种方式对教育的发展进行宏观引导。

(1) 法规和政策。联邦立法和政府部门通过对语言、宗教、原住民族、文化遗产、人力资源开发、移民等领域相关的立法和部门法规对加拿大教育发展进行引导,为国民教育机会提供均等的法律保证。

(2) 财政转移支付。联邦政府根据 1977 年《联邦与省财政安排法》以转移支付的方式向各省划拨经费,拨款时虽然不限定用于教育的具体数额,但是它直接影响省教育经费的规模。部分与人力资源、经济发展相关的联邦政府部门,如人力资源部、工业部甚至外交部等也分别从本部门预算中对教育或对外交流进行投入。

(3) 联邦政府向"自然科学和工程研究委员会""社会科学和人义科学研究委员会""加拿大卫生研究所"等资助机构拨款,后者直接向大学提供大量的科研经费,培养高层次科研人员。同时,中小学一些课程改革项目也可申请到相关经费资助。

为了帮助各省履行他们对少数民族学生的义务教育,联邦政府每年拨专款资助第二官方语言的教学。

除此之外,联邦政府还负责对部分跨省界的人们提供教育,如土著、现役军人及子女、在海外工作人员的子女,以及联邦监狱的犯人。联邦政府有关部门负责这部分人的教育,如印地安人和因纽特人的学校,并支付这两个土著民族子女各省公立学校的费用。国防部负责海外驻军人员子女的中小学教育。加拿大劳改部门为犯人提供小学到中学的教育,包括职业教育和特殊扫盲教育等。

尽管联邦政府在教育政策和直接教育管理上的作用仅限上述几个方面,但是它还通过与各省的财政关系和制定与教育间接相关的政策发挥一定的作用。联邦政府每年通过转移支付的方式向各省拨款。虽然该款项并未标出多少教育经费,但是它将最终确定省教育经费的规模。又如1988年颁布的"加拿大多样文化法案",正式承认加拿大种族和文化的多样化,加拿大人具有相同的机会,可自由分享和增进他们的文化遗产,并且有权利受到尊重。虽然严格讲这不是一项教育政策,却对全国各省教育部门产生了深远的影响,因为他们根据这一法案制定和设立了有关促进多元文化的指导方针和课程。五个省在小学开设了遗产语言课程,教授移民孩子们自己家庭的语言和文化。

2. 各省或地区教育部门的作用

各省或者地区的教育体制、结构和培养目标大体相同,由于历史原因也存在一定的差异性。有的省设立教育部,有的设立教育与文化部,还有的设立教育与培训部。省教育部长是选举产生的议员,负责实施教育法,并根据需要提出修改有关教育法案的建议。省教育部长通常把将制定政策和日常管理权交给副部长,即高级公务员,由其负责教育部的日常工作,执行规章制度,保持教育政策的连续性,并向部长提出建议。各省教育经费基本依靠自筹,联邦政府提供一定的资助来普及中、小学教育。

近年来,为了进一步提高教育管理的效率,加拿大各省和省际教育部门之间开展了广泛的合作,如联合采购,共享交通工具,共同举办教师培训等。各地区间在制定教学大纲上也加强了合作,如西部的不列颠哥伦比亚、阿尔伯特、萨斯克彻温和曼尼托巴四省与育空和西北两个地区共同制定了数学和语言艺术教学大纲;大西洋四省,即新不伦瑞克、诺瓦思科舍、爱德华王子岛和纽芬兰省也联合制定了从幼儿园到十二年级的语言艺术、数学和社会学习等课程的教学大纲;安大略省、大西洋和西部省正合作制定从幼儿园到十二年级的科学课程框架。

二、基础教育发展的状况

1. 学校和学生数量

据加拿大统计局的数据(2004—2005),大约有 15 500 所学校在加拿大,其中,10 100 所小学,3 400 所中学;2 000 所与混合小学和中学整体平均为 350 名学生的学校。2004—2005 年度,各省和地区报道有 530 万学生就读于公立小学和中学。占加拿大总人口 90% 以上的人接受过 12 年的教育。大约 82% 的人获得中学毕业文凭。班级的人数较少,最大班额不超过 35 人。

2. 教育经费

加拿大实行中小学义务教育,学生免交学费,中小学运营的费用都来自政府拨款,费用的主要部分是教师的工资和福利。根据加拿大政府 2012 年的报告,2009/10 年度加拿大每名学生在中学阶段的经费开支是 12 200 加元,在小学阶段是 11 496 加元。教育研究者认为,加拿大中小学两个阶段的教育经费支出的差异通常比其他经济合作与发展组织(Organization for Economic Coperation and Development,简称经合组织(OECD))国家大一些;加拿大的学前教育、小学和中学阶段,分配给核心服务(core services)的经费占每个学生总支出的 95%。这个比例与经合组织国家用于核心业务的整体比例类似,其初级教育占 94%。教育核心服务的开支主要包括所有与教育直接相关的费用,如教师、校舍、教材、书籍和学校管理的费用。

加拿大重视基础教育,其教育经费稍高于经合组织国家 6.3% 的整体平均水平,2009 年,教育经费占其国内生产总值的 6.7%。由于各省的教育是自己管理,国内生产总值专门用于教育机构的份额变化是因每个省或地区而不同。占 GDP 的比重部分受学龄人口和教育的招生规模,以及相对财富的影响。对于小学、中学和中学后的高等教育,员工的补偿金约占 77.4%,特别是教师,约占 62.5%,是经常性支出中比例最大的部分。加拿大这种情况与所有其他经合组织国家基本一样。

3. 教育公平

加拿大的教育公平被视为社会公平的起点,与医疗公平并行,成为社会公平的基础。在加拿大最公平的一个方面是中小学资源配置的统一化。各个学校的风格都差不多,学校的整体布局(包括体育馆、图书馆、音乐教室、医务室等的设置)、教室内的硬件设施、户外球场、操场的配置等,基本都是同一类型。教师的收入水平也差别不大,各个学校对学生的服务以及教学理念极为接近。而从学生入学机会来看,只要是在学区管辖范围内,不管你是买房还是租房,也不管你住了多久,只要出具文件(比如最近两个月寄给这个地址的有你名字的各种信件、银行对账单、电视或水电以及互联网使用的账单、政府机构寄给你的信)或者租赁合同,证明你目前的居住地址,家中的适龄儿童就可以申请进入该校。

4. 教育结果

加拿大各省和地区投入大量的资源给小学和中学教育,加拿大的政府和教育研究人员希望通过国际上的一些的测评来了解他们学生学习的结果和质量。对 PISA 的数据的长期研究显示,15 岁时在核心学科领域的知识和技能与日后的生活之间有强大的相关性,如具有较强的阅读能力,也更有可能更好地完成高中和之后的教育。例如,青年转型调查(YIT 公司)结果表明,阅读能力和受教育程度之间有很强的相关性。加拿大在 PISA 阅读得分最低的四分之一学生,更有可能在中学辍学;也可能比阅读得分在最高的四分之一的学生完成一年的中学后教育的人更少。相比之下,在 PISA 阅读表现上最好的学生进入大学学习的概率是那些在 PISA 得分最低的学生的 20 倍。

在加拿大,约 900 所学校的 21 000 名 15 岁学生参加了 2012 年的 PISA。平均得分为 518 分,在综合数学方面,比经合组织国家的平均水平高 24 分。来自不同语言系统的加拿大学校表现有所不同。来自法语语系的魁北克的学生比英语语系的同龄人表现更好。

加拿大学生在阅读和科学平均得分为 525 分和 523 分,远高于经合组织国家平均水平。在数学方面,加拿大仍然是表现最出色的国家之一。

加拿大政府和教育机构认为,PISA 的价值在于它有能力在学生的义务教育快结束前,提供一份学生技能水平的比较资料。不仅使参加 PISA 的省份和国家对青少年学习的知识和技能进行比较,还为在较长时间年来监测学生在学业表现方面的变化提供了一个机会。通过对 PISA 收集到的资料进一步分析,将有助于更好地理解加拿大学生的学业表现。加拿大政府相信,2012 年的 PISA 再次表明,加拿大年轻人都具备了基本的、能够充分参与现代社会的必要技能。

三、基础教育发展方向

加拿大政府和教育机构一直希望更好地将资源引导到帮助学生发展更高水平的知识和技能,为终身学习打下基础,并减少潜在的社会不平等现象。他们认为,中小学基础教育是学生获取知识和技能的关键,也是进一步发展人力资本的基础,无论是参加工作、继续升学或终身学习都需要这个基础。

1. 四个支柱

在 2008 年加拿大各省和地区的教育部长发表了联合声明,通常称为《2020 年加拿大学习》(*Learn Canada 2020*)框架(图 1-2)。各省和地区的教育部长以及加拿大的部长理事会希望通过这个框架来加强加拿大的教育体系,增加学习的机会,以及提高整体教育成效。其目标是帮助所有加拿大人有机会进行终身学习。这个框架认为实现终身学习有四个支柱:

图 1-2　加拿大学习框架

(1) 所有孩子应该有机会获得高品质的早期教育,加强早期儿童学习与发展,确保他们为到学校学习做好准备。

(2) 小学到高中的基础教育体系能够提供给学生获得一流的读写,运算和科学能力的教学和学习机会。

(3)提高学生继续高中后教育的学校数量,并通过提高教育质量和学习机会。

(4)成人学习和技能发展部必须制定一个可以获得多元化、综合性成人学习和技能培养系统,当加拿大人需要时,它可以提供培训。

2. 八项目标

在四个支柱下,部长们已经确定了以下几项具体的活动领域和相应的目标:

(1)扫盲。提高加拿大人的识字、读写水平。

(2)原住民教育。消除原住民和非原住民学生学习成绩和毕业率的差距。

(3)高中后学习的机会。加强和稳定高中后学习机会的长期发展,以满足所有加拿大人寻求更高的教育学习机会和培训的需要。

(4)教育为了促进可持续发展的社会。提高学生的认识,并鼓励他们积极参与到促进可持续发展的社会工作中。

(5)官方语言。促进和实施少数民族语言教育和第二语言的项目。

(6)支持国家和国际对教育系统评估的有关项目。

(7)教育资料与研究策略。建立全面、长期的战略,以收集、分析和传播国家和国际教育的比较性数据和研究。

四、基础教育面临的挑战与改革

目前,加拿大的基础教育仍面临着很多挑战,需要进行不断地改革创新。

首先,公立学校的教育质量与社会和民众的期望值之间存在较大差距。为了满足社会发展和民众的需求,加拿大在调整教育目标、改进教学方法、推行课程改革等方面做出了巨大努力,整体的教育质量逐年上升。但是,加拿大公立学校取得的进步与社会和民众的期望值相差较大。除了公立学校自身确实需要改进之外,公众对公立学校的期望值随着时代的进步和发展也在提高,希望公立学校满足更多的需求,实现更多的目标。

其次,私立中小学带给公立学校的压力。在20世纪90年代以前,由政府包办的公立教育受到批评,公众希望更加开放。之后,加拿大教育体制改革使得学生和家长可以按照自己的意愿选择公立、私立或者教会学校就读。2005年9

月,经合组织(OECD)的调查报告指出,加拿大私立学校学生基本文化水平测试成绩,尤其是数学成绩明显优于公立学校学生。按照习惯的思维方式,富裕家庭更有条件让子女上私立学校,但是根据加拿大统计局的数据,私立中小学生中29%的在校生来自年收入低于5万加元的家庭。而且,目前这个比例有不断增长的趋势。为什么出现这个现象?何浦伯恩(Claudia R, Hepburn)在研究中指出,私立学校对学生在学业和非学业方面的要求都很严格。私立学校班额小,教学效果好。私立学校课程内容更丰富,而且可以根据家长的需要提供新的课程。

20世纪90年代,加拿大社会对公立学校的批评主要集中在两个方面:一是基础文化学习的成绩平平;二是就业准备培训不足。在1992年加拿大经济委员会发表了一份《学无止境:加拿大的教育与培训》(*A Lot to Learn: Education and Training in Canada*)报告认为,公立学校的辍学率偏高,有三分之一的中学生中途退学、或打工、或待在家里。青少年的平均文化水平不乐观,基础知识和技能较差;各省学生的学业成绩相差较大。各地学生的学习机会存在不平等现象。虽然在90年代里,加拿大各省教育部门制定了一系列措施来解决这些问题,但收效不明显。如青少年辍学在魁北克是一个非常严重的问题,一直到今天都没有得到解决。

对绝大多数加拿大人来说,过去接受教育是获取平等发展机会的捷径,今天的教育却是打开财富成功大门的一把钥匙。一旦高成就的学生与资源都集中于某些领域,那么实现公共教育的平等性将会面临严峻的挑战。

公共教育管理部门在进行调整和精简,联邦与地方政府在公益事业方面的管理范围也正在缩小。政府投入公共教育的资金也在减少。公共教育也面临经费不足的情况。不同学区之间公立学校的教学质量差距较大。在一些较差的社区学校,存在着学生吸毒、离家出走、卖淫等问题。

市场化和民营化的公共教育改革可以引进市场竞争机制,改善政府机构对基础教育的过度行政干预,改进基础教育系统。但是,政府需要改变以往对公共教育资源配置的做法,允许非政府组织介入教育领域,提供产品和服务。当非政府组织进入到公共教育领域,如何建立一套机制来防止由于经济目的而背离公共教育的宗旨、模糊公共教育的价值取向、变公共教育资源为私人资源就成为一个新课题。

虽然加拿大只有一个省允许开办特许学校,并且获得了一定成功,但是公众对这项教育改革充满疑虑。鼓励公立学校之外的选择,一旦公立学校的学生和教师发生流失,公共教育是否会前功尽弃,政府是否能采取有效的措施来防止就成为一个问题。其次,学校的选择中也包括宗教学校,是否会造成社会经济地位、宗教以及文化背景不同的学生相互隔离,从而导致更大程度的狭隘观念和精英主义。

20世纪90年代,随着世界公共教育体制重建的浪潮,为提高公共教育的效率,打破政府对公共教育的垄断,重构政府与学校的关系,加拿大对公共教育进行了一场市场化、民营化的改革。改革虽然取得了一定的成绩,但是也引起教育研究者和公众对改革理论的讨论。这是一种新的教育资源分配方式和人才培养模式,强调了学习者选择的权利,充分体现了学习者本位的思想。但是其中所包含的"教育以消费者为上"的理念,将学生与教师的关系理解为一种纯粹的生产者和消费者的关系。一旦课程与学历实现消费化,知识和知识的传播本身就会逐步解构并形成商品的某些特征。这样公共教育会最终根植于消费文化中,失去本身固有的价值。

以市场为导向的教育改革虽然可以增加教育制度的灵活性、多样性和自主性,扩大学习者选择的权利,满足不同人群的需求,提高学校办学的质量,但是以市场调控为主的改革可能会加重社会的不公平现象,扩大强势群体和弱势群体之间的差距,导致某种社会分化,不能保证人与人之间的最终平等。所以,以市场为导向出现的问题,仍需进一步解决。

通过对加拿大基础教育历史沿革的回顾,我们可以清楚地看出:虽然加拿大作为一个独立的、自治的国家,建国不到百年,但是,它的基础教育早在英、法殖民地统治时期就已形成。各省自治领地创办了大量英语、法语学校,加拿大基础教育的形成和发展,主要基于与英国和法国的联系。这也成为加拿大双语政策的教育体系与多元文化的基础。

第二章

加拿大基础教育制度与结构

加拿大全国没有统一的教育制度,加拿大的教育由各省的教育部负责,具有自己的特点,而联邦政府只对一些特殊学校(少数民族、军人子弟及囚犯子弟学校等)予以资助及负责。

第一节　学制体系简介

一、学 制

加拿大中小学学制一般是12年,实行"六三三"制。由于加拿大有英、法两种官方语言,因此中小学也分别用英语和法语授课,法语学校主要分布在魁北克省。加拿大的中小学分公立和私立两类。加拿大儿童的义务教育年龄段为6—16岁(有些省份略有不同)。

加拿大各省中小学学制主要有两大类,一类是小学从幼儿园到八年级,中学从9—12年级;另一类是从幼儿园到六年级,初中7—9年级,高中10—12年级。但是安大略省和魁北克省例外,安大略省为13年;魁北克省为11年。魁北克省的高中毕业生若想上大学,必须读两年大学预科。

加拿大的学制体系,以魁北省的学制结构为例:

魁北省是六年制和五年制中学教育制度的省份。中学毕业生如果计划读大学,可入读魁北省公立学院修读二年制的大学预科课程(Pre-University Program),毕业后报考魁省的大学,修读三年便可取得本科学位。预科第二年的程度等同其他省份的大学一年级的课程,所以毕业生也可报考他省或国家四年制大学的二年级。CEGEP是魁北克教育制度的一个特色,提供介于中学与大学之间的两年普通教育或三年技术教育(相当于中国学制的高三和大学第一年),其学时和学分被国际承认。魁北克省的学制使学生进入大学以后能够比较好地适应大学的生活。魁北克的学制体系(教育部颁发)见图2-1。

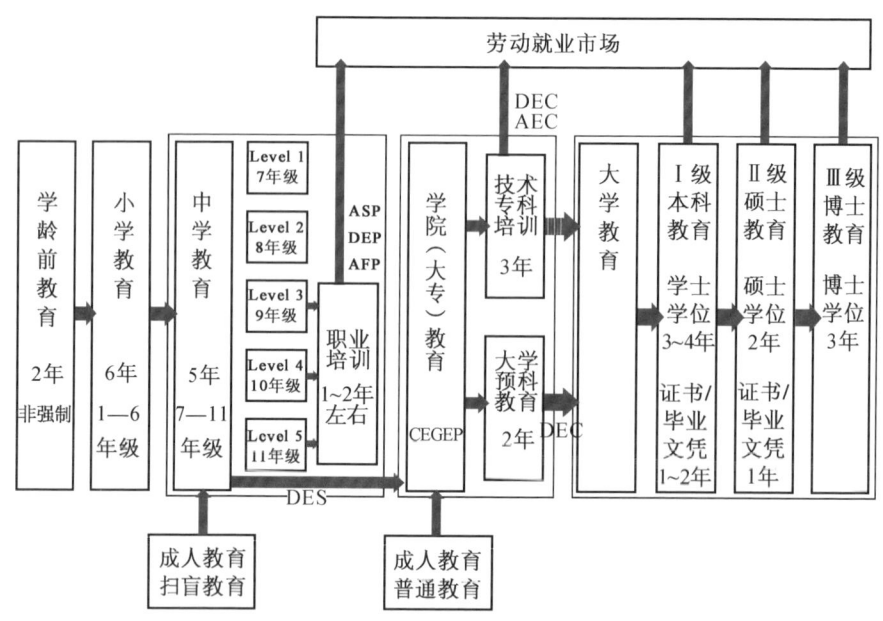

图 2-1 魁北克的教育体系

二、学时及语言

加拿大各省中小学学年教学日为 180～200 个不等,通常从 8 月末或 9 月初开始到第二年的 6 月末结束。除暑假外中小学还有两个主要的假期,即从 12 月 23 日—1 月 2 日的圣诞节假和 3 月或 4 月期间的春假。学生每天在学校的时间各省也不尽相同,一般从早上 8:30 或 9:00 到下午 3:00 或 4:00,小学平均在学校学习时间为 5 小时,中学为 5.5 小时。

小学通常指一年级到六年级或八年级的教育,学生一般为 5—13 岁。多数学校为男女同校,一所小学的学生人数平均为 170 人,仅有 17% 的小学其学生数超过 400 人。小学主要教授读、写和算术的基本技能,以及科学、社会学习、体育和健康教育、音乐教育和美术。

大部分小学还开设第二外语英语和法语。教会学校里宗教教育也是课程的一部分。自 20 世纪 70 年代以来,加拿大教育界人士一直在辩论"以学生为主还是以教师为主"和"教师指导"教学方法的利弊。加拿大的小学主要采用以"学生为中心"的教学法。但是,近年来许多省又重新强调小学的核心课程,建立明确教学目标和可测量的成果标准。一些省还实行了全省范围内特定年级和特定课程的统一测试。

三、培养方向

一般来说,中学的主要培养方向是大学和就业。中学课程分为两大类:第一类是为学生上大学做准备;第二类是为学生进入社区学院、技术专科学院接受大专教育或是参加工作做准备。大部分地区将学术和职业教育安排在同一学校。少数地区则单独设立职业高中,开设一些与一定行业相关的课程。加拿大中学采取学分制,学生必须完成一定的必修学分和选修学分才可以获得毕业证书。各省的必修课部分完全一样,主要有英语或法语、数学、科学、艺术、社会学习、体育和第二外语。大部分省份还开设卫生、个人和社会技能训练、家庭经济、工业培训、计算机和技术等课程。随着全球化的发展,各个国家和地区的竞争日趋激烈,加拿大也开始注重学生的学术成绩,部分省份最近修改了中学毕业要求,使教学标准更加严格。总的来说,学校教育体制也注意到学生的个体差异。不能完成普通课程的学生还可以选修特殊课程。如果学生在18岁之前还没有获得高中文凭,可以继续到成人学校学习。当然,学校也为学习能力强的学生提供更多的学习机会,以充分发挥他们的潜能。例如,为超常学生设立特殊班级,为希望多学习而且有潜力的学生提供特殊的课程等。而且学校都有学科个别进级制,比如,一名九年级的学生虽然没有修完所有九年级的课程,但是,如果他的数学超过九年级的水平,就可以进入十年级的班级学习数学。

双语教学是加拿大基础教育的一大特点,语言教学是小学教育的重要内容。在加拿大,占全国人口71%的人讲英语,主要居住在魁北克省以外地区。魁北克省有85%的人讲法语。新不伦瑞克省有32%的人讲法语,是除魁北克省外讲法语最多的省。加拿大《权利和自由宪章》规定,凡加拿大儿童,包括讲法语或者英语的少数民族,他们都可以选择以其母语、或其父母接受教育的语言、或家中其他孩子正在接受教育的语言来接受教育。但是母语的条件仅适用于魁北克省之外的省和地区,魁北克省规定,需要达到一定数量的学生,才能为他们专门开设用第二语言讲授课程。根据双边协议,联邦政府为各省和地区提供一定数量的经费以负担语言教学的费用。仅此项目 1992—1993 年联邦政府通过转移支付的方式为各省多拨款 2.96 亿加元。

近年来,加拿大中小学教育在不断进行改革,以适应新的经济和社会发展。其主要内容是日趋强调各门课程的教学成果和标准,开展更多的测试和全省范围的考试,大力引进信息技术并使之成为教育的主要组成部分,以及注重建立帮助学生从校门到工作岗位过渡的专业课程。

第二节 基础教育阶段学校类型

传统上,加拿大的学校分公立(public Schools)、私立(private Schools)及教会学校。今天,随着资本投资和管理视角的变化,为了进一步提供更好的多层次教育给学生,加拿大学校努力体现教育的多元化,出现了多种教育类型,包括家庭教育、混合教育计划等。

一、公立学校

公立学校是由省政府或地方政府开办和监管的,实行中小学义务制教育;教会学校主要是指由罗马天主教团体所开办的学校,或者犹太教、基督教等宗教团体开办的学校;私立学校是私人资助或开办的。前两者的学生均可享受到免费教育,是国家给全民的一种福利;后者是收学费的,各校间价格差异也非常悬殊,学生有时也可以向学校申请减免学费。目前,很多教会学校也不再提供免费教育,而开始收取学费。图 2-2 是公立学校的教室场景。

加拿大的中小学都是由省教育局管理。省教育局的职责在于课程设定及师资指导,并且有权力规定、检查及发执照给公、私立中小学。在不列颠哥伦比亚省(B.C.)及阿尔伯达省(Alberta),省教育局也负责设计该省高中生毕业考试。

图 2-2　公立学校的教室

公立学校的管理是由地区或者市区教育局负责。公立学校是由当地选举出来的教育局进行管理的,几乎所有公立学校都实行男女同校教育。如果家长居住在学生所就读学校的区域,又有加拿大公民或者居民的身份,那么学生就可以免费上公立学校。超过 90% 的加拿大居民就读公立学校。公立学校最主要的经济来源是当地的土地征收税,还有来自省政府及联邦政府的赞助。义务教育从 6 岁开始,高中学业通常在 18 岁完成。除了公立学校以外,在安大略省(Ontario)及魁北克省(Quebec)也有公费私立学校教育局(Separate Schools Boards)。虽然是私立学校,这些学校仍接受省政府大部分的经济赞助,同时接受独立教育局的管理。这些学校通常与一些宗教有关。例如,天主教、基督教和犹太教等。学校的课程中也都包括一些宗教教义的教导。

二、私立学校

除公立和教会学校外,加拿大还有一定数量的私立学校,其中约一半附属于教会。目前,私立学校的招生人数占整个招生人数的 5%,而且年招生增长率略高于公立学校。虽然有的私立学校可以得到省里有限的拨款,但是几乎所有的私立学校都要靠收取学费来维持各项开支。私立学校一般规模较小。大部分私立学校设有奖学金,以补贴个别无法支付全部学费的学生。私立学校在教学安排上相对独立,但是必须达到各省规定的教学要求,学生才能获得文凭。

加拿大的私立学校大概可以分为三种不同的形式:独立学校、国际学校及宗教学校。这些学校一般不会收到政府的拨款。一般来说,不管学生持何种身份

（国际学生、加拿大公民或者居民），就读私立学校都必须自负全额学费。有些省份的私立学校可提供给加拿大公民或者居民一小部分的学费减免。独立学校通常被视为加拿大传统的私立学校。这些学校通常提供丰富的大学学前课程，且师生比较低。其中有些学校也提供学生宿舍。大部分学校都是加拿大独立学校协会（The Canadian Association of Independent Schools）的会员。希望进入这类型学校的学生需要经过一定的考试及面试。

还有一种类型的私立学校是属于宗教性质的私立中学。该类型学校不接受省教育局实质上的经济赞助。有些学校会要求学生有特定的宗教信仰，但有的学校也会接受拥有不同信仰的学生。除了政府所规定的中学课程外，这类学校通常在课程中会包含一些宗教教义的教导和学习。

由于加拿大的教育政策由各个省制定，所以，每个省都有各自特点。下面以不列颠哥伦比亚省为例，分析私立学校的情况。

不同于公立学校依靠加拿大三级政府（联邦政府、省政府、市政府）的拨款而运营，加拿大私立学校的经费主要来自学生缴纳的学费和各种捐赠。但是在不列颠哥伦比亚省，从1977年开始，省政府也向达到省标准的私立学校提供部分学校经费资助。1989年，省政府又出台了《私立学校法规》，将私立学校分成四类。

第一类学校可以获得本地教育局提供的50％的学校经费补助，学校教师必须持有不列颠哥伦比亚省教师资格认证。学校的项目必须与不列颠哥伦比亚省教育厅规定的要求相符，课程也必须符合不列颠哥伦比亚省教学课程所规定的学校成功要求，学校必须拥有足够的教学设施，也必须遵守地方市和地方学区的教学规范。

第二类学校同第一类相似，但由于学校对每个学生的作业成本超过省教育厅提供给当地教育局的补助，因此获得当地教育局提供的35％的辅助经费。

第三类学校，该类学校不接受任何政府的任何经费补助。学校也不一定招收持有不列颠哥伦比亚省教师资格认证的教师，开设的课程也与教育厅的规定有所不同。但是学校还是必须维持达到本市或者本学区对教学设施的规定。

第四类学校同样不接受任何政府的任何经费援助，而且主要面向非不列颠哥伦比亚省的学生。如果该私立学校的全体教师都拥有不列颠哥伦比亚省的教师资格证书,学生达到毕业要求后同样可以获得不列颠哥伦比亚省高中毕业证。

三、家庭学校教育

今天,家庭学校教育地位的合法性已得到加拿大所有省份的认可。由于加拿大教育体制是典型的地方分权型,各省依据本省的司法制定相关教育法,家长必须依法行事。在早期,家庭学校教育的合法性一直受到争议,各省法律都认为家庭学校教育是不合法的。随着多元文化主义的盛行和国家多元文化政策的确立,家庭学校教育具有了合法地位。这里以安大略省为例,剖析家庭教育在加拿大的实施情况。

安大略省《教育法案》第21款第2条明确指出,家庭学校教育是合法的选择,规定:"如果儿童可以在家中或者其他地方接受良好的教育,就可以免于到校学习。"此外,《教育法案》明确规定,法律允许家长在家施教,且无需教学资格证;家庭学校教育的家庭无需到任何管理部门进行登记;无需学校委员会官员对在家上学的儿童进行访问或评价;家长进行家庭学校教育的方法无需获得认可。这一法案的颁布,确立了家庭学校教育的合法性地位。

安大略省政府现在已经认同在家上学是相对于公共教育的另一种可行的教育形式,允许每一个家庭教授独特的教育经验。同时,法案也赋予了家长更大的自由和权利,在家上学的儿童仅仅按照父母的安排也可以受到良好的教育,并不一定需要经过省级督查人员的批准和检查,家长完全可以自行设置家庭学校教育的内容和方式。在家上学合法化的另一个迹象是,越来越多的公共大学愿意给在家上学的学生提供可选择的、适合他们的录取政策,诸如入学考试、面试等。至2002年已有24所大学出台了具体的相关政策,其中包括多伦多大学、麦克马斯特大学和麦吉尔大学。此外,受近期立法变化的影响,公众对家庭学校教育的态度也发生了重大改变,很少会有加拿大人仍然把在家上学看作是负面的、反对公众的形式。

随着家庭教育合法地位的不断提升,家庭学校教育日益呈现多样化的趋势。许多法律纠纷得以解决,使得更多家庭更容易进行家庭学校教育,因此有更多的人加入这一行列。除了原有的新教和自由学习团体外,又出现了以蒙台梭利、华尔道夫、罗马天主教、非洲中心和特殊教育方式为主的家庭学校教育的支持团体。

当前,更多的加拿大人相信,家庭学校教育是相对于学校教育的众多可供选择的方式之一,而不是对学校教育的一种激进的反对和背离。因为只有父母才真正知道孩子的兴趣所在,因此他们更为坚持父母权威的中心地位和父母的选择权利而努力。量身定做适合学生个性化的学习方式才能最大限度地促使学生取得成功。家庭学校教育的家长和教师更注重让孩子按自己的方式学习感兴趣的知识。在他们看来,与其让孩子把时间浪费在他们不感兴趣的科目上,不如让他们花时间去精通感兴趣的东西。有的家长指出:"学校里的问题学生,往往回到家里后,那些在学校里表现出的问题症状就消失了,这是因为他们在家里可以按照他们自己的进度和方式。譬如,如果他们需要,他们会在房间里跳跃,大声朗读,或者做任何他们在学校、课堂上不允许做的事情,这就是个性化的学生。"

第三节　升学与考试

加拿大的中学生升入大学时不需要参加专门的考试,即没有全国统一的招生考试。只要学生在高中期间修满必须的学分,毕业合格,即可申请入大学继续深造。加拿大的高等教育机构分为社区学院和大学两类。各省的中学毕业生可根据自己的高中成绩,按学校要求报名申请。各高校根据自己的录取条件,通过考核申请人历年的中学成绩,参加社会活动的情况及特长等进行择优录取。学生在申请过程中可以得到所在中学升学辅导顾问的指导。学校的辅导顾问在学生进入高中时就会根据每个学生的实际情况,包括学生的爱好、学业情况,协助学生做出适当的选择或者给予建议。学生可以根据自己的大学学习计划进行准备。除了成绩以外,还需要学生本人的个人陈述(personal statement),40小时的做志愿者经历,以及老师的推荐信。加拿大学生升学的一些基本要求和申请情况如下。

加拿大各省中学阶段实行学分制,学生可根据自己的情况选修课程,一般每学期选4门课程。每门课程不少于110学时。学生按要求听课,平时完成作业,测验或考试合格,便取得该课程的学分。毕业考试因地区而异。比如,温哥华的高中生必须参加省考;安大略省中学生在十年级时必须参加全省读写毕业会考。学生获得30学分,且其中18学分为必修课程学分,才可以获得毕业文凭。魁北克省略有不同,规定学生十一年级毕业后,转入该省的普通和职业教育(CEGEP),读2年的专业课程,此后才能升入大学。

下面以安大略省为例来分析加拿大高中学分制的情况。一般情况下,每门课程1学分,修满30学分即可毕业。其中有18学分是必修课,包括英文、数学、自然科学、历史、地理、体育、艺术、家政、法语、基础电脑应用等。其余12学分,由学生根据自己的爱好和未来的发展设想进行选课。在选修课中,有五个系列的课程,学生以一个系列为侧重点,由低向高进行选修。五种系列的选修课程包括:商科系列、自然科学系列、艺术系列、技术系列和社会科学系列。这样的课程设置,使学生从9—10年级起就开始考虑自己的兴趣和未来的发展方向,开始侧重选修与这一方向有关的课程,并根据自己的兴趣在这一领域里进行一些深入的研究。所以,这种课程设置使加拿大的高中毕业生更适应社会的多种需求,一部分学生进入大学,将来可能成为科学家、工程师、医生、律师、教师等专业人士,而那些不能进入大学甚至不想上大学的学生也能通过自己的努力,凭着自己在学校获得的一技之长在社会上立足。

加拿大大学录取的硬指标还是考试的分数,但是这个分数不是通过一次考试来决定的。每个高中毕业生要进入大学,需要在临毕业前(相当于高三的上半年)提出申请,在加拿大为十二年级,也就是12年义务教育的最后一年。那么往前推两年的所有主科成绩是大学录取的重要参考,当然,最后大学录取的时候一般还有附加条件,那就是需要提供最后学年的综合成绩。在加拿大高中生上大学全凭十二年级和十一年级的成绩。每所大学根据不同的学科对申请者提出不同的要求。一般高中申请大学需要提交6门十二年级的成绩(12U/M的课程)，其中十二年级英语是必须的，其余5门课，不同的专业有不同的要求。

虽然没有入学考试，但是各个大学对提交的分数都有基本要求，尤其是知名大学。如，多伦多大学要求提交的6门课程每门最低分必须达到70分，然后根据不同的科目给出不同的平均分要求，比如机械工程，要求平均85分左右，超过这个分数才会比较有把握申请到。不同专业每年的要求都会有些变化。希望学这个专业的人越多，分数要求就会越高，反之则下降。所以选一门或几门相对容易拿分的课，或者学生自己擅长的课，可以拉高平均分。一般而言，大学要求提交成绩的科目除英语外还会要求2～3科，只有少数专业(如工程)会要求4科，所以学生还是有较大的选择性。不同的学校或专业平均分的算法不一样，一般是：(十二年级英语＋几门专业＋其余最高分)除以6，一共6门。也有(十二年级英语＋5门最高分)除以6的。十二年级英语是必不可少的。举例来说，如果想申请多伦多大学的(排名在加拿大前3名)机械工程专业，除十二年级英语外，还要求 MHF4U (advanced function，主要是函数及其图像)、MCV4U (向量)、SCH4U (化学)、SPH4U (物理)；还有一科学生可以自由选择，如音乐很好，可以选一门十二年级的音乐课，这样就能在这门课上拿到高分。当然，每个大学还会有一些特殊的要求。

加拿大学生虽然没有高考，但是从高一入学的第一次考试开始，学生的学习已经与他们未来的升学联系在一起了，所以他们的高中学习并不轻松。加拿大的高中生隔三岔五地进行考试，每一门功课几乎每个星期都有测试，每个测试都有分数，每个分数都会占所学课总分的份额，都会成为未来的升学考试的一部分。

如果学生的某门课程的分数不够好，也还有补救机会。到了暑期，市教育局将免费为学生进行重新授课，包括所有的主科课程。但是，这种第二次考的分数并不完全被承认。尤其是申请好大学的热门专业，只接受第一次的考分。有的学生一门课程修过两次，可能第二次的分数比较好，但是有的大学有可能只认可第一次考试的分数。如多伦多大学的商业和工程专业只认可第一次考试的分数。市教育局提供这种免费重新授课不但给上一个年级的学生提供再读机会，还开放给下一个年级的学生提前拿学分,一些学生就是在每个暑期选两门课程,把下个学年的学分拿到手,这样就可以提前毕业了。他们在临近毕业的时候,就可以专注于大学的课程,锁定将来的专业,参与社会实践,从事慈善志愿者活动等。

除了分数以外,学生可以通过他们的个人简历和个人陈述来展示自己考试分数以外的才能。比如,学生参加篮球队并担任队长的经历,担任学生会的工作,参加组织一些活动,有发明专利,参加慈善志愿者的经历,有音乐或者绘画天赋等各种特殊专长。如果家庭条件不好,学习分数也不是非常理想,但是个人很努力,充满理想,自强自立,希望帮助社会,也都成为说服大学录取他们的有利因素。

学生通常从 11 月份开始申请大学,一般在次年 1 月上旬结束。由于申请时第一学期还未结束,所以需要用期中成绩申请,有些十二年级的课如果还没有上,大学就会看你该科目对应的十一年级成绩,如果十一年级成绩特别优秀,有可能会被提前录取,但也有人被录取后不再努力学习了,最后被大学退学。申请时,每所大学最多只能选择 3 个专业,费用是 125 加元。例如,多伦多大学有 3 所分校,每所分校只能选择 1 个专业。一般学生都会同时申请几所大学。

选择什么样的大学和专业是学生个人的事,学生根据个人喜好从十一年级起,甚至更早便开始选择未来的大学和专业。各学校的老师都会根据学生情况和他们的计划来指导学生申请和选课。从十二年级开始,每个计划毕业的学生就开始拿着自己的成绩申请大学。一般来说,学生的成绩来自平时的考试、作业和课堂情况(按比例算分),学生分数的高低是个人学习的综合体现,与在哪所学校学习无关(小镇上学校的 90 分和市中心学校的 90 分对所有大学来讲是一样的)。

加拿大实行 12 年义务教育,所有学生都必须完成 12 年的高中毕业教育,并要求高中毕业时做过至少 40 小时的志愿者。申请大学时,大学也要求提交志愿者服务记录证明和至少一家曾服务过的机构的推荐信。大多数学生到高中毕业时的志愿者服务都远远超过 40 小时。志愿者经历对于十一、十二年级的高中生来说也非常重要。一方面,帮助学生发展专业技能(hands-on experience)和学会处理人际关系(network),同时可以得到入学的推荐信(reference letter)。一般来说,选择志愿者服务最好与计划申请的专业有关。如果希望考入医学院,不妨在本地医院或医生办公室做帮手,或者在医院帮助病人;如果希望学习法律,可以在非盈利机构做志愿者,或去政府和公共事业部门做志愿者,也可以去相关的求职网站申请专注法律法规相关的部门;希望申请艺术、社会相关专业的高中生,可以去一些非盈利机构做志愿者,或协助社区文化活动的组织。而希望申请会计(accounting)、IT、工程(engineering)的学生,不妨再找一份兼职工作(part-time job)或薪工,学习一些与专业兴趣有关的技能。例如有些学生对建筑业感兴趣,便利用假期在小型建筑公司做木工、电工帮手。由于加拿大是一个提倡志愿者服务的国家,学生们在各种网站和社区的帮助下,只要自己提早做出计划,都能够找到比较合适的志愿者工作。当然,学生在麦当劳餐厅、商店等打工的各种工作经历也是有用的。

第四节 基础教育培养目标

加拿大是一个十分注重技术及生存技能的国家,从小学教育一直到高等教育、成人教育,始终贯穿着"实用技能训练"的宗旨。加拿大人在这种教育中形成了自己的特点,即每个人都是多面手,每个人都具备多种生存技能。

加拿大基础教育把培养具有一定知识和实际工作技能的劳动服务大军放在主要位置,而不是将学生升入高等学校作为教育的终极目标,这既为学生提供了尽可能多的职业技能和就业机会,又培养了社会所需要的社会精英人才。这种教育从个人发展需要和社会需要出发,为不同层次、不同兴趣、不同职业倾向、不同发展阶段的学生提供多样的选择机会,鼓励学生发挥自身的潜能。

加拿大基础教育的培养目标一直随着其社会经济的发展而发展变化。加拿大公共教育的创始人赖尔森相信,教育是一种公共福利,无知是一种公共邪恶。儿童应当接受教育,以抵制"贫困和知识贫乏",使自己成为"诚实有信,对社会有用的一份子"。与大多数19世纪主张人文主义的知识学者一样,加拿大人相信教育可以帮助人类用理性战胜无知、堕落、罪恶和少年犯罪。

公共教育,对于部分加拿大人来说意味着一种公共福利和制度,内容包括传播核心知识,以及培养良好公民,提供社会化与监督,均衡机会以及传授基本技能以推动公民的终身学习;而对另外一些加拿大人来说,公共教育是一种推动人力发展的优化途径以及实现社会经济高效运行的方式。

学校教育为步入社会生活做准备,因此中等教育的目标之一就是要最终使学生适应社会、职业和家庭等方面的变化。培养有适应力、选择力、对社会有用的人成为加拿大学校教育的重要目标指向。

加拿大学校的培养目标集中反映了这一特点。经济学中把人力作为一种资源,讲究有效配置,人力资源在不同层次社会经济领域的最佳配置会创造出巨大的效益。社会需要高级人才,同样也需要大批拥有各种技能、适应能力和创造力的人才。加拿大教育工作者在关注学生学业成绩表现的同时,更关注作为社会中的人的发展和培养。

为实现上述目标,加拿大在学校课程设置上加大改革力度。中小学教育课程一般为学术性课程和实用性课程(也称实验课程)。以安大略省为例,十一年级共开设120门课程,其中80%是实用性课程,这些课程作为独立的课程在各校普遍开设,范围几乎覆盖各行各业,又与地方社会经济特点密切相关。比如,职业技术培训类课程有机械制造、金融理财、商业营销、糕点制作等,还开设帮助学生理解政府的课程——事业发展课,乡土课——土著历史课等。基本能做到根据社会需要开设相关课程,因此学校课程常改常新。通过实用课程教育,使学生直接获得生产、生活经验和技能,获得对社会历史的认识和理解,培养社会责任感。

教育过程的组织上明显地反映了这一特点。在渥太华地区,教育局规定,每学期学生要参加40小时的志愿者劳动,为社区工作,目的是教育学生做一个好市民、好公民。这被认为是加拿大教育的传统。各校都有一些实验、实习基地,有的在校内,有的在校外。学生的学习不限于课本、教材,还可以进行"超文本学习"。通过调研发现,加拿大教师在组织实践性课程教学时,尽量放手让学生自己思考、动手实践,或者在课堂上提出一些没有一定标准答案但又与社会密切相关的问题。教师还要求每个学生每学期要做不同的研究课题,范围大多属于实用技术领域。学生的学习也是常常以小组、团队活动的形式进行,以培养学生的团队合作精神。在课堂上,几个学生组成一个小组,对教师提出的问题和作业一起进行讨论和研究,共同完成报告。

第五节 基础教育行政管理

加拿大联邦政府虽然没有设置教育部,但是加拿大各省市均设有教育部(局)。他们负责有关法律条文、法令、法规等的制定和颁布,各级各类学校的管理也以此为依据。如各省教育部以立法形式颁布的教学大纲,是学校一切教学活动的依据。政府对教育的管理是通过立法、拨款等方式来实现的。政府拨款按各校学生数额确定,没有任何随意性。各地还制定了相应的法律法规,严格依法治教,促进了各级各类教育的健康发展。

一、管理体系以及各级管理机构的职责

前面已经提到过,加拿大的基础教育是由各省负责。各省教育部门负责管理省内中小学,如确立学校管理机构,制定学校拨款政策和水准,研制教学大纲,建立评估体系和测试标准,批准新课程和教材等。大部分省将学校日常管理工作交给地方教育局。在部分省内,地方教育局具有征收教育税和对地方学校管理体制等问题的决策权。尽管如此,也必须在省立法机构界定和授予的权限范围内运行。

近年来加拿大教育体制改革的重要趋势之一是通过合并减少教育局的数量,重新确定教育局的权力和责任,把更多的管理权力集中到省和地区的层面上,同时将部分职责交给以学校为单位的家长和或社区顾问委员会。许多省要求学校成立家长委员会,让家长更多地参与学生的教育。为鼓励公众参与,许多地方教育局在召开例行的咨询会时会请家长和其他社区成员参加。听取他们对改变课程设置和学校机构等方面的意见和建议。

地方教育局的主要职责是确定年度预算;制定政策,任免校长;雇佣,提升或解聘教师和管理人员;修建校舍,购置设备和用品等。部分省份的教育局还有权征收供教育用的住宅和地产税,管理教育部的拨款。

地方教育局通常指派自己的学监,负责根据省的法律和法规来贯彻落实教育局的有关政策,执行学校制度,并将部分职责授予校长和教师。某些省份的教育部长亲自审批学监的专业资格,并确认其任命。

各省市的教育部(局)制定的教学大纲、教学计划、课程设置、审批教材订单时,首先必须广泛征求社区、团体、学生家长的意见,使教学内容、课程设置、学校培养目标切实能为地方经济服务,满足社会需要。其次是学校建立家长咨询委员会,因为社区成员、家长都是纳税人,学校必须听取社区成员、家长的意见,加强他们在学校管理中的作用。第三是建立校长、教师和学生三者之间的密切合作关系,提高教学质量,满足各方面需求。

二、基础教育的财政管理

加拿大基础教育的财政管理实行财政转移支付制度。联邦政府根据1977年《联邦与省财政安排法》以转移支付的方式向各省划拨经费,拨款时虽然不限定用于教育的具体数额,但是它直接影响省教育经费的规模。部分与人力资源、经济发展相关的联邦政府部门,如人力资源部、工业部甚至外交部等也分别从本部门预算中对教育或教育对外交流作出投入。

在加拿大,中小学校长也会时常呼吁教育经费不足。加拿大中小学教师工资和福利经费占政府基础教育支出的大部分。据不列颠哥伦比亚省教育部2001年度报告,该省从1996年至2001年,中小学教师工资和福利的支出一直占基础教育总支出的71%～72%。教育经费由省拨付,保证教师的工资、学校维修、添置设备等基本开支,但若要做装修教室、办公室,开设活动课程等锦上添花的事情,校长需要想办法多方集资。各学校通行的集资渠道有校友捐资,社会团体捐资,家长集资等。尤其是家长对学校的捐资办法很多。一是义卖,例如,学生家长用家里的烤箱制作点心送给学校供出售,收入归学校所有。二是付费观看学生活动。学校定期进行学生演出、比赛等活动,观众大多是本校的学生家长、学生,家长得自掏腰包买门票。学校也会组织家长观看校际间的各种体育比赛,大多数家长也愿意买票助阵。三是从学生在校消费中获得利润。学校与一些饮料食品公司签约,那些自动饮料机、售货机中的利润所得大部分归学校,这可谓社会和家长对学校的联合捐助。所有这些筹款活动都必须遵循两个原则:一是捐助必须是自愿行为,校长会作适当的宣传,但决不能有强迫之举;二是所有所得款项必须用于学生。

三、基础教育的人事管理

加拿大是发达的市场经济国家,有一套适合该国国情、比较完善的教育人事制度,教师职业属性清楚,与大学教师多是自由职业者不同,中小学教师是政府雇员。

加拿大实行联邦制,教育事业由各省负责。中小学教师管理的主体有省政府、教师学院、学区董事会、学区教育局、教师工会、学校。省政府主要是提供经费和进行宏观调控。教师学院是经省政府授权管理教师资格的非政府组织,负责制订教师职业标准、组织教师培训和考试、认定或撤销教师资格。教师学院董事会的成员四分之一由省政府指定,四分之三由独立选举产生。

学区董事会由民众选举产生,负责订立本学区教育法规、聘用教育局和中小学工作人员、审定教育财政预算等。学区教育局在学区董事会的领导下管理中小学教师。中小学校校长负责指导、督促教师工作,但对影响教师个人权益的事宜只有建议权,没有决定权。中小学教师组成工会与学区教育局签订集体协议。

教师工会是中小学教师利益的代表者,由它代表教师与学区(或省)教育局联合会谈判商定中小学教师的工资标准、福利待遇或医疗保险、劳动保护、工作条件、工作量和工作标准、奖惩办法等。集体谈判后订立集体协议,即集体劳动合同。一旦合同关系成立,作为工会成员的教师必须严格遵循这一劳动合同。

中小学教师每年直接投票产生学区教师工会委员,学区教师工会委员每两年选举产生省教师工会委员;工会委员候选人必须是教师,但当选后就专职从事工会工作。教师工会主要靠会员缴纳的会费维持运转。

中小学的集体谈判在学区教师工会和学区教育局之间进行,或者省教师工会与全省学区教育局联合会谈判后,再由学区教育局和学区教师工会协商未尽事宜。集体谈判的周期取决于集体协议的期限,一般每3年一次。由于涉及内容多,双方都要不断协商教师的利益,谈判往往持续数月甚至一年。如果很长时间达不到一致,工会就组织教师罢工,届时政府一般会出面调解或仲裁。非教学人员也组成自己的工会进行集体谈判。中小学校长不能组织或参加工会,但可以参照教师的集体协议享受工资福利。

加拿大中小学没有教师职务制度,中小学教师"任用"重点在于"录用"。一般来说,各学区每年组织一次大型的公开招聘活动。学区组织中小学校长赴大学、在网站或媒体发布广告等招聘新教师和临时代课教师。招聘对象是具有本省教师资格的人员,主要包括大学毕业生、本学区后备教师库(也叫"教师蓄水池",即该学区以往招聘未入选人员或通过其他渠道了解到的人员)、其他社会在职人员。对教师严重短缺的科目,有的省或学区也短期聘用没有教师资格但确有专长的人员。新录用的教师试用期1~2年,试用期满后即可获得终身职位直至退休。在制度安排上,如有违法或渎职可以解聘教师,但真正进入解聘程序的情况极少。

中小学校长的聘任程序与教师聘任程序类似,不同的是聘任委员会必须由学区教育局局长、现任校长、教师代表、学生家长代表组成,由他们共同表决校长的聘任与否。另外,和教师招聘相比,校长的聘任条件要求更高、难度更大,普遍采用了情景模拟等先进的人员测试技术。

加拿大的教师工资制度有三个主要特点。

(1)教师工资标准以劳动力市场供求关系和各行各业工资水平为基本参照系由集体谈判决定。政府没有指令性的工资标准或工资计划,只通过立法(例如最低工资保障线)和财政预算实施调控。

(2)工资管理公开化、效率高。由于所有的意愿和要求都在集体谈判中充分表述,因此具体的工资管理非常简单。教师实行年薪制,没有奖金,边远地区有津贴。工资标准每年根据通货膨胀率做相应变化。

(3)教师的教龄和受教育经历是确定教师工资级别的重要参照。学区按照教师受教育经历(学历)将教师分为若干系列,每个系列再根据工作年限分若干档次,新参加工作的教师执行第一档,每工作一年晋升一档,随着工作年限的增加,教师工资逐年提高。

中小学校长的工资标准参照教师的工资标准,在"校长协会"或校长代表与教育局协商后,由学区董事会确定。一般而言,校长平均工资比当地教师平均工资高50%～60%,最高工资比教师最高工资高20%～30%。校长工资与其任职年限挂钩,通常情况下,任职年限越长,工资越高。另外,校长工资一般比副校长工资高15%左右。

加拿大教师社会保障制度具有高福利的特点,涉及教师的社会保障有两部分:一是社会保险,即通过雇主和(或)雇员缴费建立养老、医疗统筹基金或增值基金,为教师提供养老、医疗保障;另一部分是社会福利,包括为教师提供的各种休假制度,以及各种提高教师生活质量的办法等。

加拿大联邦政府实施的基本社会保险包括教师保险,其通过以下渠道实行:一是征收收入税,再转移支付给低收入家庭,例如发放失业救济金;二是雇主按照工资总额的一定比例缴费(有些也要求雇员缴费),形成与特定雇员个人直接挂钩的社会保险基金,基本不进行横向社会统筹,例如基金养老金计划,实际上是一种延期支付;三是雇主和雇员同时缴纳保险费,再加上政府必要的投入建立共同基金,实行社会统筹,例如基本医疗保险。

补充社会保险主要有补充养老金计划、补充医疗保险计划、健康服务计划、可选意外伤害补助等。额外福利主要有雇员和家庭援助计划、各种带薪休假制度等。教师所有的福利都可以享受,而各种基金计划教师可以自愿选择参加。这类计划大部分是共同基金,雇主单方或雇主与雇员双方共同投资建立,由专门的委员会管理并运作,教师达到受益条件时可从中领取津贴或养老金。如果将这些收入折算成现金,相当于教师工资提高四分之一。

　　加拿大全国没有统一的教育行政部门和制度,由各省(地区)教育部门负责当地教育。各省(地区)建立了一套反映当地历史、文化传统和社会经济状况的各具特点的教育制度和结构,并通过法律对本省的教育组织机构、学制、课程、考试制度和经费等做出明确规定。本章剖析并列举了主要省地的教育制度与结构的特色。全国大多数学校都是公立学校,私立学校也各具特色。各省学制大同小异,一般可分为初等教育、中等教育和高等教育三级结构。加拿大的教育具有自己的特点,而联邦政府只对一些特殊的学校(少数民族、军人子弟及囚犯子弟学校等)予以资助及负责。

　　虽然没有统一的教育制度,但是加拿大基础教育的目标是一致的,即把培养具有一定知识和实际工作技能的劳动服务型人才放在主要位置,而不是将学生升入高等学校作为教育的终极目标。既为学生提供尽可能多的职业技能和就业机会,又培养了社会所需要的精英人才。

第三章

加拿大中小学学校管理

第一节　学校管理机制

加拿大作为联邦制国家,其基础教育管理实行联邦宪法指导下的分级管理、以省为主的体制。下面以加拿大第二大省安大略省为例,分析其学校管理机制。

安大略省面积为 100 平方千米,人口 1 300 万。安大略省教育部拥有两幢 20 多层的大楼,公务员 1 200 人,通过制定教育法律规章制度、建立课程体系、设置学业成绩标准、提供教育资源等来实施领导和管理。安大略省中小学系统的运行和管理由 72 个地区教育局、33 个学校当局(指偏远地区的教育局和医院学校的教育局)负责,其中包括 31 个英语地区教育局,29 个英语天主教教育局,4 个法语地区教育局,8 个法语天主教教育局,共管辖 4 011 所小学、892 所中学。安大略省全职教师共有 118 681 人,其中小学教师 73 375 人,中学教师 45 306 人。管理人员(校长和副校长)7 295 人,其中小学 5 396 人,中学 1 899 人。2008—2009 年度省政府的总拨款是 190.6 亿加元。

一、教师学院和学区董事会

加拿大中小学教师管理的主体有省政府、教师学院、学区董事会、学区教育局、教师工会、学校。省政府主要提供经费和宏观调控。教师学院是经省政府授权管理教师资格的非政府组织,负责制订教师职业标准、组织教师培训和考试、认定或撤销教师资格。教师学院董事会的成员四分之一由省政府指定,四分之三由独立选举产生。

学区董事会由民众选举产生,负责订立本学区教育法规、聘用教育局和中小学工作人员、审定教育财政预算等。学区教育局在学区董事会的领导下管理中小学教师。

二、校长及校长委员会

中小学校校长负责指导、督促教师工作,但对影响教师个人权益的事宜只有建议权,没有决定权。中小学教师组成工会与学区教育局签订集体协议。中小学校长的聘任程序与教师聘任程序类似,不同的是聘任委员会必须由学区教育局局长、现任校长、教师代表、学生家长代表组成,由他们共同表决校长的聘任与否。另外,和教师招聘相比,校长的聘任条件要求更高、难度更大,普遍采用了情景模拟等先进的人员测试技术。

根据安大略省对校长资质的规定,要想获得副校长、校长资质,必须学完规定的校长课程,经过考试拿到学分,通过教师教育学院组织的专家答辩后才能取得相应资质。在中小学副校长职位有空缺后,才有可能被聘为副校长。有担任副校长3年以上的经历后,才有申请校长的资质。在加拿大,一般认为校长对于全校学生成长是最重要的一个人,必须着力于提高整体学业水平,缩小两极学生的差异,提高教育的公信力。校长最大的职责就是每天做出正确的决策,为学校发展指定方向,建立和谐的人际关系,关注教师和学生在学校里的活动。在加拿大,按照有关法律,校长是不能够参加教师工会的。

加拿大教师工会的力量很强大,法律对学生的保护也很严格,因此校长在管理学校的过程中,必然会遇到来自教师、学生、家长的许多问题,如何在法律的有关规定下解决这些问题,诸如和教师工会的协商,正确处理来自家长、学生的投诉,接受教育局的考核评估等,都需要法律知识的支撑。另外,加拿大学校的校长是职业性的,他不属于教师,也不兼课,只有具备做校长的资格条件,并经过专业培训,取得相应的证书,才能去应聘校长职位。做了校长之后,他们将致力于解决学校发展中的疑难问题,获得管理知识的更新,提高管理能力。

加拿大安大略省校长理事会(OPC)是为校长们提供专业帮助的民间组织。这个组织主要是代表校长与政府沟通,反映校长的普遍需求;为校长提供服务,主要是有关教育政策、法律方面的服务和咨询;对校长进行培训,使之成为终身学习的学者。OPC由在职的校长参加,通过民主选举出会长。会长有资深的教育经历和经验,受到大家的尊敬。会长周围有一批热心校长理事会工作的志愿者,他们将自己的实践经验与其他校长分享,包括成功学校计划应该怎样做,怎样去提高学生的学习成绩,怎样去管理教师等。

大多数情况下,校长、副校长在某一学校任职最多不超过 5 年。除校长和副校长外,普通教师在自愿的基础上进行流动,可以根据自己的实际情况选择一直在某一学校任职或向教育局提出申请,到其他有职位空缺的学校任教。

三、家长委员会

家长委员会(Parent Council)也越来越积极地参与学校管理和决策。在加拿大的教育体制中,家长委员会起着举足轻重的作用,且有专项活动经费,家长有权通过家长委员会来参与学校管理及教学的规划和实施。家长委员会选举一名主席、副主席、会计和秘书等,大家各司其职,团结合作,制定章程,定期开会,正、副校长和教师代表都要出席并简要报告校方近况,尤其是需要家长参与的部分。然后交由家长委员会主持人,主要讨论当月学校的各种事情和活动。会计需要报告财务支出和收入情况,最后定出下次会议的主要内容。家长委员会存在的主要目的是加强家长和学校之间的联系,帮助学校唤起家长积极参与到学校事务的热情,培养家长在教育中的责任感。

在安大略省,家长委员会有"法"可依,安大略省教育法规定,家长委员会的人员结构可由学校董事会成员、校长或者副校长、在校生的监护人——父母、社区代表、学生代表等组成一个 10 人左右的小组,被推荐、选举的家长数要占家长委员会成员的绝大多数。职位对外开放,每年 9 月初开学,学生会带回家长委员会成员邀请申请表,愿意加入的父母都可参加,如果申请人数太多可能会遴选,一般两三年换届一次,学生毕业离开学校的家长不能参加,除非该家庭还有其他孩子在校学习。

四、学区学监

学区学监在学校教育的管理中也扮演非常重要的角色。学区教育局赋予学区学监较大的管理职能:回顾、发展和执行公共政策,执行当地和系统内重大事项,做出决定性决策;与校长、教师、社区成员共同工作,在指导员工提供专业发展上起引领作用;推动与社区伙伴有策略的联系,建立以服务为导向的组织;依数据分析发展趋势,对人力和财政资源管理和进行轻重缓急的安排等。对学区所有学校的师生安全、教育秩序、教学质量、经费使用,学监负有检查、指导、监督和考核的责任。

一般来说,学监可以是成功的优秀教师,相当于我国的教研员。学监要具备教育硕士学位,从教10年以上,精通基础教育各学段课程、教材、教法的理论和实践,是经验丰富的优秀教师。学监也可以是经验丰富的校长。学监必须经过副校长、校长各层次岗位的历练。要想取得学监资质,需要花8年时间进修相关学监课程,并在多轮校长(每5年一轮)考核评估获得优秀的基础上,才具备相应的职业资质。从普通教师成长为学区学监,一般要有20年左右的教育资历。

要成为一个合格的学监必须具备这样一些技能:组织领导能力和协调分工的领导艺术能力;优秀的听、写、说、演讲和处理矛盾的能力;通过利用环境审视、需求评估和采集办法,收集、分析和阐释数据的能力;与人建立关系及联络沟通能力,有驾驭困难局面、理清关系和把握大局的能力。

学监还应具备的品质主要包括:拥护公立教育,尊重合作协商的方法;致力于终身学习,创建学习型团队;具备学校委员会和社会政治问题相关的知识;有远见,能制定明细的计划,并进行有策略行动;有自信心、有勇气、灵活、谦卑、感情的达观和适应性。

总之,学区教育局、学校管理者、家长委员会、学监等分别有明确的责任和分工,在学校管理中发挥着各自的作用,且互相补充协助,共同实现教育目标。

加拿大学校管理的层次清晰,职能明确。以多伦多市为例,作为安大略省省会,也是北美第二大城市,人口550万,其中最大的学区是英语公立学校教育局,2010至2011学年管辖中小学592所(其中100所高中),学生26万人,全职、兼职教职工分别为33 000人和8 000人。选民选举"学区教育委员会"委员(理事),22名委员(理事),代表选民管理教育。学区教育局局长由委员(理事)会聘任,教育局聘用校长管理学校并实行校长负责制。教育局根据学校布点,将学校划分为24个学区,每个学区有10～25所学校,聘任1个教育督导员(superintendent)。教育督导员由教育局分管副局长领导,归口学业总管管理。学监的主要工作对象是校长,其主要任务是帮助学区内所有学校持续改进,提高学生的学业成绩,提高教师的有效教学水平,提升学校办学品质。

第二节 学校管理的内涵

加拿大学校管理在本质上可以说是依法管理。学区教育局、中小学办学都要严格遵循各省教育部制定的教育法案、课程体系和学生学业标准。

一、建立共同愿景和管理目标

中小学校长、副校长需要明确管理构想及管理目标,具体内容包括:

(1) 需要建立一个共同的愿景,鼓励并接受集体目标,同时要向全体学校成员传达对工作表现的期望;

(2) 努力建立和培育与学生、教职员工、家庭和社区团体真挚的相互信任、尊重的关系;

(3) 鼓励其他教职员工以全体学生的利益为主要工作前提;

(4) 需要建立合作型的文化和成功的组织结构,将学校推广到更大的环境;

(5) 要对学生学习成果设定一个高期望值,同时监督和评估教学的有效性。

校长对学校的有效管理能使所有人都专注于教学和学习。校长的责任是为学生建立一个成功的学习环境,并且向学生、家长、社区团体、监管者和学校董事会确保学生会从高品质教育中获益。因此,校长、副校长肩负着组织建立一个成功学校计划的重要责任,并在成功学校建设中发挥着重要作用。

二、课程和班级管理

每年11月份,根据教育局的课程设计总体方案,学校校长与教师共同研究决定学校下一学年课程设置方案。1月份,学校与家长联系,让家长对学校的课程设置方案有比较清楚的了解。在学生和家长申请的基础上,教学主管、教师研究每一个学生的学习状况,对学生选修课程提出建议,并报请校长审定。当然,一旦学生的选修科目确定,一般情况下不会轻易更改,除非学生和家长提出充足的理由(比如申请跳级等)。

加拿大中小学实行小班化。教师十分繁忙,只要是学生需要,在学校课程框架内的选修课,即使选修的学生很少,学校也会满足学生的要求。特别是在一些私立学校,有些选修课的师生比达到1∶4、1∶2,甚至1∶1,且师生都十分投入。

为了满足当地经济发展的需要,各省教育部、教育局、学校、社区、学生家长之间建立了亲密的合作伙伴关系,严格按照教学大纲要求,提高教学质量,满足各方面需要。教育部制定教学大纲、教学计划,设置课程,批准教材清单,必须广泛征求社区、团体、学生家长的意见,使教学内容、课程设置、学校培养目标切实为地方经济服务,满足社会需要。学校建立家长咨询委员会,因为社区成员、家长都是纳税人,学校有必要听取社区成员、家长的意见,加强他们在学校管理中的作用。

三、教师管理

中小学教师可以通过教师工会维护他们的权益。工会是中小学教师利益的代表者,由它代表教师与学区(或省)教育局联合会谈判商定中小学教师的工资标准、福利待遇或医疗保险、劳动保护、工作条件、工作量和工作标准、奖惩办法等。中小学校长不能组织或参加工会,但可以参照教师的集体协议享受工资福利。工会实行会员制,会员需上缴会费,代表会员的利益,如果教师与教育局发生冲突,工会会出面代表教师与教育局谈判协商解决。例如,一名高中老师最多能带38个学生,而学校安排了40个学生,该老师就可以拒绝教课,工会会在背后支持他。另外,工会决定教师的薪水,也就是说,教师的工资晋级取决于教师本身的资质、教学水准等,与学校校长、同事没有任何关系,同样退休也与学校没有关系,养老金也是工会负责办理,这就使得教师与校长之间、老师与同事之间的关系变得简单。有关教师管理的具体内容可参见教师发展一章。

四、教学管理

学校根据省教育部制定的有关加拿大中小学教学管理方面的政策和法规进行严格管理,具体内容可参见第六章加拿大基础教育阶段的教学一章。

五、问题管理

在加拿大的中小学,家长如果有问题,可通过预约,及时得到校长或有关教师的接待。有任何问题都可以和校长直接对话,这是家长拥有的权利。在中小学,如果孩子的表现出现了问题,比如,行为不好,不做作业等,可以由校长处理。一般情况下,校长基本认识学校里的每一个孩子。

有趣的是,每个学期在适当的时候,会让一些学生有机会当一天校长,这个学生不一定是最好的学生,有可能是一个后进(问题)生,但最近取得了很大的进步。在当校长这一天,这个学生不上课,到校长办公室和校长一起工作。在处理某些情况时,校长也会征求他们的意见。他们会跟校长一起到班级里,查看情况和解决问题。这种体验活动,有助于学生更好地理解学校管理制度和措施,明确自己在学校应该具备的表现和行为。

六、监督管理

学区学监要检查、监督各类教育法规在学校的落实情况,确保教职员工遵守职业道德,政府经费用在学生身上,各种族学生获得公平教育,学校管理有章可循。例如,《安大略省学校监督标准》对学校教职工承担的看护学生规定的条款详细而具体:"幼儿园小班和大班:1 名监督(看护)人负责 8~20 名学生;小学:1 名监督(看护)人负责 50~100 名学生;中学:1 名监督(看护)人负责 100~150 名学生。"幼儿园小班和大班的学生必须在特别划定的区域内,由专人监督(看护)。小学课间休息、午餐时间、上课前与放学后等任何时候都不得少于 2 名监督(看护)人(在相互可以看到对方的距离之内)等。学监依据这些标准,定期或随机到学校检查,及时向校长反馈发现的问题,监督规定落到实处。同时,帮助学校提高教学质量,比如包括定期或不定期深入学校、学科组、课堂,检查课程开设情况,参加教学研讨,深入课堂听课,观察课外活动等,调查教育管理、教师教学、学生学习存在的问题或薄弱环节,分析学校公用经费是否用在提高教学质量上,并与校长一起研究解决问题的对策,指导学校制定提升改进计划,积极寻求人力资源、财政拨款、学校管理和专家同行的智力支持。就是运用自己丰富的办学智慧、管理经验,支持、帮助和促进学校主动发展。

由于学监既掌握教育部门的各项政策法规,又知晓所负责学区的各个学校办学的真实情况,他们通过撰写督导检查报告等形式,及时向学区教育局、省教育部汇报工作,同时又直接面向学区家长解释说明各类教育问题,征求学生家长对教育政策和学校办学的诉求。学监大多经验丰富,他们反映的问题、提出的建议往往被教育主管部门高度重视、及时采纳,他们解释说明的教育政策,学区家长也比较易于接受,由此学监成为教育主管部门决策层与基层学校、一线教师、学区家长沟通交流的有效渠道。

校长工作的评价也是由学监来组织完成的。安大略省教育部规定公立中小学的校长每五年要接受一次综合督导评估。此外,校长每年要根据安大略省校长理事会制定的《有效学校运作框架》($K-12\ School\ Effectiveness\ Framework$),在学监指导下进行年度自评。综合评估一般由学区学监来组织实施,学监要聘任有关专家和同行,对校长任期内学校的发展进行综合评估,评估结果作为任职资格以及是否续聘的重要依据之一。

第三节 管理模式的新尝试

进入 20 世纪 80 年代,世界政治、经济形势和格局发生了重大变化,加拿大在国际竞争中面临严峻挑战,面对基础教育的日渐普及,高等教育的大众化以及学习型社会的发展,加拿大政府垄断下的基础教育管理体制却演进缓慢。公共垄断削弱了政府服务部门之间能使成本最小化的激励机制。不仅如此,由于缺乏竞争和利益驱动,加上政府本身官僚组织的低效性、信息不完全和政府能力有限等约束条件,政府并不能通过"有形的手"将基础教育资源配置达到最优,导致了公共基础教育管理的低效率,无法适应时代的挑战。

如何合理、高效地使用和配置现有的教育资源并寻求新的教育资源,竞争、自治、公平、家长自由选择以及提高学术成绩的市场化运作机制,为加拿大基础教育管理变革提供了一个窗口。1993年11月以克雷蒂安为首的自由党政府上台后,大力推行削减财政赤字和促进经济增长为中心的经济政策。与此同时,对战后以来逐步形成的基础教育管理体系进行了全面的"结构性改革",在运营模式上改革了单纯依赖政府财政拨款,政府独揽基础教育的投资、经营和管理权的经济结构。重新确定了市场和政府在解决基础教育供应、分配过程中所依据的政策和规范。在教育改革中引入优胜劣汰的竞争机制,通过建立基础教育的市场,打破国家对基础教育的垄断,打破公立与私立学校之间的鸿沟。鼓励多种办学形式并存,为广大学生家长提供不同的学校教育服务,从而保证学生家长的教育选择权。由于引进了竞争,大大刺激了学校办学的积极性和学校类型的多样化发展,增加了学校制度的灵活性,促进了各个学校教育质量的提高。在管理层面,从政府对教育的垄断转向教育市场竞争,在基础教育领域激活了由公共服务向市场化前行的路径。

一、学校管理改革的内容

通过采取特许学校、校本管理和完善评估体系等形式,改革政府垄断基础教育的局面;改善教育管理集权与分权之间的关系。探索建立适应多元文化特点、更科学、更完善的教育行政管理体系。加拿大各省积极寻求教育市场化运作的途径,着力恢复和改善学校教育的传统性功能,实现权力的多中心,即社会、政府、家长、学校共同参与教育管理。在教育管理权力的分配方面,加拿大全国10省3区设立了学区教育局,负责学区内公立学校事务中更为具体的管理工作,学区教育局的领导机构不是地方政府,而是由学区居民选出的学区董事会。学区董事会通常由各学区的居民民主推选组成,负责学区内校长任命、聘用和教师评价、校舍建造和维修、接送学生(校车服务)、支付教师工资等。学校实行校长负责制,除校长外,还有副校长、学科组长等,负责学校行政管理方面的具体事务。

在这次改革中,加拿大中小学校原有的在外控条件下进行运作的内部管理体制被打破了。之前,学校的一切活动都是由教育部的法律、条例、通令来确定,其内部管理完全依据政府的方针、策略、计划展开,学校活动的效果不取决于管理人员的文化水平、责权分工、人际关系、通过决议的方式及分析评价学校活动的水平。学校领导、教务处主任、总务主任组成管理阶层及负责学校各项活动的工作人员,往往机械地执行各级教育行政部门的指示、命令,缺乏工作的积极主动性和责任感。这种外控式的管理体制严重地影响了学校管理的主体性发挥。因为历史和现实的诸多原因,在政府管制和调控下,公立学校在执行管理权限时,权和责不在该校的教师、校长及家长方面,地方政府在微观方面对学校的内部管理进行干预。外控式管理模式使学校没有自治权,客观上使得学校教育管理事务趋于保守、僵化,缺少灵活性,降低了教育行政管理的效率。学校只能是教育行政部门的工具,学校无法根据自己的实际情况和学校外部环境的变化作出自主的行为调节,学校也只是重复着传统的管理模式。因此,学校的教育质量和学生的素质一直处在不如人意的状况中。

为了重新调适政府与学校的关系,从根本上改造学校内部管理的结构,实现教师、学生、家长等广泛参与教育治理的目的。加拿大阿尔伯塔省于1994开始在该省实施学校内部管理自治模式,根据各公立学校实际情况增加校长在财政、人事和课程领域的决策权,实行学区、校方高层行政人员与社区、家长、学生共同决策,极大地提高了公立学校的适应性、责任感和有效性。

自20世纪90年代后半期起,加拿大其他各省开始借鉴阿尔伯塔省的校本管理经验,陆续进行学校内部管理模式的改革。新不伦瑞克省取消了学校董事会,改为由选举产生家长理事会,以提高学校的自治能力。曼尼托巴省运用学校内部管理的平衡模式,让学校教职工对家长和社区的需要做出回应。近年来,为提高基础教育质量,给学校更多的自治权力,加拿大各省教育部、各学区教育局就学校的内部管理广泛征求纳税人的意见,已经将管理某一学校的权和责交给了该校的教师、校长及家长,并扩大学校在使用经费方面的自主权。同时,在学校内部的管理中校长、教师、学生之间也建立了合作关系,既严格按照教学大纲要求以提高教学质量,又满足各方面需要。

　　然而在取得上述管理改革突破的同时,市场作为一股强大的驱动力,也给基础教育管理带来挑战。一是在市场化教育改革模式中,学校往往根据市场需求,分配与使用教育资源,设置课程,安排教材,确定学制、教学时间和教学方式及聘用校长与教师等。尽管政府借助于特许或契约等法律规定,通过目标体系在学校知识标准和成绩评估中发挥着监督和控制作用,进而对学校的财政与行政管理产生影响。由于基础教育管理的改革没有注意到在给予学校以充分自主权的同时,加强政府对学校的支持、协调和控制,因此,在政府和公民、社会之间,无法明晰教育服务提供中的责任机制,改变了以政府为中心的单向的基础教育管理格局。二是市场控制型模式无法保证公共教育提供的起点公平,而这点恰恰违背了基础教育公益性的目标。三是政府将提供公共基础教育的责任让位给市场,利用市场控制型模式决定学校、教育的发展方向,而没有把基础教育的平衡发展的成本和责任纳入其中,造成了优质资源大量集聚,学校之间差距很大,违背了教育改革的本意,引起社会民众的不满。

二、改革以后的基础教育管理体制面临的新挑战

　　面对基础教育管理体制改革的诸多挑战,加拿大政府如何拓展未来改革的新空间?首先,改革取向从提升效率和质量走向更公平。鉴于公共教育的平等性与获得途径已成为大众争论的焦点等原因,加拿大政府开始寻求对策,以使在不降低教育效率和质量的情况下使基础教育更公平。正是在这样一种改革取向的引导下,强化政府对教育公平性和公益性的干预能力是新世纪以来指导加拿大基础教育管理体制改革的一条基本思路。为了让提供免费、平等、全民的公立中小学教育的政府责任落到实处,加拿大政府改变了把承载着重要社会功能的基础教育放在一个自由市场上的做法。在改革中努力采取各种措施,提供教育政策和做出合理的制度安排。对所有提供教育公共服务的活动进行监管,保障教育领域的公平竞争;为所有社会成员免费提供中小学公共教育,帮助教育程度较低、经济状况差的家庭获得全面而真实的基础教育市场信息;为满足公共基础教育供给所需资源,保护教育领域的弱势群体。进一步强化政府对基础教育公

平性的管理和监控能力,以弥补其地方分权的教育管理体制的不足,在增加基础教育拨款的同时,政府通过教育立法的手段,在法律层面上保障基础教育的公益性与教育领域的社会公平。

目前,随着政府管理体制改革取向的调整,加拿大社会对教育平等和效率的看法开始发生微妙的变化。民众们虽还关注自由选择、竞争和多样化,但更注重社会公正和机会均等。受民主教育和公平教育理念的影响,人们对强调效率和优质教育概念的认识有所变化,绝大多数加拿大人认为,接受教育是获取平等发展机会的捷径,教育改革首要任务是要有助于实现社会公平(equity),其次是要有利于促进种族间的融合(integration),最后才是要在办学水平上达到优质(excellence)。更公平的取向是加拿大基础教育管理体制改革的主旋律,也是政府职能转变的主要着力点。为保证更公平落到实处,政府在程序上对原有改革政策和制度中不尽合理的部分作了相应调整,并将公民能享受到平等的公共教育作为新的社会条件下政府最基本的教育责任。以公平性来满足每个求学者个人的利益、需要、兴趣,以公益性来满足作为"民族整体"的加拿大社会的利益、需要、期望及教育战略。这种基础教育管理体制改革价值目标上的共性导向,正好契合加拿大民众价值观上的共性导向。

如何强化政府对教育发展的推进和对教育改革的导向作用,使民众的意愿和要求能够得以充分体现,是加拿大教育管理改革努力的方向。近年来,加拿大政府为了兼顾全局,集中力量应对基础教育管理体制改革中问题与危机,增加了对省教育部、学区教育局、学校适当的统一调控。许多加拿大公立学校的改革形式已经在积极尝试教育治理模式,自上而下与自下而上相互制衡、支持和影响。纽芬兰省和新斯科舍省通过不同形式的网络化协调,让教师、学生、家长等广泛参与教育治理,安大略省和曼尼托巴省通过衡量政府、市场、组织网络等不同协调形式的优缺点,对政府、市场与社会三种力量在公共教育治理中的作用进行重新分配;不列颠哥伦比亚省通过计划、目标、权利等形成治理的可操作性工具,对政府与学校的关系重新调适;爱德华王子岛省通过"降低噪声"和"负面协调"形成共同行动的纲领,从根本上改造基础教育治理结构;育空地区通过教育治理成员间的谈判和协商,确定具有明确任务的教育治理分权的尺度。

教育治理已经主宰了加拿大基础教育管理体制改革的进程,并涉及加拿大政府与学校之间的权力配置和公共教育权力的行使。教育治理直接指向合作,把所有的教育观念、教育政策和教育方案都集中到促进人的全面发展上来,纠正了由于过度竞争造成的偏差,促进了基础教育的发展。通过政府的责任加强,影响增大,形成了政府、市场与公民社会三者之间的有效互动。从宏观方面来看,建立协商机制,使政府和学校的管理方向与教育过程和目标相契合;统一的课程和测评标准,为学校的目标管理和质量管理提供明确的参照体系,并通过这一途径来强化对公立学校的调控。从微观来看,治理主要是减少学区委员会和学监们对学校日常事务的直接干预,使学校的直接管理者真正负起管理的责任,并能相对自主地按照教育教学的测评标准或要求来管理学校日常事务。事实证明,教育治理更为有效的制度安排和创新性组织,一方面维护了加拿大公共教育市场的竞争性因素,在一定程度上克服了盲目性和无效竞争,抑制了市场的外部负效应;另一方面又补充了政府的不足,满足了某些社会需求,从而在一定程度上避免了政府因分权可能产生的教育管理能力弱化。

加拿大基础教育变革以来,特别是近年来,加拿大政府一直在教育领域,按照政治、国家、市场与公民社会对教育不同的价值判断与诉求,竭力设计专业人员、学生家长和社区成员之间的平衡控制型模式,寻求三者的相互妥协和力量平衡,从而以最优化的方式推进基础教育管理体制改革的进程。就改革任务而言,政府从完善学校运行机制入手,使之更为规范化和民主化。突出的措施是在学校董事会或管理委员会成员组织中规定了校长、教师、家长和社会人士组成比例,特别是扩大了家长和当地社区代表的比例,以使学校在办学的各个方面能够反映社会的要求。这种变化的集中体现之一就是,校长、教师、学生家长和其他学校管理者对学校都具有一定的控制权,高质量将成为学校运作情况的主要标准,那些不能达到高水平的教师和校长们将被有能力的人所取代。虽然同过去一样,当代加拿大政府依然崇尚基础教育是维护社会公平、创造公共利益、提供民族竞争力的手段,但是为了满足社会发展和民众需求,在改革的任务上,加拿大公立学校继续调整教育目标、改进教学方法、推行课程改革,以满足更多的需求、实现更多的目标。

加拿大各省政府立足于汲取市场化改革经验教训基础之上,联系本省实际情况,通过资金支持、立法等手段使教育机构、科研活动、课程设置等更多地置于政府的监督之下。学校运作机制从政府维持与市场引导的相互分离,走向交叉合作。许多省份开始积极推行以社区为基础的合作教育,努力构建现代教育管理制度和教育教学管理,在准入标准、课程设置、教师资格和考试系统等方面,使教育政策实施的程序与完善学校运作的因素有机协调,创造了一系列的市场化运作模式,不同程度地将学校运行机制与市场结合起来,并在主动适应环境的基础上加大了教育管理新制度建设的意识和力度。

由于加拿大法律规定教育是省政府和地方的职责,联邦政府不设教育部,联邦政府通过转移支付和其他措施支持地方的教育。各省设有教育部,负责管理全省的教育。各省教育部长组成的教育部长联合会定期与联邦政府国务部和财政部等机构协调全国的教育计划。各市政府设有教育局,管理本地区的中小学教育。本章着重剖析了学校管理机制、学校管理的内涵和管理模式的新尝试,并通过案例列举了学校领导者和教师、学生建立积极的参与制度建设的意识。

第四章

加拿大基础教育课程改革

第一节 加拿大基础教育课程演变过程

一、20 世纪 50—70 年代

20 世纪 50 年代至 70 年代,加拿大迎来了历史上人口生育及移民涌入的又一次高峰,造成加拿大各级各类在校生总数从 1951 年到 1971 年增长了 40%。其中小学入学人数增长 2 倍以上,给小学的办学规模和师资带来空前的压力,因此加拿大各级政府及社会、宗教团体、私人或私人团体积极改建、扩建、新建学校,使得办学规模迅猛扩大,也给学校带来了类型不一的问题。

20 世纪 50 年代,由于各省对学校课程尚无硬性规定,加之各类学校创办者的意图不同,办学条件、经费、师资水平差异较大,所以各个小学开设的课程五花八门,不成体系。在课程实施上,战前新教育运动与进步主义教育运动的影响犹在,教师更注重让教学尽量适应学生各方面兴趣发展和个体差异。由此造成加拿大小学教育以非传统的"开放式"教学为主,活动课堂、小组教学、游戏教学、个性化教学、独立学习,不分年级等成为当时主要特点。课程设置以儿童为中心,各个学科教学具有很强的灵活性。因此,50 年代小学课程特色可以归纳为"灵活""非正规"。中学课程模式一度受杜威儿童中心主义的影响,强调课程设置的广泛性、活动性和个性化,而忽视了课程的科学性、系统性和学科性,其后果是中学生科学基础知识的欠缺。20 世纪 60 年代起,是加拿大中学课程大发展时期,呈现出大众化、均等化、民族化、地方化的发展趋势。课程设置上根据实际情况设计了双语课程计划、多元文化课程计划等,把各民族的文学、地理、历史、艺术等内容纳入本民族的学校课程中。在课程教学上,大力倡导"发现式"探究学习,重视在学习过程中培养学生的意志、兴趣、情感和性格,训练基本技能。小学课程变化的特点可以归纳为"重视基础"。20 世纪 70 年代是加拿大课程发展的平稳期,对原有课程设置中存在的问题如没有统一的课程标准,缺乏核心课程等问题进行改进和调整,确立了核心课程以保证学生必修课的数量与质量,加强基础学科的教学与管理,并在增强学科课程的统一性要求方面有了新的进展。

二、20世纪80年代

20世纪80年代是加拿大经济全面复苏并迅猛发展的时期,也是中小学教育和课程发展的关键时期。知识爆炸、信息激增、科技飞跃,这对人才培养提出了新的挑战。同时,世界范围内的教育改革浪潮不断涌动,给加拿大带来一定的影响。加拿大政府和教育部达成共识,即强调基础教育在整个社会经济发展中的重要作用并使之优先发展。

此时的小学课程,设置各省共同的基础课程,规定这些课程包括基础知识和基本技能;加强科学启蒙教育,并创造条件让学生去探索;增设实用性课程,也是职业技术教育的启蒙课程;加强社会学,培养文明公民;重视计算机技术教育和计算机辅助教学,并用于学校管理、课程选择等。

中学课程,实现设置共同基础课程,并着重培养学生批判性思维、社会适应和实用技术等方面的能力,为就业奠定基础;重视教育质量标准的制订,在课程标准中设计每一年级的评价指标,逐步建立课程评价体系,形成全省统一的考试标准;全省统一制订课程标准,完善课程目标,兼顾社会需求和个人发展;调整课程结构,使之更合理,必修、选修、升学、就业课程等,普遍采用学分制;形成一批课程改革理论和典型经验,出现几种课程改革计划,如STS(科学—技术—社会)课程计划。

三、20世纪90年代以来

1. 小学课程变化

20世纪90年代以来,加拿大中小学课程发展进入规范、进步和注重质量的阶段。学前教育已成为加拿大初等教育系统中的重要部分。小学教育是加拿大初等教育的主体,也是实施义务教育的起始阶段。除了一些核心课程基本一致外,各省在非共同基础课程的安排上各有特色。如有的小学在高年级为女生开设家政课、为男生开设工艺课,农村小学则开设园艺课;有的学校从四年级起开设打字、商业、木工、车工等技能性课程。因此,综合性和灵活性成为加拿大小学课程的特色。

2. 中学课程变化

加拿大中学管理日趋规范,各省教育部一般通过《课程设置要求》《中学毕业的学分要求》等文件和一系列评估和评价,力求对学校进行规范管理。中学课程以必修课为主,并适当开设一些选修课。例如,1998年不列颠哥伦比亚省教育委员会提出了所有学生(1—10年级)必修的公共课程分为四类:人文(主要是文学、语言和社会学)、艺术、科学和实践技术(应用技术,即体育、健康、指导和生活技能);再如阿尔伯塔省将初中课程分为两类,一类是核心课程,包括英语、数学、科学、社会、体育、健康和个人生活技能;另一类为补充课程,包括实用技艺、艺术、第二语言、宗教和伦理和地方课程五种,每种又包括多门课程,如实用技艺包括农业(土地与生命)、实业教育、计算机、环境教育、家庭经济、工业教育、打字。补充课程约占课程总量的26%。又如,新不伦瑞省和新斯科舍省的初中设计了两种课程计划,即标准计划和调整计划,分别为一般学生和学习困难者而定。总之,加拿大中学课程表现出如下特点:统一性与多样性、灵活性相结合;综合课程与分科课程相结合;学校课程与社会生活相联系;课程学习与职业指导相联系;选课模式更具个性化。

3. 中小学课程大纲的变化

加拿大中小学课程文件随着年代的变化而变化。早期的课程大纲比较简单、笼统,按学科和年级列出课程的目的和理念,以及所要教的内容条目。到20世纪70年代,课程大纲改为相对复杂,除上述内容外,还有教学策略的阐述、参考文献及其他相关材料的提供。进行到20世纪90年代,加拿大开始反思学校的教育质量。尤其是国际评价项目结果显示加拿大学生成绩落后于其他国家时,引起加拿大人的惊慌。因此,对提高课程质量和要求教师遵循统一课程标准的要求日益增长。一些省制订出详细的课程标准,并系统全面地提出了"期望的学习结果"(expected learning outcome),认为这是使学校在学生学业上更有效能责任的一个途径,也是使家长更能清楚学校工作的一个方式。课程标准的完善无疑是课程改革的重要进步。然而,一些省课程实施面临着困难,教师对新课程标准并不给予充分的重视和使用,并感到新课程标准过于理想和细致,增加了教学难度和负担,需要花费更多时间去准备许多活动材料,组织教学,做出评估等。

第二节　加拿大基础教育课程开发和设置

加拿大各省政府和教育部门根据当地社会、经济的实际发展,面向未来和学生的发展,设计各省的教育发展计划,提出各具特色的教育目标、理念和愿景,以及教育的核心价值观(图 4-1)。在此基础上,提出课程开发的原则,课程的设置,课程标准的开发要求,学习成就评价指标和报告要求,以确保全体学生的全面发展,满足社会对未来人才的需要。

各省教育部在开发课程时,通常会提出有关课程开发的原则。现以加拿大阿尔伯塔省为例,窥视其教育改革趋势和课程开发原则。

阿尔伯塔省政府提出面向未来(2030)的教育是"激励人心的教育"(Inspiring Education,以下简称"激励教育"),其愿景是培养具有主人翁精神的勤于思考和讲道德的公民。其核心价值观包括:机会,公平,公民权,选择,多元,出色。这些价值观将体现在课程、教学、评价、政策和管理中。

图 4-1　激励教育宣传单

"激励教育"的指导原则包括:

- 以学习者为中心

- 分享责任和义务
- 投入社区
- 全纳和公平
- 可持续、有效地利用资源
- 改革以提升并力争出色

为实现阿尔伯塔省的教育目标,一些教育政策正在悄然转变:教育要少关注学校,多关注教育;少以体制(系统)为中心,多以学习者为中心;少聚焦内容,多培养能力;少用技术支持教学,多用技术支持创造和分享知识。

由此带来未来课程发展趋势和方向如下:

减弱(Less)	加强(More)
关注体制(系统)	关注学生
聚焦内容	聚焦能力
规定的课程标准弹性有限	为地方决策和深度学习提供机会
单一关注总结性评估	平衡形成性和总结性评估
基于印刷的材料	基于数字化的材料
教育部主持开发	合作和共同开发模式
相继发展	同步开发

重新设计的课程标准基于上述政策变化以及"让课程激励每个学生的每一天"的目标。

阿尔伯塔省课程开发指导原则(讨论稿):

- 读写、数学和跨学科(课程)能力

课程设计要体现将态度、技能和知识的整合,以帮助学生为成功应对越来越复杂和变革的社会做好准备。

- 探究和理解

课程设计要通过广泛探究和深入理解提供有意义和相关的经验。

- 以学生为中心和全纳教育

课程设计要鼓励和全体学生在学习中心做出负责的选择,乐于分享。

- 认知方式

课程设计要承认、重视和尊重不同的认知方式。

- 学习方式

课程设计要让全体学生通过认可各种学习方式和展示学习成果的方式来发挥他们的潜能。

- 灵活的学习环境

课程设计要满足学生的学习需要和选择,并在不同环境中提供灵活的教学和学习方式。

- 回应

课程设计要应对学生和社会的需求,要在未来日益增长的复杂性中占得先机,以优化学生学习和挑战。

第三节　加拿大基础教育课程标准

一、课程标准研制和修订

1. 教育部负责标准研制

加拿大中小学课程标准的研制一般由各省教育部(教育培训部)负责组织,邀请来自大学、教育研究机构、中小学校的专家和一线教师组成课程标准研制小组,共同努力开发各学科课程标准。也有通过教育部与大学或研究机构相关学科研究项目组共同合作完成。例如,安大略省科学与技术课程标准(1—8年级)是教育培训部与科学技术成就评估项目组(ASAP)在约克(YORK)大学科学教育小组的协助下合作完成的。在各省课程标准研制过程中,都还会得相关领域科学家、企事业单位领导、非政府组织代表、不同学区代表、工商界代表、家长和学生代表的意见和建议;同时,有相应的技术小组,如技术咨询小组等其他团体提供支持服务。

2. 课程委员会的贡献

随着课程改革的深入,有些省教育部相继成立课程委员会,负责课程标准以及一系列课程政策制订与实施。安大略省课程委员会是教育部建议于2007年成立的,委员会由知识丰富、敬业的社团领导和教育专家组成,他们为中小学课程提供政策建议。

课程委员会由主席和委员组成,任期两年。主席由教育部长任命,现任主席是 Ruth Baumann 女士,她投身安大略省 K-12 教育事业 30 余年。委员由教育部长和委员会主席协商提名产生,他们代表英语和法语学区,现任委员来自省教师联盟、几所大学、教育研究机构、学区以及非营利组织。

课程委员会负责审查教育部长提出的所有议题,同时,会得到某一选题有关专家的支持。在过去的几年里,他们已对加强环境教育、小学课程标准修订、金融素养教育标准等提出建设性意见,并形成政策文件和指导意见。2012年,课程委员会向部长提交了加强跨学课的平等和全纳教育原则、防止欺凌以及如何支持学习的建议。

再如,加拿大总理 Ed Stelamch 于 2008 年委任阿尔伯塔省教育部长牵头,研制该省长期教育愿景。教育部长吸纳 22 名成员,成立指导委员会,在跨政府工作委员会的支持下开展工作,规划阿尔伯塔省教育发展(图 4-2)。

图 4-2　阿尔伯塔省教育课程发展计划

3. 课程标准开发原则

各省教育部在组织开发课程标准时,都要依据一系列政策,尤其是要遵循课程开发标准(表 4-1)及课程标准开发原则。例如,阿尔伯塔省提出课程开发标准(最新讨论稿),成为该省课程标准开发的主要原则。

表 4-1　阿尔伯塔省课程开发标准

标准 1	课程(学科,评估,学习和教学资源)一定要面向阿尔伯塔省所有学生
标准 2	课程一定要包括不同的经济、社会、文化层面,以反映阿尔伯塔在省、国家和国际中的地位和角色
标准 3	课程一定要包括有关生活在阿尔伯塔的第一民族,梅特斯和因纽特人各种历史的和现在的情形
标准 4	课程一定要支持法裔学生的语言发展和文化认同
标准 5	课程一定要保证可以用英语和法语同时实施
标准 6	课程一定在适当的认识、情感和心理的学习维度下进行开发
标准 7	课程一定要使学习在学习环境中具有灵活的时间和节奏,以满足不同学生的需要和选择
标准 8	课程一定要为学习迁移提供机会,以支持广泛探究、深入学习
标准 9	课程标准一定要提供清晰的跨学科(课程)间的读写和数学要求
标准 10	课程标准一定要提供清晰的跨学科(课程)间的跨课程能力要求
标准 11	课程标准各组成部分之间一定要保持一致
标准 12	课程标准的表述一定要用简单清楚的语言
标准 13	课程标准一定要提供电子版(数字化)
标准 14	各个学科或课程标准一定要用统一的架构
标准 15	学习成果的表述一定要用主动语态,用"我"能做什么来表述
标准 16	学习成果的表述一定是可观察的和可测量的
标准 17	评估一定是有目的和公平的,尊重学生的不同需要和选择
标准 18	评估一定要包括对学生学习情况和学习成果的报告
标准 19	课程标准的审查一定要基于连续的原则以确保其准确性、一致性、相关性

4. 课程标准的修订

课程标准的修订基于多年实施中遇到的困难和问题、知识的更新、技能需要的侧重变化、教学与评价理论的更新、国家和地区文化、社会及经济的发展、全方位教育质量评价与监测的结果等因素。加拿大中小学课程标准修订周期没有固定的要求,通过对一些省近些年课程标准变化的分析,大约 10 年修订一次。如安大略省于 2007 年颁布了对 1998 年制订的课程标准的修订版。

二、课程标准共同构架

虽然学科不同,但通过分析发现各学科课程标准的框架基本相同,以安大略省 2007 年修订版各学科课程标准为例,其基本构架如表 4-2 所示。

表 4-2 课程标准的基本构架

主要栏目	每个栏目包括的主要内容
学科介绍	课程目标,课程的本质与重要性,课程的角色和责任
课程标准	课程期望,内容系列,开展科学探究和问题解决的技能,科学与技术的主题
评估与评价	基本的考虑,科学与技术成就评定表
课程实施需要考虑的	教学方法 跨学科和整合学习 为特殊学生教育需要而计划 为英语习得者而考虑 整合环境教育 健康与安全 批判性思维和批判性素养 读写与数学素养 信息通讯技术在课程中的角色 学校图书馆在课程中的角色 课程指导和管理 (有些学科根据自身特点,在课程实施时还会考虑到平等、反歧视、全纳教育、金融素养等)
课程期望	按年级逐一列出学年的课程期望
术语表	学科和课程标准中涉及的主要术语

三、课程标准中的课程期望和学习成果

加拿大基础教育课程标准中最核心的内容是按年级分别呈现的课程期望和学习成果,它描述了期望学生获得并展示的知识和技能,并将这些知识和技术应用在课堂学习和调查研究、测试以及各种成绩评估和评价活动中。它不仅是教师开展教学的依据,更是对学生学业成就评估、评价和报告的主要依据。课程期望和学习成果能够按年级划分,是基于学生身心发展的阶段特点、学科或课程特色以及相关研究成果。

1. 安大略省学科课程标准中的课程期望

针对课程目标,基于课程内容,安大略省课程标准设计出总体期望和具体期望。总体期望概括地说明了在每一年级结束时期望学生获得的知识和技能。每一年级、每一内容系列一般有3个总体期望目标;具体期望则详尽地描述了期望学生获得的知识和技能,有些具体期望目标还给出了例子,见表4-3。

表4-3 课程期望案例

课程内容:六年级 理解物质和能量——空气的特性和飞行原理	
总体期望:六年级结束时,学生能: 1. 评估那些利用空气特性的装置给社会和环境带来的影响; 2. 探究空气的特性,并利用这些特性设计飞行装置; 3. 展示出对空气特性的理解,解释飞行原理和飞行装置是如何应用这些特性的	
具体期望	
1. 将科学与技术和社会与环境相联系	1.1 评估飞行技术给社会和环境带来的利弊; 1.2 评估利用空气特性的日用品给环境带来的影响
2. 发展学生进行科学探究和解决技术性问题的技能	2.1 按照安全流程使用工具、材料和操作飞行装置; 2.2 利用科学探究/实验技能以研究空气的特性; 2.3 调查能够飞行的生物的特点和适应性(例如,蝙蝠的翅、一些昆虫等); 2.4 利用问题解决的技术性技能来设计、组建和测试飞行装置(如,风筝、纸飞行、热气球); 2.5 在口头和书面交流中使用适当的科学与技术术语,包括空气动力学、压缩、飞行、滑翔、驱动、拖、推、升; 2.6 根据不同目的,运用各种形式(口头、书面、图表、多媒体)与不同对象进行交流
3. 理解基本概念	3.1 识别空气助飞的特性; 3.2 识别人们对空气特性的应用,如压缩性、隔绝性(例如,房屋保温、轮胎、睡袋、涂层衣); 3.3 区分并描述涉及飞行的四种力,升力、重力、拉力、推力; 3.4 定性描述飞行需要的四种力之间的关系(例如,升力一定要大于重力,飞行物才能起飞); 3.5 描述飞行装置或生物是如何利用不平衡的力去控制飞行的; 3.6 描述飞行利用的四种力是如何变化的(例如,使用轻便材料可减轻飞行器的整体重量,从而可利用较小的升力就能飞行;飞行引擎能产生不同大小的推力,使飞行前行)

2. 不列颠哥伦比亚省课程标准中的学习成果

与安大略省的课程期望表述类似,不列颠哥伦比亚省课程标准以"规定的学习成果"和"建议的(给出的)学习成就指标"两部分呈现,目的是明确提出期望学生学到的知识和技能,以及如何测量学生的学习成就。现以不列颠哥伦比亚省健康与生涯(职业)教育(八年级)课程标准为例,了解其学习成果和学习成就指标(表4-4)。

表4-4 健康与生涯(职业)

规定的学习成果	建议的(给出的)学习成就指标
期望学生将:	指标用做评估学生针对每一项规定的学习成果取得的成就,完全符合规定的学习成果要求的学生能够:
• 描述个人的态度是如何左右生涯选择	• 识别个人的态度(如,兴趣、技能、想法) • 识别一个或多个潜在的生涯选择,将它们与个人的态度相联系
• 识别一些技能可以转移到学校内外新的任务和情境中: ——个人管理技能 ——专业技能 ——团队合作技能	• 基于课堂讨论和活动,创造一系列技能,这些技能能够迁移到各种情境中。这些技能包括: ——个人管理技能(如,做事准时,做好准备,负有责任,组织有序,有效管理时间,优先权使用) ——专业技能(如,读写技能,口头交流技能,计算机技能,研究技能) ——团队合作技能(如,合作,依据说明和指导,领导才能,鼓励和感谢他人的想法,有效沟通) • 给出具体的例子说明这些技能是如何迁移到各种情境中的(如,学校项目,学科整合活动,志愿者活动,休闲活动,业余工作,未来事业)

健康

规定的学习成果	建议的学习成就指标
期望学生将:	指标用做评估学生针对每一项规定的学习成果取得的成就,完全符合规定的学习成果要求的学生能够:
健康生活 • 确立个人获得和保持健康生活方式的目标	• 列出影响情绪健康和优良的因素(如,有效的应对策略和压力管理技术,知道如何与可信赖的朋友或老者讨论问题,自我尊重,得到足够的睡眠,协调各种活动)

续表

	• 列出影响身体健康和强壮的因素(如,足够的营养,参加体育活动,充足睡眠,不吸烟,获得准确的有关健康的新信息) • 创造潜在的有关身体和情绪健康的个人目标(如,"我尊重自己身体生长变化的方式""我将与可信任的老者谈谈我的问题""我将参加我喜爱、有益的活动""我将坚持不吸烟""我将按合理时间保证睡眠""我不听不转谣言和流言蜚语""我将学习新的放松技能")
• 分析饮食习惯(包括家庭的、同伴的、媒体宣传)的影响	• 基于课堂讨论和活动,描述潜在的策略以实现身体和情绪健康的目标 • 分析对个人选择食物的各种影响,包括: ——媒体(如,广告,食物标签,杂志文章,网站,流行文化,时尚) ——同伴和家庭(如,口味,实用性,预算,集体和个体的选择)

注:以下略。

第四节　课程标准中的跨学科(课程)能力

跨学科(课程)能力属于综合能力,是21世纪关键能力发展的重点,也是学生适应未来工作和生活所必备的能力。因此,关注加拿大基础教育中跨学科(课程)能力培养和途径和方式,批判地借鉴成功经验,以改进和拓展我国中小学生跨学科(课程)能力培养的路径,提升人力资源国际竞争力。

纵观加拿大最新课程改革趋势和课程标准开发,尽管目前中小学以分科课程为主,但各省都在强调跨学科课程的开设,以及跨学科(课程)能力的培养。各省课程目标中注重培养学生跨学科(课程)能力已成为焦点,在课程标准中呈现出要求学生掌握的具体能力,以及每一能力的各级表现水平。例如,阿尔伯塔省正在制订的课程政策和标准中,为学生开发出A-J项跨学科(课程)能力要求以及每一项能力的主要构成(如 A1, A2)。同时,设计出针对每一项能力的由低到高的学习进展行为表现指标(如 A1.1—A1.5),作为评估和评价的依据(表 4-5)。

表 4-5 阿尔伯塔省跨学科能力和能力指标

A	知道如何学习——如何通过经验、学习和与人互动获得知识,理解或技能					
A1	通过反思性实践,培养资源丰富、游刃有余的学习者	A1.1 略	A1.2	A1.3	A1.4	A1.5
A2	通过经验、互动和探究来优化新的知识、理解和技能	A2.1	A2.2	A2.3	A2.4	A2.5
B	批判性思维——形成概念,应用,分析,假设和评价以建构知识					
B1	培养批判性思维能力	B1.1	B1.2	B1.3	B1.4	B1.5
B2	发展批判性思维的质量	B2.1	B2.2	B2.3	B2.4	B2.5
C	识别和解决复杂的问题					
C1	找出解决复杂问题的方案	C1.1	C1.2	C1.3	C1.4	C1.5
D	管理信息——有效地、道德地获取、解释、评价和使用信息					
D1	理解、批判性地解释信息,尊重地使用信息	D1.1	D1.2	D1.3	D1.4	D1.5
D2	倡导并实施对信息和技术进行安全、合法和讲道德的管理	D2.1	D2.2	D2.3	D2.4	D2.5
E	创新——创造、产生、应用新的想法或概念					
E1	发展培养创造力和创新能力的态度	E1.1	E1.2	E1.3	E1.4	E1.5
E2	创造、产生、应用创新概念	E2.1	E2.2	E2.3	E2.4	E2.5
F	创造机会——通过主动的游戏、想象、反思、谈判和竞争					
F1	创造机会以为社区带来益处	F1.1	F1.2	F1.3	F1.4	F1.5
G	应用多种素养——阅读、写作、数学、技术、语言、媒体和个人财经					
G1	通过多种素养获得更宽更深的理解力	G1.1	G1.2	G1.3	G1.4	G1.5
G2	通过利用工具、资源贮存、创造或传递信息培养多种素养	G2.1	G2.2	G2.3	G2.4	G2.5
H	展示很好的交流技能和能力以与他人合作					
H1	和不同背景的听众进行有效地或认同地交流	H1.1	H1.2	H1.3	H1.4	H1.5
H2	通过合作、领导力和尊重多元化来构建群体	H2.1	H2.2	H2.3	H2.4	H2.5
I	展示对全球的和文化的理解——考虑经济和可持续发展					
I1	理解经济、环境和政策方面的相互联系和问题	I1.1	I1.2	I1.3	I1.4	I1.5

续表

I2 尊重社区在社会、文化上的多元	I2.1	I2.2	I2.3	I2.4	I2.5
I3 承担起作为当地和全球的贡献者和领导者以及环境管理者的责任	I3.1	I3.2	I3.3	I3.4	I3.5
J 识别和应用生涯(职业)和生活技能——通过个人成长和健康					
J1 通过个人成长和健康,承担责任以识别和应用生涯(职业)和生活技能	J1.1	J1.2	J1.3	J1.4	J1.5

第五节 比较新旧课程标准之变化

以安大略省科学与技术(1—8年级)课程标准为例,通过比较其2007年与1998年新旧版本的变化,发现其课程改革及课程标准完善的趋势。

2008新年伊始,加拿大安大略省颁布了《1—8年级科学与技术课程标准修订版》(2007年,图4-3)。此次修订是在1998年出台的课程标准基础上、经历并积累了近10年的课程实施经验后进行的。由于1998年版的《科学与技术课程标准》被翻译成中文并于2001年出版,为当时我国小学科学课程标准的编制和后来的课程改革与实施提供了参考。因此,再次关注其修订版,及时剖析其变化和特点,探索科学与技术课程改革的价值趋向,为我国正在开展的小学科学课程标准修订提供参考。

通过对新旧版本的科学与技术课

图4-3 《安大略省科学与技术(1—8年级)课程标准》(2007修订版)封面

程标准的比较发现,修订后的新版课程标准从整体结构框架到每一年级具体要求都做了调整、改进和完善,其中课程目标、概念框架、内容系列、评估与评价等方面的变化尤为突出;通过剖析,我们可以从中得到一些启示。

一、重新调整课程目标

修订后的加拿大安大略省《1—8年级科学与技术课程标准》(图4-4),目标强调以实现卓越教育和公平教育为基础,在课程标准中描述了学生将要获得和发展的知识与技能,以及负责任地运用知识和技能的态度。课程目标包括:

- 将科学与技术和社会与环境相联系
- 发展学生进行科学探究和解决技术性问题的技能、策略和思维习惯
- 理解与科学技术有关的基本概念

其变化之一是将原来目标中第1项和第3项位置对调。

这并不是一个简单的顺序调整,目的是要注重将科学与技术课程和教与学紧密联系起来,强调全体学生具备科学素

图4-4 《安大略省科学技术(1—8年级)课程标准》(1998年版)封面

养、技术素养和环境素养的重要性。其变化体现了国际科学教育的发展趋势和价值取向,在学校开展的科学教育不再只是那种单纯的科学教育,而且不仅是要将科学教育与技术教育相结合,还要突出科学与技术和人类社会与环境相联系,以培养和发展学生科学知识和技能,并能在真实情景中运用,从而真正实现STSE(科学—技术—社会—环境)相联系的理念;其实质体现了文化的融合,科学文化、技术文化在社会文化和环境文化大背景中的整合。正如赫德(Hurd,1958)在《科学素养:对美国学校的意义》一书中讨论科学素养时认为,科学素养意味着理解科学和社会的一致性。

课程目标的另一变化是第2项中将原来的"发展学生进行科学探究和技术

设计的技能、策略和思维习惯"改为"发展学生进行科学探究和解决技术性问题的技能、策略和思维习惯"。很显然,这一变化说明培养和发展学生问题解决,尤其是解决技术性问题的技能、策略和思维习惯,即包括认真制定计划、积极选择工具和材料、测试、再测试、修改和完善产品或程序、交流结果、提出变化或改进的建议,在科学与技术课程中占有重要地位。在重视科学教育情景化的时代,引入技术教育,把学生引入技术设计与应用的世界,对学生的发展和社会的进步有着重要而深远的意义。

二、新增基本概念和关键概念

修订后的课程标准中首次提出"基本概念"(fundamental concepts)和"关键概念"(big ideas),并以图表的形式阐明基本概念、关键概念、课程目标、总体期望和具体期望之间的关系。其中,"基本概念"是指获得所有的科学技术知识所需要的、最关键的一些要点,相当于构建知识框架中的支点,为获得更多更深的知识提供支持。这些基本概念还能够帮助学生将科学技术知识与从其他学科(如数学、社会学)中获得的知识整合起来。在1—8年级的科学与技术课程和9—12年级的科学课程中强调的基本概念包括:物质、能量、系统和相互作用、结构和功能、持续和责任、变化和连续。而"关键概念"是指超越于零散的事实和技能而集中在概念、原理和过程上,是学生忘掉一些学过的具体事物之后,仍然能长期保留的广泛而重要的理解。关键概念的获得,需要学生理解基本概念,发展探究和解决问题的技能,并能将这些概念和技能与课堂外的世界相联系,运用到生活实际中去。课程标准中的关键概念描述了每年级强调的基本概念的各个方面,例如,三年级理解生命系统系列中基本概念之一是系统和相互作用,两个与之相关的关键概念包括:植物是人类基本的食物来源;人类需要保护植物以及它们的生长环境。也就是说,学生在学习了植物的生长和变化以及生长变化的特点之后,认识到人类的食物基本来源植物,人类应该保护植物及其生长环境。

"基本概念"和"关键概念"的提出,不仅能使课程标准的内容结构、框架更具条理和逻辑性,还突出了关键概念的意义,强调学生对科学与技术课程的学习并不只是单纯记忆一些与科技有关的事实或信息,而是要在基本概念的基础上,形成对关键概念的广泛理解,并综合运用各个领域学到的知识和能力,解决日常生活中遇到的与科学技术有关的问题。其本质体现出"跨学科""大教育"的理念和特点。

三、调整内容系列

旧版的课程标准中包括生命系统,物质与材料,能量与控制,结构与机械,地球与宇宙系统五个内容系列,在1—8年级共构成40个主题。修订后的科学与技术课程包括四个系列,即:理解生命系统,理解结构与机械,理解物质与能量,理解地球与宇宙系统。在此基础上构成了1—8年级科学与技术课程32个内容主题(表4-6)。这一变化也是考虑到加拿大1—8年级的科学与技术课程与九年级科学课程(包括生物、物理、化学、地球与宇宙)的衔接问题。

表4-6 1—8年级科学与技术课程

	理解生命系统	理解结构与机械	理解物质与能量	理解地球与宇宙系统
一年级	生物的特征和需要	材料、物体和常见结构	生活中的能量	昼夜和季节的交替
二年级	动物的生长和变化	运动	液体和固体的性质	环境中的空气和水
三年级	植物的生长和变化	坚固和稳定的结构	引起运动的力	环境中的土壤
四年级	生境和生物群落	滑轮和齿轮	光和声	岩石和矿物
五年级	人体组织系统	作用在结构和机械上的力	物质的性质和变化	能源和资源的保护
六年级	生物多样性	电和用电装置	空气的性质和飞行原理	宇宙
七年级	生态系统间的相互作用	形式和功能	纯净物和混合物	环境中的热
八年级	细胞	系统工作	流体	水系统

对内容系列的精简、调整修订要有一定的依据、符合特定的国情、体现一定的特色。通过对加拿大乃至其他发达国家近年来基础教育课程改革与实施以及对联合国教科文组织和联合国环境规划署所开展的项目研究进行分析,不难发现将环境教育整合在正规教育中、在中小学中开展环境和可持续发展教育,培养和发展学生的环境素养已经成为改革重点。安大略省环境教育工作小组于2007年6月以"塑造我们的学校,塑造我们的未来——学校中的环境教育"为题目发布报告,明确

了环境教育的定义、环境教育的政策以及环境教育行动计划。所有学科的课程标准修订都要体现这些理念和策略,这正是为以什么修订后的科学与技术课程标准中重点突出环境和可持续发展教育的内容,增加"持续与责任"这一基本概念,增加"能源和资源的保护"等内容主题,其目的是从小培养学生保护环境的责任感和行为习惯,树立和实现将科学技术与环境紧密相联的理念。另外,对课程内容系列的精简、调整还要考虑到中小学相关课程的衔接,从而实现平稳过渡。

四、强调评估和评价

修订后的课程标准对评估和评价做了清晰的阐述,明确提出评估和评价的主要目的是促进学生的学习,强调通过评估获得的信息不仅可以帮助教师判断学生在达成每一年级课程期望目标时表现出的优点和不足,还可以指导教师调整课程和教学方法以符合学生的需要,进而评估课程和教学的总体效能。同时,完善了学生学业成就评定表(此处略,详见"评价"一章)。

对学生获得的知识和技能进行评估和评价,要基于课程目标和对学生提出的期望目标(要求)。对学生提出的期望目标(要求)越明确、越全面、越具体,评估和评价才能越科学、越有效,越有助于学生实现学习目标、促进和提高学生的学习效果以及教师制定和调整教学计划。正如在加拿大修订后的课程标准以总体期望目标(要求)和具体目标(要求)的形式,围绕课程目标从"将科学与技术和社会与环境相联系""发展学生进行科学探究和解决技术性问题的技能、策略和思维习惯"以及"理解基本的概念"三个方面分别描述出对学生在每一年级、每一主题学习中的期望。这样的设计和安排有利于教师开展科学与技术课程的教学,并为出版社开发科学与技术教材和教学资源提供依据。同时,通过分析学生成绩评定表,可以得出评价学生获得的知识和技能时从四个方面考虑,即知道和理解、思考和探究、交流,以及应用。每个方面又包括若干具体解释,并按由低到高(1—4)等级水平分别描述出评价标准或指标。毫无疑问,这将有利于教师对学生的表现做出判断,帮助和指导教师开发评估任务和工具,为学生学习制定恰当的教学计划。

综上所述,通过剖析加拿大安大略省《1—8年级科学与技术课程标准》(2007年修订版),我们可以从中得到一些启示,尤其是注重科学—技术—社会—环境的密切联系,构建合理的内容框架,从一年级始开设科学与技术课程,明确每个年级对学生的期望目标(要求),重视评估与评价等。这些正体现了国际科学教育的发展趋势,体现了科学文化观、教育观、课程观的发展变化,为我国开展中小学科学教育、科学课程改革与实施、科学课程标准的修订提供借鉴。

第六节 课程标准开发的动态模式

随着加拿大国内以及全球教育的不断发展,学生为适应日益复杂的社会、经济环境,需要更多的知识与技能。因此,在基础教育中,教育部在保持课程政策、课程设置及课程标准的连续性、稳定性、周期性修订的同时,及时根据趋势的发展和学生的需要做时适时、适当地调整、完善和补充,形成动态的发展模式。

例如,2005年经合组织(OECD)建议学校尽早开展财经教育,包括将财经教育作为学校课程的一部分,是公平和有效的政治工具。从早期开设财经课程,帮助儿童通过每一教育阶段获得所需要的知识和技能,以构建可靠(负责)的财经行为。尤为重要的是,当家长不具备能力教孩子理财时,这些国家的财经素养水平普遍偏低。2012年财经素养作为经合组织(OECD)的PISA项目的选择部分。最近的PISA对65个国家15岁学生的数学、阅读和科学成绩进行了测试。财经素养评价的引入将形成青年人财经素养水平的国际基准。丰富的数据将助于进一步开展影响财经素养水平主要因素的调查,识别采用的测量策略以期未来得到改进。

在经合组织(OECD)关注中小学生财经素养培养和评估,以及金融、经济在当今人们生活中所扮演重要角色的背景下,加拿大安大略省课程理事会成立专门工作小组,研究如何培养中小学财经素养(Financial Literacy),并于2011年颁布安大略省学校开展财经素养教育的方案。要求4—12年级的学生要学习有关财经知识和技能,以理解如何做出周全的财经决策。财经素养帮助学生建立对个人资产、当地和全球经济的理解以及作为消费者的选择带来的结果。

财经素养是指具有一定的知识和技能,能够有信心地做出负责任的有关经济和金融方面的决策。在当今如此复杂的世界,年青人需要更宽广的技能和知识以做出周全的选择。财经素养能帮助学生:

• 仔细考虑他们在财经方面的选择,如从日常购物到更大的投资,如支付学费或买车

• 理解基本的资金管理

• 培养自己对财经问题的观点,如,利率,抵押原则或加拿大及全球经济

• 作为有知识和负责人的公民,积极投身于社会中,有信心地做出有关如何投资的决定

• 保持一生中的财政稳定和健康

• 理解在经济方面的选择给他们生活的世界带来的影响

安大略省中小学培养学生财经素养的途径包括:

(1)观看录像。这些录像展示课程中包括的各种财经素养,以学生、教师、家长谈论有关学习财经知识和技能重要为特色;

(2)阅读课程委员会组织财经素养工作小组开发的报告(*A Sound Investment*:*Financial Literacy Education in Ontario Schools*);

(3)通过与现有课程的整合,将财经素养的需要呈现在4—8年级和9—12年级课程期望中。

财经素养(图4-5)的学习不设独立学科,而是整合在安大略省现有的课程中,如数学、社会学、加拿大和世界研究、商务研究等。在某些学科中,学生可以学习到具体的技能,例如理解货币、消费者意识,个人金融,预算和资金管理,这些可以帮助培养学生的财经素养。在其他学科,财经素养有助于学生成为有责任心和同情心的公民(表4-7)。

图4-5 财经素养报告的封面

通过相关课程的学习,培养学生批判性思维、决策和解决问题的技能,这些技能可以应用在学科学习和真实生活环境中。教育部还为教师开发了相关资源,帮助他们将跨学科的财经素养主题与深化学习和与之相关更多的内容相联系。

表 4-7　4—8 年级财经素养的期望要求(列举)

年级	整合学科	期　望　要　求
四年级	科学与技术(2007)	理解结构和机械 1. 将科学和技术与社会和环境相联系 1.2　从不同的视角,评价使用带滑轮和齿轮和机械给环境带来的影响,并提出产生最小负面影响和最大积极影响的方法 例如:晾衣架和烘干机,都能将衣服变干。晾衣架利用滑轮和齿轮,烘干机需要使用电或天然气。与晾衣架相比,使用烘干机会使衣服干得更快,同时,给环境带来的影响更大些。 理解地球和宇宙系统 1. 将科学和技术与社会和环境相联系 1.1　评估使用环境中物体给社会和环境带来的利弊。 例如:铝用来制作软饮容器和垃圾箱,这些是可以进行多次再利用的。再利用时消耗的能量要比从矿物质中提炼铝所需能量少得多
五年级	健康和体育教育(2010)	C. 健康生活 C1. 理解健康概念 C1.2　描述使用酒精的短期和长期影响,识别引起酒精中毒的因素 老师:"滥用酒精会产生哪些长期后果?" 学生:"可以会引起饮酒上瘾,肝损伤,财务问题,家族关系问题,情绪问题等。"
七年级	社会学(2004)	识别欧洲和第一民族联系的结果(如,贸易联盟和贸易冲突;欧洲人的疾病对第一民族人民的影响;贸易对自然资源的影响,如海狸的数量)
八年级	艺术(2009)	B. 戏剧 B3. 探索形式和文化的情境 B3.2　识别和描述戏剧和戏院对不同时期和地点的社会、文化和经济社会所做贡献的各种方式(如,提供工作岗位,吸引旅游者,交流和教授一系列主题,提升社会和全球事物的意识,讨论"戏剧表现是如何带动经济的?")

第七节　加拿大中小学课程案例

加拿大安大略省布鲁斯半岛区域学校(Bruce Peninsula District School,图4-6)是坐落在美丽如画的布鲁斯半岛的一所中学。其课程设置严格按照安大略省教育部有关中小学课程政策和文件的规定,帮助所有学生在获得中学毕业证书的同时,满足个人发展和社会需要的各方面技能和能力得到全面发展。同时,该学校为学生提供了丰富多彩的课外活动,增强学生参与度、成就感和幸福感。

图4-6　学校素描

一、课程设置基本要求

9—12年级学生必须完成的课程包括必修课和选修课,各年级要求如表4-8所示。

表 4-8　各年级必修课和选修课

	必　修　课	选　修　课
九年级	6门:英语,法语,地理,数学,科学,健康教育	2门:可从艺术、商务、技术研究、音乐、食品与营养5门中选2门
十年级	5个必修分:英语,历史,数学,科学,公民学(0.5学分),生涯(职业)学(0.5学分)	3门
十一年级	必须完成8门课程,英语和数学是必修课,其他6门可以是必修课,也可是选修课	
十二年级	至少选6门课程,英语是必修课,其他5门可以是必修课,也可是选修课	

二、课程表(2014/15)

课程设置见表 4-9。

表 4-9　课程表(2014/15)

学科领域		九年级	十年级	十一年级	十二年级	2015/16
艺术	戏剧		戏剧 ADA20	戏剧/(大学用)ADA30/M	戏剧(工作准备)/(大学或大专准备)ADA4E/M	
	音乐	音乐 AMU10	音乐 AUM20	音乐/(大学或大专准备)AUM30/M	音乐/(工作准备)/(大学或大专准备)AUM4E/M	
	艺术	视觉艺术 AVI10	视觉艺术 AVI20	视觉艺术/(大学或大专准备)AVI30/M	视觉艺术/(大学或大专准备)/(工作准备)AVI4M/E	
商务	商务介绍	商务介绍 BBI10				
	市场				市场介绍(大专用)BMI3C	
加拿大和世界研究及社会科学	加拿大地理	加拿大地理(应用类)CGC1P 加拿大地理(专业类)CGC1D		特殊技术介绍 CGT30	旅游:地理视角 CGG30	生活在可持续的世界(工作用)CGR4E 环境和资源管理(大学或大专用)CGR4M 世界议题:地理视角(大学用)CGW4U

续表

加拿大和世界研究及社会科学	公民		公民和公民权(0.5学分) CHV20(0.5学分)			关注自然：物质变化和灾害 CGF3M
	加拿大和世界历史		第一次世界大战以来的加拿大历史（当地发展） CHC2L		到15世纪末的世界史（大学用）/（大专用） CHY4U /C	加拿大：历史。认同和文化（大学用）CHI4U
			第一次世界大战以来的加拿大历史（应用类） CHC2P			理解加拿大法律（大学或大专用） CLU3M/E
			第一次世界大战以来的加拿大历史（专业类） CHC2D			到15世纪末的世界史（大学、大专用）（这一学年不开设） HW3M
	社会科学	食物和营养 HFN10	食物和营养 HFN20	养育健康儿童 HPC30	加拿大的家庭 HHS4U	
合作英语		英语(当地开发的)ENG1L	英语(当地开发的)ENG2L	英语（工作准备）ENG3E	英语（工作准备）ENG4E	
		英语(应用类) ENG1P	英语(应用类) ENG2P	英语（大专准备）ENG3C	英语（大专准备）ENG4C	
		英语(专业类) ENG1D	英语(专业类) ENG2D	英语（大学准备）ENG3U	英语（大学准备）ENG4U	
		读写技能 ELS20			安大略读写课程 OLC40	
法语		核心法语(应用类)/(专业类) FSF1P/1D	核心法语(专业类)FSF2D	核心法语(大学用)FSF3U	核心法语(大学用)FSF4U	

续表

指导	学习技能		生涯研究 GLC20(.5)	领导力和监督支持 GPP30		
		学习策略 GLE10	学习策略 GLE20	学习策略 GLE30	学习策略 GLE40	
	本地研究	展示土著文化 NAC10			全球土著人问题研究 NDW4M	
体育教育		健康的积极生活 PPL10	健康的积极生活 PPL20	健康的积极生活 PPL30	健康的积极生活 PPL40	运动学 PSE4U
				户外活动 PAD30		
数学		数学(当地开发的)MAT1L	数学(当地开发的)MAT2L	工作和日常生活中的数学(工作用)MEL3E	日常生活中的数学(工作用)MEL4E	
		数学基础(应用类)MFM1P	数学基础(应用类)MFM2P	大专数学基础(大专用)MBF3C	大专和学徒用数学 MAP4C	
		数学原理(专业类)MPM1D	数学原理(专业类)MPM2D	函数和应用(大学大专)MCF3M	高级函数 MHF4U 本年度不开设	
				函数关系(大学)MCR3U	微积分和向量(大学准备)MCV4U	
科学		科学(当地开发的)SNC1L	科学(当地开发的)SNC2L	环境科学(工作用)SVN3E	科学(大学、大专)/(工作用)SNC4M/E	
		科学(应用类)SNC1P	科学(应用类)SNC2P		生物学(大学用,大专用,明年不开)SBI3U, SBI3C	
		科学(专业类)SNC1D	科学(专业类)SNC2D		生物学(大学用,明年不开)SBI4U	化学(大学用,本年不开)SCH3U

续表

科学			环境科学(大学、大专准备)SVN3M	物理(大学用,明年不开)SPH3U	化学(大学用,本年不开)SCH4U
				物理(大学用,明年不开)SPH4U	化学(大专用,本年不开)SCH4C
技术研究	探索技术TIJ10	技术设计TDJ20	技术设计(大学或大专用)/(环境用)/建筑技术(工作用)TDJ3M/O/E	技术设计(大学或大专用)/21世纪的技术设计TDJ4M/O	
		建筑工程技术TCJ20	建筑工程技术/(大专用)/建筑技术(工作用)TCJ3C/E	建筑工程技术/(大专用)建筑技术(工作用)TCJ4C/E	
					计算机学介绍(大学准备)/计算机程介绍(大专准备)ICS3U/C

三、课外活动

与加拿大其他中小学一样,学校非常重视为学生提供多种多样的课外活动(extra-curricular activities)。通过丰富课外活动,提升学校积极向上的氛围,促进学生幸福感。学生认为学校开展的活动可以为每一名学生提供有益的尝试,增强他们社会技能的发展。课外活动能拓宽学生对成功的定义,并为学生提供在非专业领域追求卓越的机会。同时,通过一系列课外活动可以满足学生兴趣和需要,在合作和竞争活动中,学生参与度很高(表4-10)。

表 4-10　布鲁斯半岛区域学校提供的课外活动(2014/15)

运动类	冰壶,羽毛球,高尔夫,跨地区跑步,跨地区滑雪,女子冰球 男子冰球,徒步,女子排球,男子排球,网球,山地自行车,户外运动
艺术类	室内壁画,合唱团,音乐俱乐部,戏剧
环境旅游类	邂逅加拿大,科学展览,环境保护,生态研究,欧洲旅游
社团类	足迹联盟,学生政府,校友会,年度图书俱乐部,爱丁堡奖的公爵,交换生

　　课程是基础教育的核心。实行地方分权制的加拿大,基于本地区的历史、文化和社会经济发展状况,面向未来和学生的发展,设计各省的教育发展计划,提出各具特色的教育目标、理念和愿景,以及核心价值观。在此基础上,提出课程开发的原则,课程的设置,课程标准的开发要求,学习成就评价指标和报告要求,以确保全体学生的全面发展,满足社会对未来人才的需要。结合自己在实地考察时的观察和分析,印象深刻的是其课程标准开发的动态模式,即随着社会经济的发展,需要加强某一领域的教育(如环境教育、财经教育)时,及时开发出相应的课程标准或学习指导,并通过与其他课程整合加以实现;另一特点是课程多样化,课程科目丰富,学生选择余地大;再次,其课程标准既包括内容标准又包括评价指标,且按年级呈现,详细具体,操作性强。

第五章

加拿大基础教育教材管理和特色

第一节 教材开发

一般情况下,加拿大大多数省的教材均由民间出版社自行组织编写和发行,省教育部对出版社编写的教材采取评估认定制,并定期公布认定合格的用书目录,发放给各学校,供学校自行选用。

出版社根据多年的积累、经验和特长,将某个学科的教材开发列入出版项目,一般采取项目负责制。由出版社(商)或与合作的单位共同投入,负责组建编写队伍,教材编辑加工,试用修改,送相关部门评估认定,向学校推介等。根据省教育部门制定的和课程标准进行开发。

一、教材开发队伍

从教材质量和知名度出发,在组建教材开发队伍时,多数出版社聘请某个学科的专业人员,包括邀请科学家、课程标准制订者或退休的教育行政人员作为教材编写的顾问,聘请资深学科教师、大学教授等作为主要编写者。同时,从出版社配备专业的编辑人员负责版式设计与插图等,全力保障队伍的实力。

二、教材开发依据

为了保证教材编写的质量,所有教材的开发都要依据各省教育部制定的从幼儿园(K)到十二年级的各个学科(学习领域)教学大纲和课程标准,各科课程标准不但包括课程目标,而且明确了学生在每个学年或学段所应了解和掌握的知识和技能等。这正是教材开发的主要依据。一旦课程标准进行修订,教材也要随之进行修订,以保证内容和方法的更新。另外,为更好地适应本地学校、学生特点,开创丰富多彩的教学效果,政府还积极鼓励学校和教师根据当地情况编写校本课程以补充教学内容。

第二节　教材评估认定

一些省对于教材实行评估认定制,教材由民间出版社自行组织编写,但要经省教育部审定认可后才能发行使用。出版社完成了教材的开发和出版,即可随时向省教育部送审。教育部亲自或委托相关部门根据教材评估标准进行评估认定。一旦通过认定,将列入推荐书目,作为学习资源供学校选用。

以加拿大最大的安大略省为例,加拿大课程服务(CSC)中心位于多伦多,是安大略省教育部指定的、独立的非营利教育资源评估认定机构,是ISO9002质量认证组织。该机构通过组织评估和认定,确保教学资源的质量及信度。[1]

一、教材评估程序和要求

(1) 完成送交表格(略),并要在正式提交所有材料前8周将送交表格传真至相应的教材评估机构。

(2) 学习资源开发商/出版商可以将符合评估要求和评估标准的学生用书和教师指导用书直接送至教材评估机构。

(3) 在送交教材时要同时附上评估费用,每册教材支付3 500加元(未含税)。如初评发现不能确保教材通过整个评估,评估机构会将评估费用退还给教材开发商/出版商;一旦教材进入评估程序,评估费用将不会被退回。

(4) 开发商/出版商要写清送交材料的详细信息,填写相应表格,并标明用于评估字样。

(5) 开发商/出版商要签署一系列证明文件,以保证教材开发符合相关政策

---

[1] 作者于2006年利用SACS(Special Award for Canadian Studies 加拿大政府的"加拿大研究特殊奖")项目,赴加拿大进行学术访问时,有幸与加拿大安大略省课程服务中心负责人就教材评估方式、标准等方面进行了深入探讨。

和规定。

(6) 开发商/出版商要准备两个盒子,一个是标有"供加拿大课程服务(CSC)机构评估管理用"的盒子,里面放入装订好的送交材料详细信息表,以及最终成品表格和所有送交教材(包括学生用书和教师用书等)共 3 套;另一个是标有"供评估者用"的盒子,放入最终成品表格和所有送交教材(包括学生用书和教师用书等)共 3 套,以及 3 份由开发商/出版商填写的送交教材与课程关联表。

(7) 送交材料不退回。如果送交材料未达到评估要求,开发商/出版商将与课程服务中心联系取回材料且费用自理。

二、教材评估标准和报告

以该中心印刷类教材(包括各个学科)评估为例,定期组织评估专家根据教材评估认定标准,对安大略省送来评估的审教材从"与课程标准的关联""偏见问题""教材内容""教学与学习方式""评估策略""版式"等维度入手,按不同级进行判断,并完成评估总结报告(表 5-1—表 5-6)。

表 5-1　与课程标准相关的评估

标准	具体标准(细则)	评价等级	主要意见
与省课程标准的关系	• 教材反映出本学科的基本理念和课程标准的意图: (1) 注意素养和能力的培养; (2) 结合行之有效的课程教学方法; (3) 认识到学习是一个发展和积累的过程; (4) 考虑到同一班级中的学生在学习习惯和能力上的差异 • 教材内容符合该学科课程标准中规定的目标要求	1 2 3 4 1 2 3 4 1 2 3 4 1 2 3 4 1 2 3 4	

表 5-2　与偏见问题相关的评估

偏见及其所包含的内容	• 教材能反映出对偏见方面的意识和敏感,包括外貌、信仰、身体缺陷、家庭结构、性别、人种、民族文化、社会经济等方面 • 教材标注了注意偏见和相关问题的方式 • 没有一些明显的能导致歪曲、疏忽或令人误解的偏见 • 选材提倡从多角度看问题(发表意见),不只是从某个人或某一特定群体的角度 • 承认多样性并充分体现在教材中 • 选材中不含有区别对待、排外或不恰当语言的内容	1 2 3 4 1 2 3 4 1 2 3 4 1 2 3 4 1 2 3 4 1 2 3 4	

注:评价等级:1—有限的;2—适当的;3—相当多的;4—全面的;N/A—不适用的。

表 5-3　与教材内容相关的评估

标准	具体标准(细则)	评价等级	主要意见
目的/用途	• 教材提供了学习者所要获得的基础知识和基本技能 • 教材建立在学习者已有知识和技能的基础上,并使之得到加强 • 教材能与其他信息源相联系	1 2 3 4 N/A 1 2 3 4 N/A 1 2 3 4 N/A	
信息质量	• 教材中的信息是准确的 • 教材中的信息是现代的、较新的 • 在教材开发过程中利用了具有可信度的资讯和专家意见 • 涉及与学科有关的一些误概念 • 呈现出的相关信息有足够的深度以支持学习者的认知和理解	1 2 3 4 N/A 1 2 3 4 N/A 1 2 3 4 N/A 1 2 3 4 N/A 1 2 3 4 N/A	
技术的角色	• 教材反映出与该课程相关的技术及其利用 • 教材能促使学习者发展和建构与该课程有关的技术方面的能力 • 教材能促进对适用于该学科的信息技术的利用	1 2 3 4 N/A 1 2 3 4 N/A 1 2 3 4 N/A	(技术是指学习者用来获得和应用知识和技能的工具)
语言的使用	• 没有写作上的错误,如拼写、语法等 • 语言风格适合教材信息的表达 • 语言风格(或类型)能帮助学习者理解与该学科相关的概念	1 2 3 4 N/A 1 2 3 4 N/A 1 2 3 4 N/A	
可读性	• 对使用者来说,表达是清楚的,可以理解的 • 教材包括了能够有利于获得信息的其他辅助手段,如图解、图表、视听材料等	1 2 3 4 N/A 1 2 3 4 N/A	
与学科有关的术语	• 能准确运用学科专业术语 • 文中使用一些术语,使学习者理解它们的意思 • 符号、表格、图解是准确的、使用正确的 • 教材使用国际统一单位制	1 2 3 4 N/A 1 2 3 4 N/A 1 2 3 4 N/A 1 2 3 4 N/A	
结合本国实例	• 教材涉及本国人在该学科领域取得的公认的成绩和贡献 • 教材描绘了对该学科领域有贡献的本国人的事迹 • 尽可能用到本国自己的实例和数据 • 用本国熟悉的词语和实例	1 2 3 4 N/A 1 2 3 4 N/A 1 2 3 4 N/A 1 2 3 4 N/A	
安全实践	• 教材注意在处理材料时的预防措施并提供恰当的安全警告和注意安全的信息 • 教材描绘出人们在安全情况下的学习、工作和娱乐 • 让学习者所做的活动是安全的 • 活动有利于促进学习者领悟如何对个人的安全保持警惕和谨慎	1 2 3 4 N/A 1 2 3 4 N/A 1 2 3 4 N/A 1 2 3 4 N/A	
对环境的责任	• 选材能培养学习者对环境方面一些概念的理解 • 教材为学习者提供一些负有责任的实践机会	1 2 3 4 N/A 1 2 3 4 N/A	

表 5-4　与教学方式与学习方式相关的评估

标准	具体标准（细则）	评价等级	主要意见
教/学的策略	• 为有目的地学习课程标准中规定的内容提供机会 • 在上下文中呈现出适当的内容和概念 • 为教学/学习/训练特殊的技能提供机会 • 教材鼓励学习者进行探索/调查/应用一些概念或程序，如分析和整理信息、设计、创造等 • 教材鼓励学习者使用该学科的语言对所理解的概念和过程进行交流	1 2 3 4 N/A 1 2 3 4 N/A 1 2 3 4 N/A 1 2 3 4 N/A 1 2 3 4 N/A	
思维能力	• 需要学习者利用并训练思维能力——分析、假设、得出结论及总结概括的能力等 • 教材引导学习者认知和理解一些重要概念 • 需要学习者交流他们的研究结果并应用他们的推论 • 为学习者提供发展和展示创造性思维能力的机会	1 2 3 4 N/A 1 2 3 4 N/A 1 2 3 4 N/A 1 2 3 4 N/A	
解决问题	• 教材鼓励并激发学习者完成一些开放的、基于问题解决的任务 • 要求学习者选择和应用问题解决的策略并交流他们的结果 • 教材鼓励学习者对自己所做的决定和采取的行动负有责任 • 教材提供一些由学习者独立完成以及需要合作完成的解决问题的机会	1 2 3 4 N/A 1 2 3 4 N/A 1 2 3 4 N/A 1 2 3 4 N/A	
基于任务	• 教材促使学习者从事有兴趣的、相关的、各种各样的经历 • 为学习者提供多方面、多层次的学习任务 • 学习者有可能成功地完成教材中设计的一些任务 • 需要学习者将自己所学的内容与课堂外的世界相联系 • 保持教师指导和独立（自主）学习两方面的平衡	1 2 3 4 N/A 1 2 3 4 N/A 1 2 3 4 N/A 1 2 3 4 N/A 1 2 3 4 N/A	
适用性	• 为学习者充分利用自己的知识、技能和已有的经验提供机会 • 教材要求并鼓励一些特殊的学习者使用适合自己的学习方法	1 2 3 4 N/A 1 2 3 4 N/A	
学习者的不同程度	• 有一系列素材能满足不同智力水平和能力的学习者的需要 • 提供补习、巩固和加强的学习机会 • 教材适合不同背景（文化的、个人经历、家庭及周围环境）的学习者使用	1 2 3 4 N/A 1 2 3 4 N/A 1 2 3 4 N/A	
相互联系	• 教材涉及将一些概念与学科内容相联系的方法和途径 • 教材提供了将一些概念和原理应用到其他学科和课程中的机会 • 教材内容与社区文化进行适当的联系	1 2 3 4 N/A 1 2 3 4 N/A 1 2 3 4 N/A	

表 5-5 教材中的评估策略

标准	具体标准（细则）	评价等级
评估策略	• 符合课程标准中规定的评估策略，如多元化评价	1 2 3 4 N/A
	• 在教材中贯穿着符合评估基本原则的学习评估项目，如练习和巩固的问题和任务	1 2 3 4 N/A
	• 教材为学习者提供展示、说明他们学习情况的机会，如表现型任务，专题研究，讲演等	1 2 3 4 N/A
	• 教材将指导与评价相结合，如章节测试，诊断性测验等	1 2 3 4 N/A

表 5-6 与教材的版式相关的评估

标准	具体标准（细则）	评价等级	主要意见
教材的组织	• 教材版式具有实用性	1 2 3 4 N/A	
	• 教材的呈现符合利于直觉效果的逻辑形式	1 2 3 4 N/A	
	• 教材中利用一些内容表格、栏目、图标等辅助手段，以发挥导读作用	1 2 3 4 N/A	
	• 教材的呈现方式和编排能够吸引学习者的注意力	1 2 3 4 N/A	
	• 利用一些适当的图表来阐明或支持内容，如图表、表格、插图、照片等	1 2 3 4 N/A	
	• 有一些适当的、相关的参考书、索引、附录和术语表	1 2 3 4 N/A	
使用选项	• 教材提供了各种切入点和退出点	1 2 3 4 N/A	
	• 教材版式设计容易使学习者独立使用	1 2 3 4 N/A	
	• 教材版式设计有助于学习者在家中使用	1 2 3 4 N/A	
相关的资源	• 一些活动或任务需要学习者利用课堂外的资源，如学校资源信息中心、社区服务站、国际互联网等	1 2 3 4 N/A	
	• 作为学习者使用的教材有别于其他材料，如人类学的、多媒体、印刷品等	1 2 3 4 N/A	
	• 建议参考的资料是容易获得的	1 2 3 4 N/A	
	• 鼓励学习者利用学校资源中心	1 2 3 4 N/A	
辅助支持	• 辅导的手册或指导可以帮助教师将其他资源整合到课程中	1 2 3 4 N/A	
装订	• 教材的装订适合对教材的使用	1 2 3 4 N/A	
	• 教材的装订利于多种方式使用教材	1 2 3 4 N/A	
持久性、易携带	• 选用高质量的材料进行制作和加工以保持教材使用时间长久	1 2 3 4 N/A	
	• 成品教材的开本大小、重量及形状等符合有关要求，便于运输和携带，不至造成较大的损耗	1 2 3 4 N/A	

评估委员根据评估标准对教材进行评估并完成上表，每个学科的组长负责汇总，并完成教材评估总结报告。包括一页总结报告和对每一项评估标准的评估意见（每项一页），见表 5-7。

表 5-7 教材评估总结报告

教材名称：
学科：　　　　　　　适用年级：
出版单元：
与课程的关联
有关偏见的问题
教材的内容
教学方式与学习方式
评估策略
教材版式
推荐或不推荐(评估通过或不通过)

全面审视

教材名称：_____　　　　学科：_____

评估组组长：_____

与课程标准关联

标准	具体标准（细则）	评价等级	主要意见
与本省课程标准的联系	• 教材反映出本学科的基本理念和课程标准的意图： (1) 注意素养和能力的培养 (2) 结合行之有效的课程教学方法 (3) 认识到学习是一个发展和积累的过程 (4) 考虑到在同一班中的学生存在着不同的学习习惯和能力 • 教材内容符合该学科课程标准中规定的目标要求	 1 2 3 4 1 2 3 4 1 2 3 4 1 2 3 4 1 2 3 4	

表现出具体的关联——举例：

与课程内容或主题相关不够。举出具体的实例：

综合评估等级——U　1　2　3　4

U：无法接受　　1——有限的　　　2——适当的

　　　　　　　　3——相当多的　　4——全面的

主要意见：

教材内容

　　这部分是对教材中信息质量和准确性、语言的使用、与其他资源的联系等方面的评价。在优点和不足方面举出具体的例子。

具体的优点：

不足的方面：

需要修改的：

> 综合评估等级——U　1　2　3　4
> U:无法接受　1——有限的　　2——适当的
> 　　　　　　3——相当多的　4——全面的
> 主要意见：

注：其他各项如偏见问题、教学法、版式、评价等方面的评估意见表类似上表。

三、评估结果

（1）加拿大课程服务（CSC）机构负责组织教材评估工作，并将向省教育部推荐和报告达到评估要求和标准的教材，以获得认定通过，省教育部认定通过的教材将被列入"百龄草"用书目录，并在省教育部网站上公布。

（2）经省级评估通过列入书目的教材可在书目上保留5个教学年，到期的教材将从书目上移到购买过期目录上，可再保留两年。两年后，学校委员会将负责确保不再使用过期的教材。

第三节　教材的出版与发行

一旦教材获准通过，它们就成为推荐的学习材料，可以组织大规模的出版发行，但由于加拿大是个多民族国家，长期以来实行的多元文化教育政策，使得其教材的出版发行也具有一些特点。

一、教材出版的特殊费用

教材出版的特殊费用是指教材或教育图书出版比商业出版多出的费用。英语和法语出版社都认为以下是教育图书出版的特殊费用，是教育图书出版费用相对较高的原因所在。

1. 出版前产品的研究和开发费用

这方面费用是很大的，不同学科的费用会有所不同。它们的数量也会由于它们的性质而有所不同，基础学科（如数学）、系列丛书和单行本，它们的发行数量是大不相同的。但是所有这些情况，出版前的投资都比商业出版费用要大。产品的研究和开发活动有：

- 市场调查（确定需求）

- 新产品开发的范围和顺序
- 原稿开发
- 蓝本开发
- 实地调研
- 编辑时间以及编者的工资

集体协作方法在国家计划开发中得到应用。开发的产品必须反映各省区的需要和特点。由于大多数出版社都出版一个以上省份的教材,所以集体协作方法得到广泛使用。

2. 制图、图片和生产费用

由于要特别注意书的版式、练习、图表和插图,所以这部分的费用是很高的。需要四种颜色(四色印刷)图片和图表的文本,其设计和生产的费用特别高。其他生产方面的费用包括重印和许可费、类型设定、装订、胶片和书籍插图。

3. 出版的辅助性帮助

这对于实现中小学教材销售是必要的。辅助性帮助包括教具和教师手册,经费投入,录音机(特别是语言学科)和练习簿。这些材料对出版社来说都是无利可图的。

4. 教材的改进和销售支持

这也是比商业出版多出的费用。这方面费用可用于采用前和采用后活动。在课本被采用后,出版社还必须为教师提供服务。采用前的活动包括与作者及省级课程顾问一同进行走访、准备宣传材料和研讨会。在这个过程中,要求出版社对大量教材样本进行评价,使其适合不同教育阶段的需要,从而可以在课堂上进行试用。采用前费用高的主要原因是出版社往往必须拿出一个最终或接近完成的产品。一旦一种课本或计划被采用,出版社还必须通过举办使用者研讨会和对教师进行在职培训服务,对教材的使用进行指导。在采用的最初阶段,教育用书的出售是最耗费资源的。但是,出版社可以借助于"控制权"来使销售量持续较长时间。如果成功的话,在市场上可占据接近 10 年时间。在一项产品上投入了时间和金钱后,控制它的所有权是非常重要的。

中小学教材的成本,最大的一项是"管理、改进和市场开发",占 25%~

30%,印刷占 20%~25%。在第二版中,"管理、改进和市场开发"占 20%~25%,仍占第一位,印刷占 20%。

从提出一个新书目到它能接受和出售,这个过程是很长的,从最初阶段算起常常需要 10 年时间,包括人力和财力的消耗。

基本方案(Basal Program)的出版比单行本的出版要消耗更多的人力和财力资源。但是,单行本的出版比商业出版的投资要高。成功的教育图书的出版比商业出版的潜在销售额和利润要大得多。以下就是所需投资本质结果的总结:

- 对一个基本方案(basal program)来说从开始一个设想到其成品存于库中等待出售大约需要 5~7 年时间
- 同样的,一个单行本需要 2~3 年时间
- 教学用书的方案,产品的研究和开发阶段需 3~5 年
- 实际的生产时间约 9 个月到一年半
- 编辑和设计人员的费用不容易分开
- 出版翻译和改编图书的费用比出版原著要少得多
- 出版一个原创计划的总费用可达到 1 亿多美元,而出版一本个人著作只需几十万美元
- 回收阶段根据各出版社的偿还情况大约需要 1~5 年时间
- 销售额的最高峰出现在出版的第三或第四年,教材的平均期限大约是 5~7 年,不同学科会有所不同,一些教学用书可达 10 年或 10 年以上
- 第一次印刷的利润不如以后几次高,因为费用的不同以及第一次要印刷一些免费的样本

总之,相对于商业出版来说,教育出版需要高额投资,回收周期长。在这一竞争性的行业中,研究和开发的前期投资是需要冒很大风险的。但是,成功的教材出版仍是有很大利益可图的。

二、地方分权制政策对教材出版和印刷业的影响

除了以上教材出版方面的特殊费用影响了加拿大教材出版业的发展外,采用地方分权制的省级图书出版政策也极大地影响到加拿大教材出版和印刷业的

发展。在加拿大，各省级教育部门批准通过认可的教材可以在本省小学和中学使用。然而，大多数省份都允许每门课程可以选择多种教材。在大多数情况下，各省都不止选择一种教材。安大略省给予教育者最大程度的决策权，即使在比较追求统一的魁北克省，负责人和教师在每门课程的选择范围也有7～8种教材。

出版商和他们的同行，为了发展本地的、由加拿大人编写的教材的印刷和出售业，对安大略省的政策极力称赞。出版商认为，学校董事会和学校办公人员（负责人和一些教师）在教材选择上权力分散对使用由加拿大人编写的教材没有任何影响。一份由ACP和加拿大学校理事联合会所作的分析得出了如下结论：很大程度上，正是这些关于由加拿大人编写教材的省级政策的存在，决定了在实际中作选择的办公人员对这些教材的优先选择。人们一般同意，甚至在安大略省以外的其他省，这种政策是模糊的或非正式公布的——当所有的事情被公平考虑时，还是优先考虑出版加拿大人编写的教材。

然而，由ACP和加拿大学校理事联合会所作的分析表明：在中小学课程变化之前，尤其是在通知的第14条给教育者提供选择的广泛范围之前，教材印刷业实际上几乎完全由加拿大的公司掌握。安大略省市场的开放对国外出版商是一个机会，这使得这个市场成为一个高度竞争的市场，在这个市场里，加拿大的公司要与国外公司印刷精美的产品、市场和不断提高的实力相竞争。这个变化被看成一个导致国外公司控制的中小学教材市场不断增加的变化。

加拿大教育出版业结构上的变化结果导致了现在这种高度竞争情形的产生。这种情形要求广泛的市场和促进活动，在这些方向，大的国外公司更具有竞争的优势。

三、联邦政府如何刺激加拿大教材的生产

面对当前教材国际化的思潮和国外大型的出版集团和公司的竞争，加拿大各出版商在面对联邦政府如何发挥作用刺激加拿大本土教材生产的作用方面表现出了不同的意见。一种观点认为，当前教材的出版不需要联邦立法（initiative），持这种观点的出版商认为，市场力量包括省级的调节，已经使得工业

的发展依赖于加拿大教材在世界范围和本地范围内的销售;联邦政府对出版商的支持只会使产品的生产质量维持在低劣的水平上。另外一些加拿大的印刷使印刷业占主导地位。其他一些出版商建议对图书出版发展计划(Book Publish Development Program，BPDP)进行修订。

1. 重新分配图书出版发展计划的拨款

这里关注的是目前的拨款分配集中在少数公司上。建议修改条款以把项目基金重新分配给较小的公司。

2. 增加补助

在加拿大,中小学教材市场要求加大力度提高产品质量。大公司比小公司有优势,特别是处于像纽芬兰这样的省份,这些省里的小公司,由于地理的原因,其教材比到达其他省份的花费昂贵。由于上述情形,建议给加拿大本地的小出版商增加补助,并建议用于出口市场的补助应长期稳定地增加。

加拿大交流中心(Department of Communication)和政府官员已经指出,在图书出版展计划的"公司分析"项目下有可用于发展市场战略的基金。但是印刷者很少去申请这些基金。在出口市场补助项目下可用的基金是有限的,因此通常用于支持费用相对低的如贸易图书目录的生产和分配等的支出。然而,加拿大交流中心的官员认为出版者不懂得这一项目的可行性,并建议可以考虑在公司的可行性工程项目下加大基金的投入范围和出口投入。

3. 对地理分布的支持

法语和一些英语印刷者分布于加拿大中心以外的地区,这表明联邦政府应考虑资助这些印刷者以地理分布方面的费用。法语印刷者已经指出,对他们而言,把他们的书出口到法国的费用要比那些位于法国的印刷者把书出口到加拿大的费用高得多。

4. 特别补助

魁北克省教材在该省以外地区的法语市场上的销售,给予翻译拨款和支持。魁北克的出版商关注的是,外国人控制的英语教材的市场份额在魁北克省以外的法语市场上,正渐渐超过他们。他们表示这些补助有助于他们扩充市场。

5. 市场发展

许多出版商认为,由于中小学教材市场的分散性,联邦政府应着手发展某些科目的本国课程。魁北克省的出版商认为,该省以外的法语市场甚至比魁北克本省的市场还要分散,在这些地方,教材选择权是分散的。

6. 软件发展补助

计算软件的销售被认为是加拿大公司应该进入的生产领域。建议联邦补助用于发展这一领域的新的生产线。

7. 产品发展补助

人们建议联邦政府应考虑为某一具体新产品的发展提供拨款。这些补助会帮助减轻因新产品研究而导致的沉重负担,这些新产品往往把加拿大的出版商排斥在某一领域外。实际上,图书出版发展计划的补助已被一些中小学教材出版商用于这一开发项目上了。

8. 税收评估

英语和法语出版商都抱怨拨款税收,并建议停止这种做法。而且,加拿大和国外公司控制的出版商建议,为了开发加拿大人编著的教材,联邦政府应提供税收方面的鼓励政策。

第四节　教材的供应与选用

一、教材的免费供应

在加拿大,绝大多数省实行教材免费供应制,每个学期由学校免费发给学生,学生在学期末将教材交还,以使教材可以循环利用。事实上,教材并不是真正的免费供应,学校附近的居民要对他们的财产比如说房子缴纳税金,税金里面就包括供学校开支的教育税,所以学校设施的好坏很大程度上决定于居民的财产状况。这有时并不公平,住在比较穷的社区家庭的孩子就得上设施差的学校。

二、教材的选用

加拿大没有统一、正式的有关教材选用的政策和说明,各省教材选用权掌握在各级学校和教师手中,但省教育部会定期公布通过认定的教材目录,并推荐学习材料。学校或学区根据当地的需求和支付流程,从教材目录上选购相应的学习资源。推荐的学习材料包括在"综合资料包"(IRP, Integrated Resource Packager 的缩写)中。综合资料包是一个比较实用的概念,提供教师执行课程标准时所需的基本信息,共有四个主要方面:省课程标准、教学目标和教学建议、推荐的学习材料(包括书、录像带、电子出版物等)、评估学生成绩可能使用的方法等。这些学习材料要通过省的评估过程并有省教育部的认可它们为省推荐的学习材料。教师从附录 B 上推荐的学习材料中选取合适的作为教材。新的学习材料只要成为省的推荐学习材料,就会随时发表在"综合资料包"里的附录 B 中。只要能够达到教学目的,并能获得学校的通过允许,教师也可以选择别的教学用书。通常,自然科学类的教材是从推荐的教学材料中选取的,但社会科学类则更多是通过别的渠道选择,如图书馆、博物馆、电视、报刊等。

处于对经济利益的考虑,各省往往倾向于选用本省出版的教材。在魁北克省,课堂使用的教学用书都是从省教育部批准的教材中挑选出来的,必须是加拿大人编著的。一些出版社坚持在某些情况下,本地出版印刷的教材应比其他省区的有优先权。在不列颠哥伦比亚和 Nova Scotia 省也同样如此。在魁北克,出版社认为,本地出版的教材比省区之外的出版公司出版的教材和国外教材更有优先权,这使他们霸占了本地教材的销售市场,但同时也限制了他们在其他省区的销售量。

三、学生在教学用书上的花费

近年来,学生在教材上的花费引起了加拿大中小学教材出版社的关注,这种关注在安大略省更为突出。加拿大图书出版社委员会和安大略省教师联盟及 Ryan 报告的一项研究认为,安大略省每个学生在教材上的花费是全国最低的。

教育预算下降对教材价格会产生影响。教材购买预算的减少对出版社的影响表现在：

- 费用较低部分如练习册的购买
- 个人基础教材购买的减少，因为有些学生可以共用，教材内容可以复制
- 教材的复制本

魁北克省的出版社认为，虽然每个学生在教材上的花费比安大略省的多，但是预算限制仍然存在。由于预算的限制，学校也已经开发了自己的辅助性教材，如练习册。

Pepperwood 关于 1989 年中小学教材市场的报告表明，预算的下降已经扩展到补充教材购买的减少。假定许多加拿大控制的英语出版商专门出版辅助材料而不出版核心的课程教材，这将是一个严重的事情。

四、教材采用周期

省级采用或修订周期是省级教材市场的一个重要方面。主要特征是除安大略省所有的省份，都有严格的采用周期。在安大略省，教材任何时候都可以被批准。假定大多数出版商在计划一本新教材时不只在某一个省的市场印刷，那么不同的周期就很重要了。

五、教育者对教材的选择范围

在安大略省，每门课程大约有 7 种教材的可选择机会，然而在其他母语是英语的省份中，这种选择范围被限制在 2~3 种教材内。在魁北克省，出版商指出的情形与安大略省的情况相近，每门课程大约有 7 种左右的教材被批准使用。安大略省市场的"开放性"意味着授权批准没有为教材出售提供保证，因此，就需要投入其他的力量去开拓市场，把批准的教材卖给学校董事会的办公人员和私立学校。在单一品种教材采用情况中，为了"输或赢"这一目标，出版商在准备过程中可以投入大量的资本。赢得一个单一教材采用可以确保了一块市场的利润。

第五节　加拿大的多元文化教材政策

由于加拿大是个多民族的国家,为了谋求各民族多元文化的融合和发展,加拿大一直实行多元文化教育政策,表现在教材制度方面就是鼓励编写、出版、发行和选用各民族语言编写的教材。

1982年"加拿大权力和自由法"规定了尊重差别和文化自由的权利;1988年加拿大《多元文化法》正式承认了加拿大为多元文化国家,并且拨出适当的资金鼓励跨族际的和谐发展,提升跨文化意识以及保护遗留下来的语言和传统。加拿大政府明确采取的"双语框架下的多元文化政策",指国家的正式"公用语言"仍延续英语和法语的双语政策,但在文化上并不意味着英法系文化对其他民族文化享有优势的地位和待遇,任何个人、团体、民族集团以及非加拿大国民在文化上都必须受到平等的对待,并于1992年在联邦政府内设立了"多元文化主义咨询审议会",负责有关政策的制定。

下面就以"萨斯喀切温省教育、培训和就业部"的多元文化教材政策为例做具体分析。

(1) 教材,要消除刻板印象、理想化的描述和对排外性的强调,提供跨文化的尊重和理解。此外,还要承认和尊重文化的相似和不同;包含认知和情感的知识、技能以及对少数群体和多数群体价值观、态度、理念的论述。

(2) 由"萨斯喀切温省教育、培训和就业部"开发的课程和教材特色要翔实地从多元文化视角进行研究。

(3) 保证所有科目的课程、教学计划和教材都应遵守多元文化内在的原则。这包括评价标准及课程审听程序和课程委员会、非政府组织的咨询。

(4) 鼓励教师评估并分析课程和教材中的偏见、歧视和种族主义。

从上述政策表述上,可以看出"萨斯喀切温省教育、培训和就业部"努力把多元文化的视角纳入到教材中,进入少数民族,使学生产生积极的态度,并且从各个方面健全监督和评价机制。特别指出的是该部门把一部分权力下放给教师,这既有助于提高教师的多元文化素养,也能促进其教学的反思和提高。

第六节 教材特色

追求特色是加拿大中小学教材的一大亮点,是各出版社编写教材的重要思路。各套学科教材无论在学习内容上还是呈现方式上都尽可能地体现出学科特点和儿童身心发展的特点,最大限度地唤醒儿童的学习兴趣,激发他们学习的积极性,同时力争得到学校和教师的认可。

现以中小学科学与技术教材为例,分析教材的特色。

经安大略省教育部审查通过的《科学与技术》教材列入"延龄草"书目供学校选用。目前主要包括 McGraw-Hill Ryerson 出版的《科学》(9—10 年级);Scholastic Canada Ltd 出版的《科学与技术》(1—6 年级)(*Pan Canada Science Place* (PCSP) *Ontario S & T Grade 1-6*);GTK 出版社出版的《科学与技术活动资源》(1—8 年级)(*Science & Technology Activities Resource Grade 1-8*);Nelson Education Ltd 出版的《科学与技术视角》(7—8 年级)(*S & T Perspectives Grade 7-8*)及 Pearson Education Canada 出版的《科学调查研究》(7—8 年级)(*Investigating S & T Grade 7-8*)。这五套教材均是根据安大略省科学与技术课程标准编写和修订的,成为安大略省中小学生的首选教材。图 5-1 是某一特色教材的封面。

Science Links
Publisher: McGraw-Hill Ryerson

Pan Canada Science Place (PCSP) Ontario S&T Grade1-6,
Publisher: Scholastic Canada Ltd

Nelson S&T Perspectives   Grade7-8
Publisher: **Nelson Education Ltd.**

Pearson Investigating S & T Grade7-8
Publisher: Pearson Education Canada

图 5-1　特色教材封面

一、实例剖析一

以GTK出版社的教材为例,剖析其开发原则、依据、教材特色及修订等,以全面了解当前加拿大科学与技术的发展状况。

加拿大GTK出版社从1998年开始从事教育出版以来,已经出版了基于课程标准开发的多套学习和教学资源(图5-2—图5-5)。自安大略省科学与技术(1—8年级)课程标准(1998年版)颁布之日起,GTK出版社即投入全部人力物力开始开发科学与技术活动资源(Science & Technology Activities Resource, Grade 1—8,以下简称STAR)。其编写队伍中有资深科学教师、大学教授及参与课程标准制订的专家。历经数年奋战,精心开发的教材终于通过安大略省教育部审查并列入用书目录,在安大略省众多学校使用。2008年,随着课

图 5-2　GTK 教材配套 DVD

程标准的修订(2007年版),GTK出版社对STAR也进行了全面修改、补充和完善,并于2011年陆续进入学校替代旧版(1998年版)教材。2012年,通过对教材分析以及对出版社KL KONG社长的专访,不难发现教材动态发展的变化和特点如下。

1. 课程标准调整

根据课程标准,将原来1—8年级的5个内容系列调整为4个;同时新开发"关注可持续发展"系列,以突出环境教育。因此,从数量上仍保持40册(每个年级5个系列,共8个年级)。

图 5-3　GTK 教材特色页

2. 主题调整

一年级将"物体和材料"与"常见结构"两个主题合并;二年级去掉"风能和水能"主题;三年级去掉"磁性材料"主题;四年级将"光和声"与"光能和声能"两个主题合并,5—8年级去掉"天气""运动""地壳"和"光学"主题。

3. 注重环境教育

新版安大略省1—8年级科学与技术课程标准更注

重环境教育。STAR 意识到传授环境理念的重要性。因此,教材将环境方面的重点内容与适应的调查整合在一起。环境的重点内容需要利用批判性思维去分析,在此基础上,学生才能正确理解并采取适当的行动。调查活动包括关心环境、节约能源、水的保护、减少和再利用材料以及适当地关心动植物。

4. 增加新活动

根据课程标准中新的期望要求,增加了新的活动,以鼓励学生积极参与,强调学习的关键是学生的参与。从而进一步提升学生对科学、技术、社会和环境之间相互联系的理解。

图 5-4　GTK 教材单册封面

5. 学习方式

更突出培养学生动手、动脑做科学的学习方式。STAR 提供各种有趣的动手、动脑活动,利用学生具体的经验,帮助他们学习基本的科学与技术概念、培养科学探究技能和技术设计,将科学与技术与真实世界结合。

图 5-5　GTK 教材新增特色页

6. 增加科学探究

鼓励学生开展科学探究。学生将提出自己的难题或问题,利用各种资源和方法开展调查研究,并与同学交流他们的发现。

7. 增加评价工具

加了新的评价工具,帮助学生改进学习。STAR 评估和评价部分将有助于教师判断学生对期望要求的达成度,与学生和家长交流一些发现。

8. 增加新资源

提供科学、技术、社会、环境(STSE)相关的最新资源,通过思考和调查 STSE 相关问题,在鼓励学生利用媒体与读写技能方面有所创新。同时,在一些活动中更多地整合了数学的运用,突出跨学科整合的理念,提升不同的学习机会。

9. 价值观

STAR 向学生展示了技术对人类及人一生的重要影响。技术涉及对物体和材料设计、利用和评价,从而改善人们的生活,扩展人们的能力。科学与技术均涉及知识、技能和价值观的运用。

10. 反映新的教学法

对教师用书做了全面修改以反映新的教学方法。

STAR 科学与技术活动资源教材系列见表 5-8。

表 5-8　STAR 科学与技术活动资源教材系列（1—8 年级,共 40 册）

年级	生命系统	结构与机械	物质与能量	地球与宇宙系统	环境教育
一年级	生物	材料、物体和结构	生活中的能量	昼夜和季节的交替	关注可持续发展系列一
二年级	动物	运动	液体和固体	空气和水	关注可持续发展系列二
三年级	植物	稳定	力与运动	土壤	关注可持续发展系列三
四年级	生境和生物群落	滑轮和齿轮	光能和声能	岩石、矿物和侵蚀	关注可持续发展系列四
五年级	人体组织	力	物质	能源的保护	关注可持续发展系列五
六年级	生物多样性	电	空气和飞行	宇宙	关注可持续发展系列六
七年级	生态系统	力与稳定性	纯净物和混合物	热	关注可持续发展系列七
八年级	身体结构与功能	系统工作	流体	水系统	关注可持续发展系列八

二、实例剖析二

以加拿大 McGraw-Hill Ryerson 公司出版的《科学》教材为例,透视加拿大教材编著的特点。

1. 教材的基本概况

这套《科学》教材共有 10 册,涵盖从小学到初中的科学教育,初中部分占 4 册,内容涉及物质科学、生命科学、地球宇宙空间科学、STS 四个领域。这本七年级用书共 15 章,分为 5 个单元,分别是生态环境中的互动、纯净物和混合物、热能和制热技术、地壳、结构的力量和稳定性,后面再单独列出一个"科学技能"指南。教材内容横跨物理、化学、生物、自然地理四科知识领域,呈现方式则是以综合主题的形式出现。

2. 教材版面的编排特点

除正常的内容编写和习题配置外,该教材的一个显著特点是设计了各种附属栏目来帮助和引导学生学习,包括:

(1) 单元导学(Unit Opener)。①提供本单元内容概要。②设法激发学生对本章主题的兴趣,它可以提出一个问题供学生思考,可以描述一些科学思想让学生品味,也可以列出一个社会问题给学生探索研究。

(2) 章导学(Chapter Opener)。①提供本章的内容简介(Introductory Paragraphs)。②学前预备(Getting Ready),围绕本章主题列出一些问题,让学生了解哪些已知道,哪些还不了解。③科学日记(Science Log),建议在尝试回答"学前预备"中的问题时,在科学日记中记下思路、方法和问题。④前期准备(Starting Point Activity),各章可以采用不同方式,可以用上面提到的"学前预备",也可用这里的"前期准备",以使学生了解已经知道了什么,还不知道什么。⑤重要思想和技能聚焦(Spotlight on Key Idesa and Key Skills),提示在学完本章内容之后应掌握哪几种重要的思想和技能。

(3) 调查研究(Design & Do Investigation)。①向学生提出挑战,鼓励设计和构建自己的模型、系统或作品。提供研究设计的技能方法,还用全新的或不同的方式方法把科学和技术糅合在一起。②"小组合作"提示在小组中完成这些调查研究。③"设计标准"提供了一个评估成果的方法。

(4) 你知道么(Do You Know?)。这一栏目提供一些有关科学、技术、大自然、宇宙有趣的事情。

(5) 相关数学(Math Connect)。①帮助学生回顾复习在研究和行动中需要的数学技能。②将科学研究和数学学习有机结合起来。

(6) 行动实施(Find Out Activity)。①这是一些短小简便的调查研究,通常是一些生活中的相关探索。②要求有一些简单的材料和设备。③在这些行动或调查中,学生将会用到一些重要的科学研究方法,比如预测、估计、假设。④对学生的预测和观测结果要作记录。

(7) 全章概要(Chapter at a Glance)。①一般在一章结束之后,帮助学生回顾全章,做自我检测。②可以帮父母或监护人掌握学习程度的总体印象。③学生做全章摘要(Prepare Your Own Summary),鼓励用各种方式概括总结——用图表、流水图、概念图、网络网、文字描述或任何其他喜欢的方式。

(8) 本章回顾(Chapter Review)。①这个附于整章之后的摘要罗列了基本概念、调查和沟通技巧,以及把科学与技术、社会、环境联系起来的技能。②这些问题帮学生复习、思考和应用。

(9) 请教专家(Ask an Expert)。①各个科学的技术领域的专家们都努力去了解自然界存在的奥秘,寻求解决各种疑难问题的方法。每个单元后面的请教专家栏目就是学生与专家们的面谈会。②面谈会之后,学生就能有机会做一些和专家们的研究工作相关联的实践活动了。

(10) 专题分析(An Issue to Analyze)。①学生及其生活的社会以及整个社会都要面对今日世界中的各种复杂问题,理解科学和技术不能提供现存所有问题的"正确"答案,但理解能产生更有见地的决定。专题分析能够有助于学生在今天和将来面对各种问题时做出正确的决定。②每一个专题分析都采用情景模拟、辩论或案例研究的方式。

(11) 项目设计(Unit Project)。①鼓励学生运用本单元中的重要概念和技能去设计和制作自己的发明、程序和模型。②在单元教学的开头,老师可能让学生着手考虑如何设计、计划、完成自己的项目。③学生将作为小组的一员完成项目。④有关项目的更多设想可以让学生有更多的愉快方式验证、应用所学的知识。

另外,还有一些重要的特色小栏目:视窗(Off the Wall);停顿与反思(Pause &

Reflect）；词汇链接（Word Connect）；职业链接（Career Connect）；计算机应用（Computer Connect）；自主设计（Design Your Own）；即学即练（Instance Practice）等。

此外，该教材中还收录了大量的图表和彩色照片，约占整个版面的四分之一至三分之一，用以配合文字解释说明，它们所含信息量的丰富程度、描述功能的直观及形象程度、对学生兴趣及注意力的吸引强度及持久度，显然比单纯的文字说明更具优势。

本章通过剖析教材的开发、评估认定、出版和发行、供应和选用，多元文化教材政策，理解加拿大基础教育教材管理体系和机制；通过对两套教材实例分析，突出加拿大基础教育教材的特色。即教材编写无论从内容选取还是版面设计上都突出了"教材是主要学材"的功能特点，从儿童的生活经验出发，强调对基础知识和基本内容的介绍，注重调动学生的学习兴趣、学习主动性和问题意识，把知识学习、能力培养和情感体验有机地结合起来。

教材的开发无论是从册数到内容，越来越丰富，由少到多、由薄到厚，为师生提供更丰富的学习资源，从科学知识、原理到活动，选择的范围扩大，更趋于资源化；多数教材和教师用书配套有多媒体光盘，趋于媒体化；同时提供相关内容链接、网站、参考书和多种评价表格和方案，使教材更具工具化。

随着世界变得日益复杂，通过发现新的和不同的解决方案或创造新事物来解决问题的能力正变得日趋重要。社会需要的已不只是知识的复制，而是新颖的构想、创造力和新的思维方式。智力不再是个拥有知识多少的问题，而是个关系到你在无所适从时懂得如何行事的问题！因此要培养学生科学素养，尤其是创造性思维和创造力，需要教材开发者能够创造性地开发教材，更需要富有创造力的教师在充分理解小学科学课程理念和教材特色的基础上，在宽广的空间中创造性地使用教材，开展教学，实现师生的共同发展。

建立第三方评价机构，与教育部紧密配合，制订科学、严谨和规范的教材评估程序和标准，接受出版社、学校、社会监督，做到公开、公正，给评估通过的教材盖上特制的红色印章，向学校推荐，以努力保障和提升所有教学和学习资源的质量。

第六章

加拿大基础教育阶段的教学

第一节　加拿大基础教育教学环境

一、教学环境设计理念

加拿大，无论是文化还是教育，它的多元化特点深入人心。从 16 世纪受法国文学和哲学思想的影响，到 17 世纪英国教育家进入加拿大教育界，以及 20 世纪以来美国对加拿大教育的强烈冲击，都让加拿大的基础教育在冲突和融合中不断变革和发展，形成了本国特有的特征和价值判断。在这种多元文化理念的影响下，教学环境的设计也追求一种融洽和谐的理念。这种环境既是多元文化教学的外在基础保障，也是多元文化教学的外延。

1. 教学环境的多元文化

加拿大移民国度的特点使加拿大基础教育的对象更加多元化。他们不仅仅有加拿大本土的孩子，也包括了世界各地不同文化背景的孩子。像加拿大多伦多和温哥华这样的新移民人口较多的城市，中小学校的教室里一般都有一个地球仪。每个新学期开始或者当有新生入学时，老师就会让学生在地球仪上指出自己祖国的位置，并且说出自己的祖国有什么值得自豪的地方。这种方式既可消除新移民子女的顾虑，又以温馨的方式强化了地球村的概念，以便学生能更快更好地融入多元文化的加拿大生活。在加拿大，几乎所有的教室，学生们的桌椅都摆放灵活，可以根据课堂活动的需要，随时变动位置。这既有利于培养学生间的互助，也创造了一个多样融合的环境。如果说美国的基础教育目标是达到"合并同化"，那加拿大的基础教育理念更是希望达到一种"和而不同"。

2. 教学环境的人文关怀

加拿大基础教育中"以学生为中心"的理念，体现了教育中的一种人性关怀，而加拿大教育者的赏识教育理念也通过人文化的教学环境得到充分体现。加拿大很多学校里很少有名人名言和名人肖像，教室墙壁上无一例外张贴着班内所有学生的手工作品,因为教师认为所有学生的作品都是值得肯定的,各具特色,无优劣之分。这是教育要尊重个体差异的另一方面的体现。

图 6-1　多伦多特里福克斯学校教室墙上的布置

例如,多伦多特里福克斯学校(Terry Fox School)教室的墙上(图 6-1)贴着一份这样的教室公约(classroom contract),内容如下:

第一条:我们应该用我们的眼睛、耳朵和心灵去倾听。

第二条:我们有权利拒绝参加某些活动,但我们应该知道参与的越多,得到的也越多。

第三条:我们希望别人以什么样的方式对待我们,我们就以这样的方式对待别人。

第四条:安全永远第一。

这里的学校没有用规定、制度这样的字眼,而是用了对师生双方都适用的公约(contract)一词。每词每句无不体现了以人为本的人文关怀。

3. 教学环境的社会共享

教育家杜威在他著名的教育著作《学校与社会》(1899)中曾明确地提出"学

校即社会",这一教育思想在加拿大得到了很好的认同。加拿大中小学几乎没有我们常规理解中的"大门"和"围墙"。学校一般都与周围的社区建筑、住宅等没有明显的分隔,大多是通过草坪和道路相隔。校门更是没有高耸的标志和闪亮的校牌,都是普普通通的简单铁门或金属框架门。加拿大教学环境的社会一体化,不仅仅是停留在口头上,而是真正实现了"学校、家庭、社会三结合"。

在加拿大,学校不但是培养教育孩子的重要机构,还是社会、社区的重要活动场所,尤其是一些社区和当地的体育活动、赛事以及民俗节日活动等都在学校举行。加拿大教育者认为,学校本来就是社会的一部分,是不可分割的一部分。学校教育的根本不仅是促进人的发展,为人服务,而且更是为社会培养人才,为社会发展服务,不可能脱离社会。某种意义上,学校和社会的分离,对于学生来说,是不可想象的。[1]

4. 教学环境的丰富实用

"实用性"体现在加拿大教育的方方面面。加拿大中小学校园都不大,一般不到一百亩地,但设计得比较实用。用来做教室的房子不超过一半,而各式各样的功能房屋却很多。实验室齐全,墙上挂满经典的实验图示,窗台上照例是鲜花。生物实验室里有多种植物标本;理化实验室里的实验装置一般不撤下,随时供学生实验;师生阅览室里有宽大的沙发和咖啡角,有轻轻的音乐声缭绕;宽大的音乐教室里有整套正规的铜鼓乐器和管弦乐器,每个学生在校期间必须学会一种乐器;话剧教室里舞台、灯光、背景、道具样样齐全;室内多功能体育馆使用频率很高,外观还是新的一样,室内的木地板已经磨损了很多。有些学校高中部还有现代化工厂一样的精工车间、汽修车间、一流的烹饪教室、木工房和缝纫裁剪工作室,学生午休、课后和假日都可以进行自主练习。[2]

二、教学资源配置

1. 学校资源配备

学校教学资源的配备属于学习行为,出于自发的需求和教学实施的需求,重

---

[1] 林森.教育走向改变:加拿大中小学素质教育面面观[M].2012:4.
[2] 崔铁军.加拿大基础教育的构建与督导[J].盐城师范学院学报.2006,4(2).

内涵不重形式、重实用不重华美、重节俭不重气派。很多的教室都是一室多用。有的学校会议室也是接待室,学校的体育馆,中午则作为学生用餐的地方;学校的食堂除中午用餐外,课间还是体育活动、舞蹈的场地等。例如,加大拿非常有名渥太华 Glebe 高级中学,创建于 1922 年,学校有 1 300 名学生,104 个教室,25 米长的游泳池和一个很小的体育馆。而这所位于世界著名的北方硅谷城市中的著名高中,找不到豪华的校门,甚至连学校的门牌都插在很不显眼的地方,整个学校只有 2 台便携式投影仪。[1]

从教学用具上看,对于婴儿至处于早期启蒙阶段的幼儿及小学生,学习材料多为卡片式和玩具式,设计独创,印制精美,寓教于乐。比如:字母表套圈游戏板、超级高跷、游乐环、彩色投掷袋、平衡板等。

从教室分类上看,加拿大小学的教室基本是一个包罗万象的场所(图 6-2)。一切与学科教学或与课程实施相关的仪器、设备均在教室中。教室中有图书、仪器、电脑、玩具、材料,应有尽有。只要是教学或课程实施需要的,可能都会出现在教室中。中学的专用教室有物理、化学、生物实验室,音乐、美术专用教室、计算机网络教室等,教室布置内容也非常丰富。这与加拿大的课程设置与"走班制"[2]教学思想是紧密关联的。

从教室布置上看,"教室即社区"是加拿大教育又一个新的理念。孩子们围坐在教室干净的地毯上阅读,每个教室都有精美的图书角;教室是孩子们学习成果的展览厅,他们的作业、绘画作品、手工制作都被展示在自己和同学们面前;教室是激发聪明才智的地方,电脑房的墙上是学生自己画出的计算机部件图;教室又像园林,窗台上长满了各种绿色植物,花盆里是各种应时的鲜花;教室又是办公室,有教师专门的工作台,学生随时可以看到老师是怎么为他们操劳的;教室甚至是小动物园,孩子们可以轮流学习喂养小动物。[3]

从教室管理上看,在加拿大,专用教室的管理人基本都是一线教学的教师,因

---

[1] 严济良.加拿大基础教育考察记事[J].基础教育,2005(1).
[2] 走班制是指学科教室和教师固定,学生根据自己的学力和兴趣愿望选择自身发展的层次班级上课,不同层次的班级,其教学内容和程度要求不同,作业和考试的难度也不同。
[3] 崔铁军.加拿大基础教育的构建与督导[J].盐城师范学院学报,2006,4(2).

图 6-2 小学教室内景

此有两大明显特色。一是专用教室、实验室的所有仪器设备都处于良好的可使用状态,虽然显得有点杂乱,但却很有条理。不是摆放得整整齐齐给他人看的,而是教学实用的乱中有序。二是教师注意专用教室、实验室的环境文化建设。每一个专用教室或实验室的墙壁上,都挂满了各类图片资料和相关的文字说明、学生作品等,给人以充实丰富的印象。如加拿大的史密斯·菲尔德中学(Smithfield Middle School),其教师固定在某一教室,学生流动,该上什么课时,学生到什么教室去。责任教师负责教室的一切事务。因此,其专业水平较高,管理效果明显。

2. 社会资源协同

杜威认为,既然教育是一种社会生活过程,那么学校就是社会生活的一种形式。他强调说,学校应该"成为一个小型的社会,一个初具雏形的社会"。在学校里,应该把现实的社会生活简化到一个雏形的状态,应该呈现儿童的社会生活。就"学校即社会"的具体要求来说,杜威提出,一是学校本身必须是一种社会生活,具有社会生活的全部含义;二是校内学习应该与校外学习连接起来,两者之间应有自由的相互影响。

在加拿大,每个公立学校,政府都会指派一位或数位社会工作者(social worker),主要是负责心理辅导以及提供社会的帮助,也有的会参与到教学过程中去,如很多学校戏剧课的教学工作就是由戏剧院的演员担当的。学校希望通过这类课程的学习,培养学生的人际交往能力、合作能力和适应社会的能力。社会工作者一般是社会上的在职人员,他们参与学校的工作是有偿的,他们的报酬由政府支付。还有一些社会慈善组织也投身到学校教育事业中。

在不列颠哥伦比亚省,无论是室内还是室外,无论是正式还是非正式,每一个不列颠哥伦比亚省社区都有丰富的学习机会。在学校之外,还有很多可以授课的地方:

(1) 艺术画廊。艺术在不列颠哥伦比亚省无处不在,特别是将其应用在有形学习的实践中。

(2) 历史古迹。在加拿大注册的历史名胜中,不列颠哥伦比亚省拥有超过200处的名胜古迹。遗产是一种传统,我们从过去继承,我们在今天享用,我们会传给后代。不列颠哥伦比亚省的遗产无处不在。

(3) 图书馆。向所有年龄的人群开放，可以免费查阅书籍、杂志、音频书籍、音乐、上网等。

(4) 博物馆。博物馆是非正式学习文化、历史和科学最好的地方。观看有形的展品和文物让参观者发现其中的关系和联想。参观这些有价值的文化机构，能够最大限度地提升学习者的教育经历。

(5) 社区学习中心。不列颠哥伦比亚省很多学校都有社区学习中心。它有助于提升儿童、家庭和整个社区的幸福感。每个中心都提供多种项目、设施和服务，以深化教育、休闲和文化。

(6) 科技中心。如同艺术画廊和博物馆一样，科技中心可以激发青少年的探索欲。这种直观视觉或动手学习有助于学生自己得出结论并为未来的学习奠定坚实的基础。

(7) 动物园和水族馆。动物园、水族馆、孵化场、农场和保护区是典型的学习中心，学生可以有更多机会了解动物和人类之间的联系。

3. 网络资源共享

加拿大教学的另一个重要特点就是强调网络资源的运用，教师随时随地都可以通过网络向学生传授知识和技能。教师最常用的网络资源有 Wiki、Teachertube、Moodle 和 Prezi。Wiki 类似于我们国内的百度百科，可以帮助学生解决学习中遇到的难题。Teachertube 是一个视频网站，上面有很多跟教育教学相关的视频和资料。Moodle 是一个基于建构主义教育理论的课程管理系统，提供多样的学习活动和资源，分为课程管理、作业、聊天、投票、论坛、测验、资源、问卷调查、互动评价九个模块，老师和学生作为平等的主体，相互协作，共同学习知识。Prezi 类似于我们使用的 PowerPoint，教师通过添加文本、图片、视频等元素，利用缩放、平移和旋转界面等华丽的演示效果来适应学生的思维特点，吸引学生的注意力，提高课堂教学的效率。[1] 本书作者在约克大学(York University)做访问学者期间，发现学生的作业、讲演等也都是利用 Prezi 完成的，除了比 PowerPoint 功能更多外，还可实现共享。

---

[1] 胡金楠.加拿大基础教育特点简述[J].吉林省教育学院学报，2012(2).

此外,由于加拿大宪法赋予各省对各级各类教育管理权,各省都有自己的教育机构网站,见表6-1。

表6-1 各省官方教育网站

省(区)	官方教育机构网址
阿尔伯塔省(Alberta)	www.education.alberta.ca/
不列颠哥伦比亚省(British Columbia)	www.gov.bc.ca/bced/
马尼托巴省(Manitoba)	www.edu.gov.mb.ca/edu
新不伦瑞克省(New Brunswick)	www.gnb.ca
纽芬兰与拉布拉多省(Newfoundland and Labrador)	www.gov.nl.ca/edu
西北地区(Northwest Territories)	www.ece.gov.nt.ca/
新斯科舍省(Nova Scotia)	www.ednet.ns.ca
努纳武特地区(Nunavut)	www.gov.nu.ca
安大略省(Ontario)	www.edu.gov.on.ca
爱德华王子岛省(Prince Edward Island)	www.gov.pe.ca/education/
魁北克省(Quebec)	www.mels.gouv.qc.ca
萨斯喀彻温省(Saskatchewan)	www.education.gov.sk.ca/
育空地区(Yukon)	www.education.gov.yk.ca

三、教学学制和时间

加拿大基础教育一般包括小学和中学教育,实行十年义务教育(6—16岁)。由于实行地方分权制,加拿大没有全国统一的学制,各省由于政治、经济、文化、地理位置等因素的差异,学制也不尽相同。但大多数省区的中小学阶段合起来学制为12年(前10年为义务教育阶段,后2年为高中阶段)。[1]

在加拿大,正规课堂的义务教育学时是8 282小时。相比经合组织国家平均义务教育7 488学时,加拿大所有公立学校的平均义务教育学时比其多出794学时。加拿大每个省都有独立的权利决定学时,每个课程义务教育学时的选择反映了不同年龄段的教育重点。图6-3是加拿大各省和地区2010—2011年的

---

[1] 强海燕.中、美、加、英四国基础教育研究[M].北京:人民教育出版社,2005.

学时情况,对比 8 282 小时的平均学时,每个省都不相同:新不伦瑞克省为 7 739 小时,而西北地区则是 9 117 小时。[1]

加拿大中小学都有自己的校历。以安大略省为例,加拿大中小学校历由校董事会准备、修订并于每年 5 月 1 日前提交至教育部。通常每学年在 9 月 1 日至 6 月 30 日之间,最少包括 194 天,如表 6-2 所示。安大略教育部会通过网站将校历公布,在教育部确认以前,校历还可以进行调整[2]。

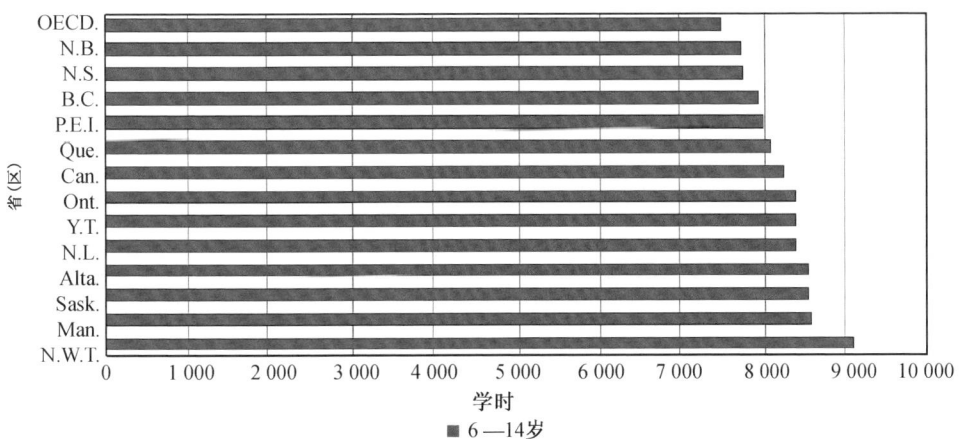

图 6-3　加拿大各省和地区学时情况(2010—2011)

注:不含努纳武特地区。

表 6-2　各校学年天数

学年	2012/13	2013/14	2014/15	2015/16	2016/17
学年天数/天 (9 月 1 日—6 月 30 日)	194	195	196	197	196
最少学年天数/天	194	194	194	194	194

---

[1] Tourism and the Centre for Education Statistics Division, "Education Indicators, in Canada: An International Perspective 2013", 2014 Canadian Education Statistics Council, January 2014.

[2] School Year Calendar, Ontario Ministry of Education. http://www.edu.gov.on.ca/eng/general/list/calendar/holidaye.html.

第二节 加拿大基础教育教学组织

一、小班教学

加拿大中小学的教学奉行"以儿童为中心",这也是为了满足社会成员对于教育公平性、公正性的进一步要求,以及获得高质量教育的需要。

以安大略省为例,安大略省在基础教育中实行小班教学,其原因是学生在小班中可以获得更多的关注,在未来的学习中能做的更好,且更容易获得成功。最新数据表明,在安大略省,大班已经消失,2012—2013年,每个小学班级不超过23人,其中有90.1%不超过20人甚至更少(表6-3)。[1]

表6-3 安大略省班级人数情况表

年份	20人或低于20人	21人	22人	23人	≤23人	24人	≥25人
2003—2004	31%	10%	11%	12%	64%	11%	25%
2004—2005	40%	11%	12%	11%	74%	9%	17%
2005—2006	48%	12%	11%	10%	81%	7%	12%
2006—2007	65%	12%	10%	7%	93%	3%	3%
2007—2008	88%	5%	3%	3%	100%	<1%	<1%
2008—2009	90%	3%	3%	4%	100%	0%	0%
2009—2010	91%	3%	3%	3%	100%	0%	0%
2010—2011	90%	3%	3%	4%	100%	0%	0%
2011—2012	91%	2%	3%	4%	100	0%	0%
2012—2013	90%	3%	3%	4%	100%	0%	0%

---

[1] Class-Size Tracker, Ontario Ministry of Education. http://www.edu.gov.on.ca/eng/cst/.

图 6-4 展现了安大略全省班级人数逐年递减的情况。特点如下:

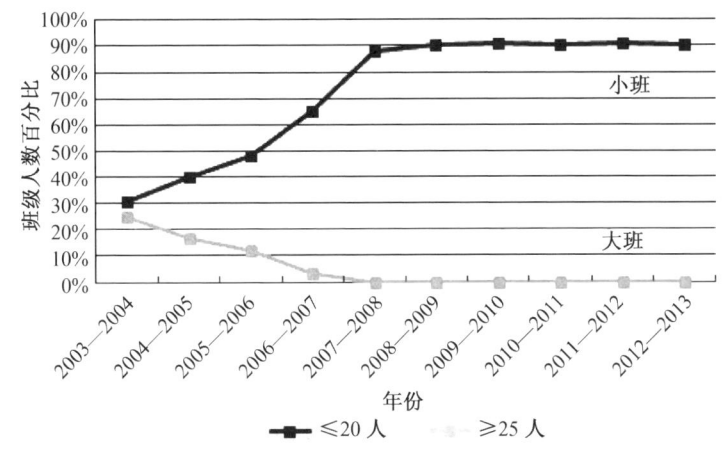

图 6-4　安大略省小班化教学示意图

(1) 班级逐年变小。
(2) 2003—2004 年,25 人或 25 人以上的班级占比 25%。
(3) 当今,小学班级人数不超过 23 人(这个数据不包括公立全日制幼儿园)。

二、混龄班教学

混龄班(combined classroom)教学是加拿大教学中的另一个特色。混龄班是指 2~3 个连续年级的学生在一个教室学习。学校开设混龄班有很多原因,包括满足学生学习和交往的需要,平衡班级规模等。混龄班的学生都具备一定的技巧和能力。不能说混龄班和常规班哪个更好,它们都是满足学生学习和社会交往需要的一种方式。在加拿大安大略省和不列颠哥伦比亚省都有这种教学组织形式。

以不列颠哥伦比亚省混龄班教学为例,班级里的儿童营造了一个学习的社区,单元和课的设计都是为了这些孩子的发展。加拿大的教师在为处在不同学习水平的儿童设计学习活动方面表现出非凡的经验和能力。他们把混龄班的课比喻为大家庭的聚会,20~30 家庭成员共进火鸡晚餐,祖父母、父母和孩子分别选择吃大火鸡的不同的部位,各人都自得其乐,都认为这个晚餐很好吃。教师明察每一个孩子和不同年龄群体儿童的需要和兴趣,并在必要时做相应的调整。教学计划包括共同的经验和个体的反应。例如,在"作家工作坊"教学活动中,教师会给全班学生上一段小课(进行阅读教学,引发兴趣和动机),然后让每一个孩子写故事或写信。当教师巡回帮助学生时,个别化教学就开始了:有的学生要注意字母大小写问题,有的要学会使用表达愉悦的词汇,有的要学会用完整的句子进行表达;在儿童学习的最近发展区提供支持和帮助。对不同的学生有不同的学习要求和评价标准。例如,在"作家工作坊"学习任务中,要求四年级学生写五个故事,五年级学生写六个故事和更多的故事细节。也要让学生明确自己应该达到的标准。教学方法各有千秋,教师根据学科及学生的需要采用不同方式授课。整班授课用以介绍适合全班学习和讨论的材料,个别教授用以辅助学生各自的复习、练习和习作,让学生有机会按自己的进度来学习。小组教授是让学生见证不同观点,鼓励学生交流,发展智力和语言。混龄班教学也注重学生的参与和选择。比如,教师给儿童三种活动选择以加强对某一技巧的学习,或让他们在三项习作中任择其一完成。这样,教师规划出学习的要求范围,学生既有了选择机会,又要负起能力所及的责任。[1]

当然,能让混龄班在教学中发挥更好的作用,也对学校和老师有一定的要求。组织混龄班,学校和老师要考虑以下几个因素:学习风格、社交技能、学习需求和其他一些相关因素。尽管一些研究提出,混龄班的学生与常规班没有差别。但事实上,一些混龄班的学生在语言和阅读上的表现更佳。加拿大的研究表明,混龄班的学生在情感和社交上成长得更快,这种丰富的社会环境帮助学生学习如何在一个团队中独立工作,在团队中建立领导能力和互助理念,提升决策能力、主动性和责任心,在真实环境中学习,同学中不同的想法和观点拓展了学生的视野。每天,无论是混龄班还是常规班,教师都在大组、小组和个体中工作。但混龄班的学生能在更广泛的支持架构中受益。低年级的学生可以向高年级的学生求助,高年级的学生可以通过解释问题得到锻炼。事实上,同辈指导能够有助于高年级学生巩固知识和提升社会交往的主动性。教师可以在混龄班的教学

---

[1] 强海燕.中、美、加、英四国基础教育研究[M].北京:人民教育出版社,2005:279.

中运用不同的策略,如介绍同一个问题,但是给不同年级的学生不同的任务或问题。对学生重新分组,研究不同的问题并在班里做报告。这种分组形式多样,可以按学生的兴趣和技能进行。带领学生参与健康、体育和艺术这类的活动。教育部也制定了发展战略,以帮助教师教授不同阶段的学生。比如安大略省每个学校的相关小组都要接受不同的指导。

三、网络教学

今日的加拿大,信息技术已渗透到了社会生活和学校生活的各个领域。在互联网快速发展的背景下,加拿大所有省份都已经充分认识到互联网带来的教学变革。互联网带给教学更多的选择:教师可以根据学生个别需要给予不同的指导,随时跟踪学生的学习进展,与学生进行互动交流;可以充分利用其他教育者的知识和专长,并可以分享教育见解和经验;可以在教学中合理地分配时间,利用网络工具和技术,丰富教学内容和方法。为此,各省教育部纷纷下达文件,要求小学阶段开设信息技术课程。

1. 安大略省的 E-Learning 策略

教育和学生的学业成功是安大略省政府的至关大事。E-Learning 的目的是无论学生所处的地点、能力或者境况如何,都能够享受高质量的网上支持,这也是保证学生成功的关键。E-Learning 为安大略省公立学校系统中的中小学提供网上支持。教师们可以帮助学生制定符合个人需要的学习方案并且与安大略省全省的教育者分享其专长,学生则获得了成功完成学业所需的灵活性,对于更年幼的学生,获得更多提高算数和语文能力的机会。E-Learning 还结合了教育部、全省各地公立学校教育局、学校管理者和试点学校的专长,由教育部提供软件工具和指导策略,各地教育局监督教育课程的开设,包括网上课程和资源。需要说明的是,E-Learning 不是虚拟学校,它是安全环境中的网上教育,是一个动态的教学和学习的方式。它可以根据学生个人需要设计学习方案,可以为小型和偏远的学习活动提供更多选择,可以为渴望扩大学习效率和丰富材料的教师提供更多帮助。

2. 不列颠哥伦比亚省的"即时学习计划"(Learn Now BC)

不列颠哥伦比亚省的网络普及率领先全国其他省份,甚至有85%的不列颠哥伦比亚人定期使用互联网。[1] 有证据表明,在不列颠哥伦比亚省,学生更渴望转向多样性的学习模式以跟上进入 21 世纪后科技的突飞猛进所带来的对传统学习方式的挑战。例如,2006 年以来,不列颠哥伦比亚政府通过创立"即时学习计划"(Learn Now BC)使得在线学习更加容易,参与者的数量成倍增长。2006 年,不列颠哥伦比亚省只有 17 000 名用户使用在线学习,但到了 2009/10 年度,有 71 000 多名学生使用该系统(图 6-5)。在不列颠哥伦比亚省教育计划中,教育官员也继续鼓励教师,学生和家长在教学过程中灵活地利用科学技术与资源,以便在数字化的世界中通过面授和网上学习的双效途径更好地培养学生,并通过网络技术手段与家庭和社区合作与沟通。同时大力支持学生在学校和生活中通过有效地使用当前的新兴技术发展其所需要的各种竞争能力,学校也将进一步普及网络广度来更大范围地支持学习者和教育工作者。

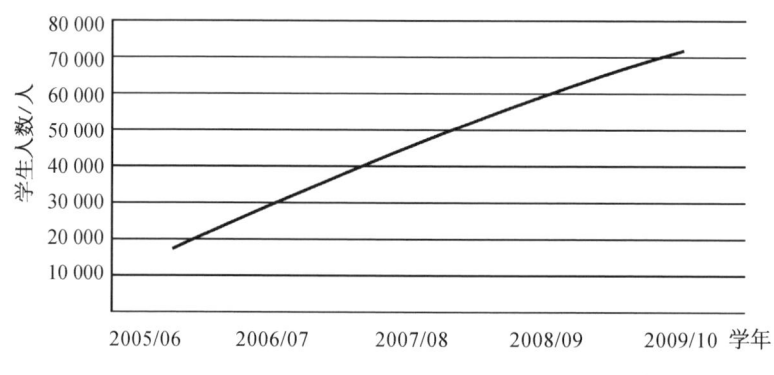

图 6-5　不列颠哥伦比亚省学生网上学习人数[2]

为了使师生能够更为全面地使用科技技术协助学习,不列颠哥伦比亚省教育部已和加拿大 TELUS 通讯公司达成最新协议。协议规定了 TELUS 公司将为不列颠哥伦比亚省所有中小学学校提供全部的电信服务,以使互联网能够在全省中小学校更全面地普及;教育部门也鼓励学生们自由地携带高科技产品(平

---

[1] Learning Empowered by Technology, BC's Education Plan, http://www.bcedplan.ca/actions/technology.php#tabs-2.
[2] PTC. A Vision for 21th Century Education[R]. Premier'S Technology Council. December 2010.

板电脑、智能电话等相关数码工具)进入课堂协助学习,以促使学习多样化的形成。

不列颠哥伦比亚省教育部在2000年颁布的课程纲要中就制定了从幼儿园到七年级开设信息技术课程的具体要求。学校开设信息技术课是为了让学生从小能够认识信息技术工具,逐步掌握运用这些工具,并从小培养他们获取信息的意识和能力。教师也会把这些工具运用到其他课程中,进行辅助教学等。有的教师把教学内容制作成课件形式,然后学生通过计算机选择合适的内容和进度学习语言、地理、数学、绘图艺术等。加拿大小学中这种把信息技术工具广泛地运用于其他课程中的做法产生了良好的效果[1]。

实际上,利用科学技术协助学习不仅提高学生的学习效率,也可以改变学生的思维方式,很显然,改变学生传统的思维方式对"个性化"学习所发挥的作用也是不言而喻的。[2]

第三节 加拿大基础教育教学流派（方式）和教学方法

一、教学标准

在加拿大,关于什么是好的教学有许多的阐述,但都大同小异,根据安大略省皇家学习委员会(1994)对好的教学的界定和研究者的总结,好的教学的标准大致可以归纳为6个方面,每个方面有若干指标,具体如表6-4所示。

---

[1] 吕明.今日加拿大小学教育的特点[J].外国教育研究,2003(6).
[2] 卓泽林.走向高标准的个性化学习:加拿大英属哥伦比亚省最新教育计划的解读与启示[J].基础教育,2012,12(6).

表 6-4　理想的教学标准

教育观和学生观	• 喜欢教学职业 • 关心学生,关心学生的学习,了解、熟悉学生 • 以明确的教育目标为工作指南 • 能够得到学生的尊重和信任
学科知识	• 通晓所教的学科,知识面宽 • 能使学生对其传授的学科知识产生兴趣、理解和掌握重要的知识和技能
管理能力	• 能成功地组织和管理学生的学习 • 能在维持管理权威与建立平等和睦的师生关系之间保持平衡 • 有组织能力,公平、一致、灵活,愿意倾听,有清楚合理的规则和期望要求
反思精神	• 善于不断反思自己的工作、想法和知识 • 喜欢学习,能在教育生涯中持续不断地学习
合 作 性	• 与他人合作,包括同事、家长及其他社区成员
教学方法	• 知道怎样教学,能对学生进行有效的教学 • 掌握多种教学技术 • 了解学生学习和思维的方式 • 了解特殊学生的学习需求

二、广义的教学方法

如果对加拿大教师的教学方法进行归类的话,可以大致划分为讲授法和发现法两大类。

通过讲授来教学是加拿大教学的传统方法,这种教学方法的含义是,教学是对知识、技能和价值观的讲授,是从权威发出的一个单向的信息传递,而接受者的任务是把这些信息尽可能准确地吸收进来,学生需要做的只是将教师所教的知识填充到自己的脑子里,学生是被动的知识的容器。讲授法曾经在很长一段时间中是加拿大的教学法传统,在公立学校教育产生后得到了加强。在这样的教学传统中,要求教师自始至终地教官方批准的课程,对所有学生的知识技能的掌握提出统一要求。

近几十年来,加拿大的学校教学中经常提到和用到探究法或发现法,这种教学方法在 20 世纪 60 年代时就在学校教学中运用。早在 1968 年,霍杰茨(A.B.

Hodgetts)就报告了对加拿大全国范围内进行的历史教学调查的结果:最好的课程是采用了探究法的课程。在这些课堂上,教师很少讲授,不让学生记笔记或使用问答练习卷。相反,学生在课前认真阅读所指定的材料。这些材料是他们需要知道的知识信息,其中提供了不同的解释和观点,提出了需要探究和思考的问题。上课时,在教师的指导下,学生对所阅读思考的材料进行讨论,讨论主要是在学生之间进行的。同时,教师对这个过程加以控制,在必要的时候提问,补充信息,纠正偏差,维持和推动讨论的进程。霍杰茨发现,在所有采用了这类教学法课堂上,课的组织是以研究问题开始或以观点而展开的,学生所研究的题目往往探讨得很深,不但了解了历史事件,而且学习了他们所需要的其他相关知识。霍杰茨的研究还发现,探究法对所有学生有利,甚至包括低能的学生。探究或发现的教学方法给学生潜移默化地传递的信息与传授法大为不同,它让学生意识到学习始于他们的已知。[1]

尽管当今教育界,对于传授法有很多的研究都是批评和质疑之声,但也有加拿大学者指出,传授法和发现法是两个主要的教学方法流派,两种方法都可以被用得很好或用得很差。发现法能够在教学中发挥作用,也是基于精心的准备和教学管理,同时,发现法对于教师的能力、素质等综合要求较高,也并非每一个教师都能将其灵活的应用在教学中。从另一方面看,这也说明传统的传授法有其存在的合理性。

三、加拿大教学新理念

1. 个性化学习(personalized learning)

个性化学习即"以学习者内在需求为核心,以每个学习者能力与个性的自由、充分、和谐发展为目标而实施的学习活动"。不列颠哥伦比亚省教育部部长乔治·亚伯(George Abbott)表示"通过个性化学习实现从优秀到卓越已经得到加拿大大多数行政辖区的认可。个性化学习为每个孩子,每个学生,每个学习者提供受到最好教育的机会"。

---

[1] 强海燕.中、美、加、英四国基础教育研究[M].北京:人民教育出版社,2005:322-323.

在不列颠哥伦比亚省,很多教师在教学中已经运用个性化学习的方法,但是这些方法常常被孤立的实施。要使这种方法达到更好的效果,还需要在全省范围内建立配套的流程、政策和框架,包括:

- 论证和建立有价值的个性化学习样本
- 重新认定学校、教师、学生和家长/家庭在个性化学习中的角色
- 验证建立个性化学习教学设计的关键作用
- 确保支持个性化学习技术的机会公平
- 在大范围实施前发展探讨和评估新方法的创新中心
- 利用建立在实证依据基础上的研究提高个性化学习实践的有效性
- 建立独立的教育体系,支持个性化学习实践
- 改善立法,增加灵活性和创新实践
- 促进学生学习、课程、教学设计、课堂教学评价和全省范围内评估之间的联系
- 根据每个学生的兴趣和能力,实施灵活而严格的课程,评估和报告实现重新定义我们的教育系统中的时间概念(如学校,学期或全年制课程)
- 建立支持和促进学生学习的信息和学习管理系统

在一个日益以学生为中心的教育系统,我们将看到一个更广泛的教学方法,注重学习的探索性。这些方法包括:

- 教师与学生成为共同的学习者,运用跨学科的方法和教师中的团队合作支持学生
- 学生有更多的时间去反思他们的学习以及为什么要学
- 教师帮助学生学习一般来说能够适应社会的课外的经验
- 社区和当地环境都可以当做教室
- 教师提供了现实生活中的问题,需要学生以团队合作的方法来提出各种解决方案
- 为学生提供各种方式去表述他们的所学

其实,这些教学方法都不是新的。无论是建构主义还是基于问题和基于项目的学习,以及其他所有的教学方法,都支持这样一个理念:儿童是天生的学习者,他

们具有与生俱来的学习能力。教师应该为他们提供与实践相关的学习经验。[1]

2. 自我指导学习(self-directed learning)

自我指导学习是个人通过努力,在任何时间、任何环境运用任何方法选择和带来的在知识、技能、才艺或个人发展方面的任何增进。与此相对应的是教师指导学习(teacher-directed learning)。两者都是学习的重要途径。教师指导学习是重要的,因为他是一种呈现新知识和练习本身的有效方法。自我指导学习是重要的,因为它使学生能够形成自己独特的学习方式,融技能发展和性格培养于一体,为他们终身学习做准备。自我指导学习要求学生有一种新的学习技能,在自我指导学习中学生逐步接受传统教师指导学习中的大部分教师操作,直到他们能设计并执行自己的学习活动。教师角色开始转变并变得更加重要、更加费力。采用自我指导学习需要有丰富的教学技能,包括训练技能、补习技能、引导技能和辅导技能。它意味着对教与学理解范式的转变。但这并不是在教师控制和学生控制之间做简单的选择。这两极之间还存在着很多阶段。

例如,教师指导学习是向学生传授有关飞行的知识,而自我指导学习是教学生如何飞行。当学生学会飞行的时候,他们就赢得了"飞行的翅膀"。他们在教室里研究,进行模拟试验,然后和飞行指导员在空中演习,直到他们掌握了单独飞行的知识和技能。当证实自己可以熟练飞行后,他们就可以飞往任何他们想去的地方。自我指导学习要向学生传授技能,要给他们提供指导自我学习生活所需的经验以及他们在生活中安全成功地单独飞行所需的知识。自我指导学习的教师,就像飞行指导员一样,当学生不再需要他们的时候,他们也就成功了。

自我指导学习不仅鼓励而且需要教师帮助学生寻找他们的爱好。在自我指导学习中,教师不仅激励学生追求卓越,同时也激励学生挑战自我——让自己尽可能地探索简单和熟悉之外的领域。自我指导学习不是在习题中结束,而是在行动中结束。它提倡学生尽可能在教室之外的世界中探索。教师更多的是给予学生权利,让他们自我引导,而对学生的直接引导不会很多。自我指导学习学生不仅独立工作,并且会与其他的学生和成人密切合作。他们承担着学习的责任,

---

[1] Personalized Learning in BC: Interactive Discussion Guide. http://www2.gov.bc.ca.

但同时面临着更多的挑战。

不管推行自我指导学习的教师采用什么方法,他们都会从一个完整的课程方案的发展框架中获益。以下是五个依次有序排列的基本要素,我们可以把它看作自我指导学习发展过程的基本步骤。

- 明确学生必须达到的学习成果(outcomes),以使课程或计划完整
- 创设适合达成课程结果的环境
- 教给学生成功实现课程结果所需的技巧和练习
- 与每位学生就他为成功实现课程结果和个人目标而制定的建议、合同或计划进行协商
- 设定一套到位的学生自我评价方法和监督学生进步的程序[1]

四、课堂中的教学方法

正所谓"教学有法,教无定法",在加拿大的课堂实践中,教师们运用了多种多样的教学方法。通过不同类型的方法,学生们进行着研究、辩论、模拟情景、实验操作等多种学习实践活动。

1. 教学方法一:任务型

教师的授课风格和具体技巧虽各有千秋,但在加拿大,中小学教师的授课方式有一个共同的特点,那就是"任务型"(task-based)的教学模式。课堂教学的每一个环节都明确学生应完成的任务,即通过学生的独立思考、小组合作等形式在课堂中完成一定的任务。加拿大中小学强调"学生在做中学"(learning by doing),强调学生的参与意识和亲自动手的能力。通过各种任务和实践活动,让学生对知识体系有一个深刻的感性认识,避免了死记硬背等低效的学习方法。课堂教学活动的组织主要以师生间的双边活动、学生间相互合作等形式为主,几乎看不到"满堂灌"或"填鸭式"教学。教师课堂教学的灵活性还体现在不拘泥于某一种模式或场地的大课堂活动。例如一堂生态学课程,上课地点设在了森林

---

[1] [加]Maurice Gibbons. 自我指导学习——挑战卓越[M]. 池春燕,季丹丹,任智霞,译. 北京:中国轻工业出版社,2005:20.

里,讲授有关"北极熊是怎样生存的"。教师要求学生亲自考察并解剖北极熊标本,并结合实际当场解答教师提出的问题。[1]

2. 教学方法二:合作型

"合作学习"已成为加拿大中小学课堂教学的主要构建模式(图6-6)。通过教师开展有组织的、愉快的合作学习,学生能够学得更多,学得更好。简单地说,合作学习就是指为了完成共同的学习目标而进行的小组集体学习,使每个小组成员都从中受益,最大限度地提高学习效果。教师发出指令后把学生分成小组,通过合作学习完成教师布置的任务并确保所有小组成员都成功地领悟和完成学习目标。所有参与者都必须为"我中有你,你中有我""我受益于你的成功,你受益于我的成功"的学习效果而努力。所有小组成员都必须同舟共济,集体的成绩来源于个人的努力和集体的智慧。

图6-6 合作型学习示例

---

[1] 王树志,"加拿大基础教育状况观察与思考". http://wenku.baidu.com/view/4c0d66bafd0a79563c1e72d5.html.

合作学习应满足以下五个条件：

- 积极的相互依赖性
- 面对面的深入相互交流
- 为了小组的共同学习目标，小组成员应履行个人职责和义务
- 充分运用有关人与人交往和小组合作的技巧
- 有效地对小组活动进行反馈和评估，以提高将来小组合作的效率[1]

事实上，合作学习是加拿大教育中用得最广、形式最多样、最灵活和最开放的教学方法，也是其他教学实施的基础。它既强调知识技能的培养，又强调社会技能的开发；既有简单的形式，如思考、分组讨论、展示结果，又有较复杂的形式，如分组调查，统计等。由于加拿大中小学的班级一般为25人左右，教师组织课堂教学活动相对比较轻松容易。全班学生往往被分成五六个学习小组。各小组成员互相讨论、共同汇报、分工合作完成老师要求学习的内容。教师作为课堂的组织者和教学活动的参与者，与学生一起共同完成本次课的教学任务，而不是只作为指挥者看着学生完成作业。

3. 教学方法三：实践型

"从做中学"（hands on learning）是美国教育家杜威在批判传统学校教育的基础上提出的教学基本原则。杜威认为，教学过程应该就是"做"的过程。在他看来，如果儿童没有"做"的机会，那必然会阻碍儿童的自然发展。儿童生来就有一种要做事和要工作的愿望，对活动具有强烈的兴趣，对此要给予特别的重视。"从做中学"也就是"从活动中学"，使学校里知识的获得与生活过程中的活动联系了起来。由于儿童能从那些真正有教育意义和有兴趣的活动中进行学习，那就有助于儿童的生长和发展。但是，儿童所"做"的或参加的工作活动并不同于职业教育，贯彻"从做中学"的原则，会使学校所施加于它的成员的影响更加生动、更加持久并含有更多的文化意义（图6-7）。

正是受到这种进步主义思潮的影响，加拿大的教育形成了这样的理念：学校的基础教育不仅仅是对学生进行基础知识的传授，更重要的是对其立足社会的

---

[1] 严济良.加拿大基础教育考察记事[J].基础教育,2005(1).

图 6-7 实践型学习

能力的培养,是学生走向社会的必要准备。因此,培养有社会适应能力、对社会有用的人,成为了加拿大学校基础教育的目标之一。因为具有这种能力的人,在面对当今世界高速发展的知识经济时代的国际竞争时,才能够成为有竞争力、有适应力、对社会有用的人。最明显的例子就是,几乎每一所学校都会开设家政课,而且还是必修课。家政课上,学生的学习内容五花八门,诸如烹调、缝纫、家用电器的使用和简单维护、房屋的简单修缮、如何做父母及喂养小孩等。这样,既培养了学生的动手能力,也培养了他们热爱生活、为社会做贡献的服务意识。

有研究表明"从做中学"似乎带来了直观的良好效果,也有研究记录了各种"从做中学"产生的始料未及的好处。但是,什么才是提倡"从做中学"所带来的更重要且更有价值的影响呢?通过在科学课题(science projects)中的动手实践,学生们能够更好地理解教学材料,当任务完成时产生成就感,并且能够更加容易地将实践经历在其他场景中进行转化。如果在动手实践的过程中使用了超过一种方法,这种信息能够更易于记住和利用。对于因语言障碍,听觉缺陷、行为干预等原因在学习上有困难的学生,"从做中学"让他们成为学习过程中的参与者,而不是旁观者。[1]

---

[1] "Easy Science Projects Best in Physics Chemistry Lab Institute". [2012-12-31]. http://www.teachcanada.net/26-easy-science-projects-best-in-physics-chemistry-lab-institute.

4. 教学方法四：社区型

在加拿大，注重建立学校与社区之间的紧密关系，是首要特征之一。在安大略省教育局的网页上赫然写着一句话："集学校和社会之力培养一个儿童。"这一精神具体体现在学校的办学宗旨和实际运作中。如加拿大多伦多市区的普乐小学（Pleasant School）就是一所社区学校，学校规模不大，但学生生源极为多样，有来自二十多个国家移民的子女。普乐小学从三个方面定位自身的办学使命。

（1）办学愿景："普乐小学应成为普乐社区文化与教育的心脏与头脑，引领社会文化教育的发展"。

（2）办学任务："与社区友好合作，一起创设优质学术中心，以确保社区全体居民都有高质量的终身学习环境，形成共同的价值基础，并让学生养成在多样化社会中生存的必要技能"。

（3）学校价值观："我们注重：伙伴关系、引领作用、有效合作、可信赖、安全、优秀学术、尊敬他人、团队合作以及公民精神。学校是学习的中心，强调相互尊敬，并尊重每个个体的价值，全校师生的行为是普乐社区行为的榜样"。

同时，普乐小学对社区的参与角色作了较为详细的说明。如学生父母在学校办学中的合作角色是：

- 学生父母一般是学校发展咨询委员会的重要成员
- 他们可参与筹集学校活动经费
- 父母志愿者可在学校图书馆、教室或其他领域帮助进行免费服务
- 父母可参与组织小吃节、比萨午餐、一年一度的节日活动以及一些特殊的课程活动等

社区和学校中其他人员在学校中的角色是：

- 社区志愿者和高年级学生参与帮助学生的阅读计划活动
- 父母志愿者参与学校数学能力增进方案
- 学校成立父母与家庭识字中心
- 与当地高中学生、约克大学（York University）学生和多伦多大学（University of Toronto）学生进行手牵手活动
- 全年提供家校伙伴方案，提供社会工作岗位和公共健康服务中心

这样的社区互动不仅仅体现在办学目标中,还落实在实际合作中,更是扎根于孩子们的心目中。在普乐小学,让人感叹的是社区居民作为英雄般的人物被孩子们所了解和欣赏。在这所小学的走廊上,两边墙上贴满孩子们的有关社区居民平凡事迹的报告:有社区过去和现在的送奶工、邮递员、马路工人、退休船工、幼儿园教师等。他们的名字、劳动的照片都一一报道于其中。孩子们因为这些社区的人们而自豪和骄傲,他们也因此会形成对社区的认同感、归属感和责任感。[1]

第四节 特色教学案例分析

一、加拿大不列颠哥伦比亚省教学案例

加拿大不列颠哥伦比亚省教育部课程部门颁布的《科学 K-7 年级综合资源包(1995)》,对小学阶段的科学课程的目标、教学策略、教学资源和教学评价,提出了明确、具体、系统的建议,它既是课程标准文件,又是操作性很强的科学教学指南。贯穿于各年级科学内容包括四个大的领域:科学的应用、生命科学、物理、地球与天体。下面就随机抽取某些课程内容来了解加拿大小学科学教学的教学策略。[2]

1. 案例一:生命科学——人体系统

(1) 课程内容:人体系统——呼吸系统,循环系统,感觉神经系统。

(2) 教学目标(期望的学习结果),学生将:

- 描述有机体的呼吸系统和循环系统的基本结构和功能;

---

[1] 卜玉华.加拿大基础教育"基础"之意蕴基于加拿大基础学校的考察[J].外国中小学教育,2011(11).
[2] 强海燕.中、美、加、英四国基础教育研究[M].北京:人民教育出版社,2005.

- 比较人与其他动物的呼吸和循环系统；
- 描述呼吸系统和循环系统的关系；
- 认识有机体的感觉神经系统的结构和功能；
- 比较人与其他动物的感觉神经系统。

（3）教学策略：身体系统的知识帮助学生理解健康的生活方式的重要性。学生测试和观察呼吸和循环系统的作用，认识其正常运转的必备条件；思考技术对健康的影响；做实验，探讨感官的特征；思考怎样使人的身体能够良好运转。

- 学生在大纸上画出身体轮廓图，标出呼吸和循环系统的器官和脉管，解释每一部分的作用；
- 在小组中，学生测量和比较下列活动的结果：体育活动前后的呼吸次数、心跳次数；肺活量；
- 学生用一个透明的塑料瓶和气球，做一个肺工作情况的模型；
- 教师邀请社区健康工作者来课堂讲解吸烟对呼吸系统的害处；
- 教师在教室布置一些学习区，学生在其中探索五官的特点，包括：色彩探测、盲点测试、瞳孔模型、视觉错觉和幻影、味觉试验、嗅觉、压力与触觉、听觉和声音辨析等。

（4）评价策略：学生能够通过多种展示（如模型、图表）来表现他们在呼吸、循环和感觉神经系统方面的知识。当学生在调查中进行预测、测量、记录和解释数据时，就证明了自己应用科学技能和科学过程的能力。

（5）知识点：学生能够通过以下活动表现和巩固其关于人体系统的知识。

- 用展览和口头说明，在空气中和在肺中的氧气是如何被输送到血液中，二氧化碳如何从体内排出；
- 在人体轮廓表上给循环和呼吸系统涂色和贴上标签；
- 在小组测验中，匹配相应的人体结构和功能。

（6）准确性：对这些活动的评价标准应该集中在信息的准确性上。准确的信息是：在系统之间结构、功能和关系的完整性；用准确的语言表达细节和具体的方面；切题；表达清楚，信息和概念的重点突出，能恰当地使用图表和模型。

（7）自我评价：教师用提问和启发来帮助学生反思和评价自己的学习，

例如：

- 你学到的三个最重要的想法是什么？它们之间是如何相互联系的？
- 从使你惊奇的内容中你学到了什么？学习中的哪些方面使你难以理解和记忆？你是怎样克服这些困难的？
- 列出两条你学过的关于健康生活的知识。

2. 案例二：社会和文化

（1）课程内容：社区支持；学校和社区的变化；不列颠哥伦比亚省社区的历史；不列颠哥伦比亚省和加拿大文化传统的多样性。

（2）教学目标（期望的学习结果），学生将：

- 描述社区成员互相满足需要的方式；
- 发现社区和学校在这一年中的变化；
- 描述不列颠哥伦比亚省不同社区的历史发展；
- 展示对不列颠哥伦比亚省和加拿大多元文化传统的认识。

（3）教学策略：通过参与各种活动和领域研究，学生学习和理解与社区、省、国家相联系的"变化"和"多样性"的概念。

- 学生与学校和社区的成员访谈，发现其从业与帮助他人的方式；通过角色扮演来展示他们对学校与社区成员作用的知识。
- 进行头脑风暴：生活在社区里需要什么？为什么这些需要是重要的？帮助学生对这些信息进行分类。
- 做一个能反映每月变化的时间表，记录学校和社区的变化。让学生搜集能描述每个月重要活动和事件的资料，如报刊文章、照片、墙报等。启发他们用这些信息填写每月变化时间表。
- 邀请学生、家长、社区成员分享对其文化传统有意义的故事或工艺品展览。
- 通过各种媒体或邀请社区成员（如土著或其他少数民族社区的、商业协会或当地博物馆的人员）来给学生讲当地社区发展的情况。根据这些信息，学生用印刷的、非印刷的和电子资源来展现自己关于社区历史的知识。
- 选另一个不列颠哥伦比亚省社区进行研究，讨论它的发展和变化。学生研究这些信息并以各种方式来展示(例如,壁画、壁饰)。

• 给学生安排笔友或网友,让学生创制一些广告宣传来给笔友或网友介绍自己社区的特征。当他们收到笔友或网友的回复时,让学生描述社区之间的不同。

(4) 评价策略:通过各种评价活动,检查学生是否扩展和延伸了他们对变化和多样性的理解,以及对社区的目的和作用的理解。

• 让学生用全年时间表的信息来拼贴宣传栏或墙报,展示一年中学校和社区的变化,在学校张贴墙报。让学生准备简短的总结,其中包括:在展示中想完成的任务是什么?学生自己的经验在拼贴作品或墙报中是怎样展现的?学生注意到的社区和学校的变化是什么?学生在准备展出时,学到或意识到的两件事是什么?教师应仔细观察学生发现和表达"变化"的准确程度。

• 小组学习,让学生对通过口头、视觉和书面资源获得的关于自己社区历史的信息进行搜集和排序。在小组会议上,观察学生的研究,评价以下方面的能力:从各种不同的来源中搜集和记录信息;准确地描述社区的历史发展;为从口头、视觉和书面来源中得到的信息进行符合逻辑的解释。

• 让学生创制一个象征物或象征符号以代表不列颠哥伦比亚省文化传统的多样性,让学生互相交流自己的创制选择,可以让学生互相问的问题有:你的象征物、象征符号与不列颠哥伦比亚省的文化传统的多样性有什么联系?你的设计对你的意义是什么?关于你的象征物、象征符号,你想让别人特别注意的两件事是什么?搜集这些创制品,注意学生表现出的意识到不列颠哥伦比亚省文化传统多样性的程度。

3. 案例三:政治和法律

(1) 课程内容:人们在社区中的角色、权利和责任;社区及地方政府部门的作用、功能;加拿大的象征符号。

(2) 教学目标(期望的学习结果),学生将:

• 阐述他们在社区的角色、权利和责任;
• 描述当地政府的功能;
• 解释加拿大象征物的意义。

（3）教学策略：为了扩大学生在大社会中的角色、权利和责任，通过研究项目、调查、访谈和听来访者报告，学生了解当地政府人员的角色和作用；学生也通过创制象征符号等活动来初步认识加拿大国家。

- 让学生形成"角色""权利"和"责任"的概念。接着让学生采访社区人员，了解社区成员对学生的角色、权利和责任的看法。然后在班上讨论这些看法是否公平、准确和恰当。

- 让学生在地方报纸上查找负责任的和不负责任的行为的新闻标题（例如，捐款和偷盗）。学生分组活动，给这些例子按负责任和不负责任来分类，判断分类的正确与否。

- 邀请地方政府官员给学生讲政府结构中的角色和责任。在报告之前，让学生准备相关问题或让学生编写问卷并用之采访当地官员或土著长者，与他们讨论角色责任。

- 班级进行研究，绘制展示地方政府结构的图案（例如，市政厅，第一民族社区委员会等）。

- 通过学生办墙报或编书，就当地政府官员的角色与其他班级分享。

- 学生考察加拿大政府象征符号的起源（例如，枫叶、蓝鼻子、海狸），然后创设一个加拿大的新象征物并说明其意义。

（4）评价策略：在学生参与的各种活动（访谈、研究、艺术品制作、调查等）中搜集学生对概念理解的证据。

- 当学生讨论和学习"角色""权利"和"责任"的概念时，看学生是否认识到自己的权利和责任；在与其他学生一起学习时，表现出自己的权利和责任；能够知道别人的角色、权利和责任。

- 让学生每人选一个角色、一个权利、一个责任，画出自己是如何在班级里履行这些角色、权利和责任的。学生给自己的画贴上标签，搜集学生的画作为评价材料，看是否能准确地解释自己的角色、权利和责任。

- 在学生做完研究和展示了当地政府结构图表后，看学生是否能准确地描述地方政府的作用，是否明白地方政府的角色。

- 当学生考察加拿大象征物的起源和创设新的加拿大象征物时，让学生评价自己的作品并用如下的句子来表达:"在我的加拿大象征物上,我最喜欢的是_____。"

"在加拿大象征物和我自己设计的加拿大象征物之间有三个联系_____。"

"我的象征物和加拿大象征物一样重要,因为通过_____,我可以使我设计的象征物比加拿大象征物更重要。"

4. 案例四:经济和技术

(1) 课程内容:货币的价值和使用;社区的相互依存性和发展;自然资源及其相关的职业;技术的影响;大众传媒对消费者的影响。

(2) 教学目标(期望的学习结果),学生将:

- 表现出对货币作用交换手段的价值和用途的认识和理解;
- 提出社区相互依存的方式;
- 描述不列颠哥伦比亚省不同社区在不同地理和资源条件下的发展;
- 认识各种职业对不列颠哥伦比亚省社区的贡献;
- 描述技术对个人和社区的影响方式;
- 描述大众传媒对消费者选择的影响。

(3) 教学策略:通过模拟、讨论和研究来探讨不列颠哥伦比亚省不同社区的经济、技术与环境的关系。当学生扮演消费者角色时,学生将自我与经济、技术相联系。

- 布置一个餐厅活动区,给学生不同数额的游戏货币,让学生在菜单上点菜,其价格不超过其拥有的"货币"数。讨论作为交换手段的借记卡和信用卡,交流花钱多少的不同影响。
- 每个学生选5件东西(玩具、服装等),发现其制造厂家,在地图上指出这些产品的产地。
- 调查具体的自然资源影响社区发展的途径,选择不列颠哥伦比亚省的一个社区来研究,让学生发现自然资源是怎样影响社区发展的,将这个社区与自己的社区相比较。
- 让学生用废旧材料创编一本职业书,并把有关职业领域的图片、报纸文章、研究信息加进去。学生也可以访谈有关人员,了解他们从事的职业所需要的技能和知识。

• 通过讨论和研究,让学生认识在社区中技术的使用情况。让学生创作一个时间旅行的动画,了解过去的技术和当前的技术(例如,自来水与从河里挑水;电灯和油灯)。

• 请学生把有关广告的例子带到教室,向学生调查他们最喜欢的和最不喜欢的广告,讨论喜欢与否的原因。如果可能,把广告与真实的产品相比较,讨论这些产品是否达到了广告的期望。

(4) 评价策略:在对学生就不列颠哥伦比亚省社区的经济、技术和环境的关系的认识进行评价时,要注意他们对变化、技术,自然资源和消费主义的概念的理解。

• 当学生"购买"餐馆活动区的东西时进行小组活动,进行网上绘图,描述货币的种类,人们从哪里得到货币,怎样使用,为什么使用,怎样储存,为什么储存。对学生在小组中的互动进行观察,注意以下方面:是否认识到人们获得钱的不同方式;是否在买卖活动中准确地认识货币的作用;是否表现出对货币作为交换手段的价值和用途的认识。

• 在学生采访了成人并了解了相关技能和知识后,让学生在班里报告结果。讨论某项工作所需要的技能和个人特长,认识这个职业对社区的贡献。用以下标准评估学生的发言:信息清楚、具体、准确;与工作有关的技能、态度和兴趣;展示出职业对社区的贡献。

• 在学生制作了时间旅行动画后,让学生做一个图表说明过去与现在的技术之间的相似性和不同及其对人的影响。搜集学生的图表,注意以下方面的能力:表现出对技术在历史发展过程中不断变化和更新的认识;能鉴别技术对人产生影响的方式;进行符合逻辑的比较。

5. 案例五:环境

(1) 课程内容:绘制简单的地图;不列颠哥伦比亚省和加拿大的地理;环境对人类活动的影响。

(2) 教学目标(期望的学习结果),学生将:

• 用主要的符号创制简单的地图,并能作出解释和说明;

- 认识并描述加拿大和不列颠哥伦比亚省的主要地形和河流;
- 能找出不列颠哥伦比亚省在全球、太平洋地区、北美以及在加拿大的位置。

(3) 教学策略:通过学习加拿大和不列颠哥伦比亚省的地理,扩展学生关于环境关系的知识,学生做物质环境的标志物,从事实地研究,并使地图来增长其对多样化环境的认识。

- 让学生用符号和简单的标记来画地图。
- 学生两人一组,进行虚拟旅游,根据地图向同伴介绍旅游地点。
- 通过讨论和使用操作性和艺术性的材料,作出地形模型图(山、谷、平原、岛)和水系(海洋、湖、海湾、河)。讨论共同的特征,形成班级一致的定义。
- 布置地形活动区,描述不列颠哥伦比亚省或加拿大的各种不同的环境(例如,海景、沙漠、三角洲、沼泽、雨林);鼓励学生仔细观察,发现其中的相似和不同。
- 到社区的河岸、山地或森林去体验不同的环境。
- 在小组中,让学生研究加拿大或不列颠哥伦比亚省的具体地区,用录像、电影、舞蹈、短剧、讲课等方式来展示他们的研究结果。展示也包括壁饰、模型、图表等。
- 让学生认识不列颠哥伦比亚省主要的山脉、河流和湖泊,用橡皮泥、黏土等做浮雕地形图。

(4) 评价策略:

- 在讨论了加拿大的各种自然环境后,让学生画出在这些环境中的人(如渔民、生物学家、摄影师),画出其对话泡泡[1],集中讲述环境是如何影响他们的工作的。注意学生对自然环境对人类活动影响方式的描述。
- 当学生考察环境问题时,在小组中讨论如何解决环境问题,注意学生是否能做到:认识环境问题;准确地描述环境问题对全球的影响;对环境问题得出

---

[1] 对话泡泡,是指在连环画中我们常在人物的头部上方或旁边画的对话框,里面写上人物说的话或脑子里此刻想的事。

合乎逻辑的解决办法;认识对当地和全球环境所应承担的责任。

• 学生测量家庭用水量,乘以全校人数或学区人数后。让学生做一个因果图表反映人类用水对环境的影响。在图表上让学生对这个信息写出自己的总结。注意学生在以下方面达到的程度:认识人类用水对个人、社区和世界的潜在的影响;总结人类用水对环境的影响;准确地显现水的使用的因果关系。

从以上几个的教学设计来看,加拿大学校的教学重视科学与生活的关系;强调学生从直接经验中获得知识和发展能力,这样的直接经验有:实验、调查、测试、观察等;鼓励学生用绘画、模型制作等不同的方式进行表达,既强调通过科学的探索,学习科学,又注重学习活动的儿童年龄特征,适当地使用游戏等。学习是在"做"中进行的,以学生的参与性活动为主。

二、加拿大安大略省教学案例

1. 案例一:多伦多普乐小学(Pleasant School)的一节幼儿随文识词教学[1]

这是普乐小学的一节幼儿园大班的识字课。课上,教师引导十几个幼儿随文识字,在教学过程中注意培养幼儿的主动思维能力。

第一步:打开书本,教师以吟诵的方式领读:

The ant goes marching one by one, hurch, hurch, hurch.

The ant goes marching two by two.

The little ant stops to take a dive.

第二步:教师停下来,指着"take a dive":

教师:what's meaning of this?

学生:have a swim.

教师:Very good.

第三步:她用纸片将 take a dive 盖住,问学生:

---

[1] 卜玉华.加拿大基础教育"基础"之意蕴基于加拿大基础学校的考察[J].外国中小学教育,2011(11).

教师:Can you image other actions of this little ant will do? Change it by other words.

学生:take a dive /climb the tree / have a drink...

这篇课文共6个片断。教师依此法,每个片断都要求让学生发言,让学生发挥想像力,整个教学过程生动而有趣,教师没有刻意教给学生东西,但学生已经在生动活泼的对话中内化了学习内容,并形成了能力。

2. 案例二:多伦多怀雅逊学校一节八年级的地理课片断[1]

学生的课桌上放着一个甜瓜。首先,教师拿起一个完整的瓜,告诉学生可以把甜瓜看作地球。接着,他将瓜切成两半,告诉学生,其中的一半是水;再将另一半切成两半,又告诉学生,其中的一半仍然是水,另一半才是陆地;但陆地的一半不适宜人居住。于是,他要求学生先将可以吃的那部分瓜吃掉。学生摇摇头,觉得可以吃的瓜太少了。教师告诉学生,这是地球发展的事实。接着,教师让学生根据刚才的认识,用百分比的方式,将上述的几种关系呈现出来。于是,学生便在自己的作业纸上勾勒出了这样的关系:

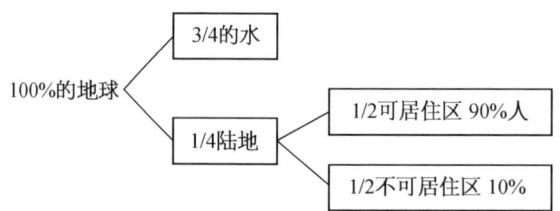

如果按照传统讲授式的教学方法,教师完全可以直接把这节地理课呈现给学生,而且可能会得到更为准确的数字或更为规范的表达。但是,教师却采用了直观导入的方式,然后动手让学生理解地球上的人数分布状况,可能意图不仅仅在于让学生了解人口分布与地球关系的事实,还在于让学生体验到地球的资源是有限的,人类应该珍惜它。

---

[1] 卜玉华.加拿大基础教育"基础"之意蕴基于加拿大基础学校的考察[J].外国中小学教育.2011(11).

三、加拿大阿尔伯塔省教学案例

案例：KWL 课堂模式：拉孔布高中（Father Lacombe High School）的初级读写课[1]

KWL 课堂模式代表 What I know(已知)；What I want to know(想知)；What I have learned(得知)。在整个教学中，教师持续不断地引导，让学生用已学知识完成各项任务，以期达到教学目标。

教学主题：Halloween

教学单元：party、invitation

教师在黑板上写着：

K：trick or treat, candies are given out children, children wear dress up clothes, costumes, ghosts, pumpkin, monsters, skeleton, animals. masks, witches, Oct. 31;

W：Why do we celebrate Halloween?

　　Why do the children get dressed up in scary costumes?

　　Why do people give the children candy?

　　Why are the costumes so expensive?

　　Why do they show scary movies?

　　Why do people put skeletons outside their homes?

　　Why do we celebrate it in the fall?

L：In the past, people would dress up to keep the spirits away from them.

　　Oct. 31 was the last day of summer.

　　"H" means... Evening the day before.

　　All Saint Day in the Catholic Church on Nov. 2 (All Soul's Day) people would ask for "soul cakes" and then pray for the dead people's soul.

接下来教师带领大家：

---

[1] 吴应实.值得借鉴的课堂教学模式 KWL——加拿大研修有感[J].福建教学研究,2009,4.

(1) 动手做 Halloween 面具。

(2) 教师讲一段有关 Halloween 的故事。然后问学生是否听懂了,其中有哪些生词。教师边问,学生边答,教师边在写字板上写出生词,边画简图边加以说明,以此导入"庆祝"单元的教学。

(3) 阅读课文"Celebration(庆祝)"。然后教师问学生:What else do we celebrate?

(4) 教师接着把学生的回答逐一写在写字板的"K"栏上,然后让每个学生逐句朗读。如:

Celebration:

We celebrate Canada Day on July 1.

We celebrate Valentine'S Day on February 14.

We celebrate Thanksgiving Day in October.

Senior Girls Volleyball Team won last night against Ernest Manning. We celebrate.

Bak's uncle is getting married in the summer,when it is sunny outside. We celebrate.

Mrs Smolk's brother is getting married in April. We celebrate.

Mary's cousin is getting married in January. We celebrate.

(以上句子全部是学生来源于生活实际的回答。)

(5) 由"celebrate"单元引入"party"单元。让每一个学生从班级的图书中找出与 Party 有关的书,人手一本翻阅,然后让每个学生说出自己最喜欢的 Party,老师也说,再把大家说的句子写出,一起朗读。如:

Parties:

Mary's favourite party is a birthday party.

Bak's favourite party is a wedding party.

Barbara's favourite party is a pizza party.

Ms Smolka's favourite party is a costume party.

(6) 由 Party 引入 Invitation(请柬)。老师在黑板上示范一张请柬,告知应有哪些内容、怎样写,然后让学生学着写,大家再互相交流。

(7) 朗读课文"It's a Party"。

(8) 学生分组互问互答(Group work):

What is your favourite party?

What's your favourite festival?

(9) 最后朗读并讲解课文"Festivals and Celebrations"。

这课堂主要体现了头脑风暴、团队合作、自我展示、交际互动等教学方法。在课堂中,主要是启发、引导、激励、鼓励,引导学生由K、W一起走向L。

基于加拿大的多元文化构成"和而不同"的基础教育理念,加拿大基础教育阶段的教学体现出特有的风格和方式。从教学环境到教学组织,从教学流派到教学方法,"多元、实用、协同、共享"贯穿始终。多元化是加拿大基础教育的重要特征,教室桌椅的灵活布置,对新移民子女在文化融合过程中所进行的教育,混龄班教学等,都体现了其多元化的一面。将教学资源视为学习内容的一部分,其配备注重实用性,很多教室具有多重功能,实行一室多用。学时根据各省教育部门的要求略有差异。坚持小班教学,以满足"学生为中心"的需要,有效提高教学质量。此外,加拿大基础教育在社会协同和资源共享上具有示范性。其社会工作者也可以参与教学,教师随时随地都可以通过网络向学生传授知识和技能。本章还通过丰富的教学案例更加直观地展示加拿大基础教育教学特色。

第七章

加拿大基础教育质量评价与监测

第一节 学校(日常学习)层面的评估与评价

以加拿大安大略省为例,2010 年安大略省教育部印发的《不断成功:安大略省学校评估、评价与报告》(*Growing Success*: *Assessment、Evaluation and Reporting in Ontario Schools*,图 7-1)规定,要求学校(教师)采用恰当的评价策略和方法,针对 1—12 年级学生在学校学习取得的学业成就进行评估与评价,其主要包括既有区别而又有关联的两个评价。一是对学生学习技能与工作习惯(learning skills and work habits)的发展做出评价,二是基于各学科课程期望表现标准对学业成就做出评估与评价。

图 7-1 安大略省 2010 年教育部印发的文件

一、评价策略和方法

1. 倡导形成性评价

加拿大中小学学校鼓励教师运用形成性评价对学生学习进行评价。形成性评价(formative evaluation)是相对于传统的终结性评价(summative evaluation)而言的。所谓形成性评价,是"对学生日常学习过程中的表现、所取得的成绩以及所反映出的情感、态度、策略等方面的发展"做出的评价,是基于对学生学习全过程的持续观察、记录、反思而做出的发展性评价。其目的是"激励学生学习,帮助学生有效调控自己的学习过程,使学生获得成就感,增强自信心,培养合作精神"。形成性评价使学生"从被动接受评价转变成为评价的主体和积极参与者"。

形成性评价是指在活动运行的过程中,为使活动效果更好而修正其本身轨道所进行的评价。形成性评价的主要目的是为了明确活动运行中存在的问题和改进的方向,及时修改或调整活动计划,以期获得更加理想的效果。

2. 运用评估新模式

加拿大多伦多大学的 Lorna M. Earl 博士是教育评价和评估领域的专家,她对评估的目的和意义以及相关概念进行了深入研究,进一步明确"对学习的评估"(Assessment of Learning)、"为学习而评估"(Assessment for Learning)和"评估即学习"(Assessment as Learning)之间的联系和区别(表7-1)。

(1)"对学习的评估"目的是通过收集和分析,在指定的时间点对学习进行总结,在既定的标准上对学习质量进行评估,并建立一个值来代表评估的质量。汇总的信息可以将学生的成绩传递给家长、老师、学生本人和其他相关人员。这种评估一般在一个学习周期结束的时候进行。

(2)"为学习而评估"是指不断的对学生学习的情况进行收集和分析,以期对学生基于某一阶段的学习、如何进行下一步学习和如何更好地完成学习机会进行决策。

(3)"评估即学习"是指发展和支持学生的元认知[1]的过程。学生积极参与评估过程,也就是学生监控自己学习的过程。

表7-1 三个概念的区别

对学习的评估 (Assessment of Learning)	评估即学习 (Assessment as Learning)	为学习而评估 (Assessment for Learning)
• 教师主导 • 明确下一步教学方法(教学策略和教学差) • 给学生提供描述性反馈(哪些方面做得很好,哪些需要改进以及如何改进)	• 学生主导 • 确定下一步学习内容(如学习策略和学习重点) • 给同伴(同类人员)和自我提供描述性反馈意见 • 目标是成为自我反思、监督、自我主导的学习者	• 教师主导 • 在指定的时间点,确定预期希望达到的学生成绩水平 • 通过实例支持专业评估,做出评价

---

[1] 元认知(Metacognition)一词最早出现自美国儿童心理学家弗拉威尔(J. H. Flavell)在1976年出版的《认知发展》一书。所谓元认知就是对认知的认知,具体地说,是关于个人自己认知过程的知识和调节这些过程的能力,对思维和学习活动的知识和控制。

通过研究并结合实践,Lorna M. Earl博士对传统的评估金字塔模型(图7-2)提出了挑战,并进行重组,形成新型的评估金字塔模型(图7-3),即将"评估即学习"(Assessment as Learning)作为塔基,然后上升至"为学习而评估"(Assessment for Learning),进而达到"对学习的评估"(Assessment of Learning)。

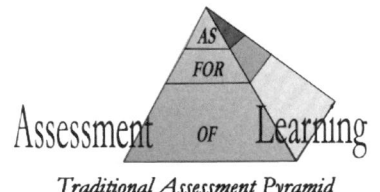

图7-2 传统的评估金字塔模型

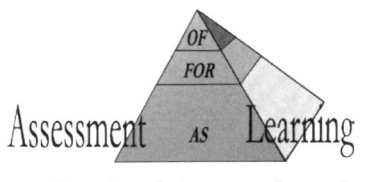

图7-3 新型的评估金字塔模型

在此基础上,Lorna M. Earl博士构建并细化了评估的过程模式(图7-4),作为加拿大开展学校对学生学习开展评估与评价的参考。

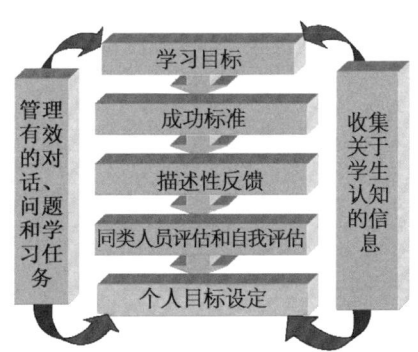

图7-4 对学生学习评估评价的模式图

二、学习技能与工作习惯发展评价

在小学和初中阶段培养学生的学习技能与工作习惯是至关重要的,它将影响学生未来的学习、工作与生活。在加拿大,教师不能强迫学生学习,也不能命令学生做家庭作业,只能引导、指导、培训。因此,尽早培养学生的学习技能和工作习惯非常重要。它能帮助学生自己决定学习进度,做好自我调控,这是保证取得良好成绩和全面发展的根本。智商再高的学生,如果没有形成必要的学习技能和习惯,也不利于他们持续、稳定的发展。

学习技能与工作习惯的评定包括6个维度,每一维度包括若干行为表现(表7-2),作为教师评定的依据。

表 7-2 学习技能与工作习惯(1—12 年级)

能　力	行为列举(学生能:)
责任感 (responsibility)	• 在学习环境中承担责任和义务 • 按照商定的时间完成并提交课堂任务、课后作业 • 对自己的行为负责和管理
组织能力 (organization)	• 设计并按照计划和流程以完成工作和任务 • 确定优先事项并管理时间以完成任务、实现目标 • 识别、获取、评价和作用信息、技术和资源以完成任务
独立工作能力 (independent work)	• 独立监督、评估、修改计划以完成任务,满足目标要求 • 适当利用上课时间以完成任务 • 在最小程度的监督下完成任务
合作 (collaboration)	• 在小组中接受各种角色并平等分享 • 对他人的想法、意见、价值观、传统做出积极的回应 • 通过个人和辅助的互动建立健康的伙伴关系 • 与他人合作以解决矛盾,达成共识以实现小组目标 • 分享信息、资源和专业知识以促进批判性思维,解决问题,做出决定
主观能动性 (initiative)	• 为学习找出并执行新的想法和机会 • 展示创新能力,愿意冒险 • 对学习产生好奇和兴趣 • 以积极的态度迎接新的任务 • 为自己和他人的权力做出适当的判断和支持
自我控制能力 (self-regulation)	• 确立个人的目标并监督实现过程 • 根据需要找到说明或帮助 • 对自己的优势、需求和兴趣做出批判性地评估和反馈 • 明确学习机会、选择、策略以实现个人的需求和目标 • 遇到挑战时要坚持不懈并做出努力

教师根据上述评价指标对学生学习技能与工作习惯的发展做出评价,评价结果分为 E(excellent 优秀)、G(good 良好)、S(satisfactory 满意)和 N(needs

Improvement 需要改进)四个档次。评价结果既是教师向家长汇报的重要依据,也是学校与家长沟通的基础。

三、基于表现标准的学业成就评价

随着课程教学改革的不断深化,结合当地的实际情况,各省教育与培训部根据课程标准中的课程期望和表现标准,设计并完善基于表现标准的学生学业"成就评定表",并体现在各学科最新课程标准中,成为最新课程标准(2007年版)亮点之一。"成就评定表"的主要作用和特色如下。

1. 主要作用

(1) 提供各学科共同的评价框架,基于各学科课程标准中的各学年的学习期望要求,构建一个共同的评价框架;

(2) 指导教师开发评价任务和工具(包括标准);

(3) 帮助设计教学计划;

(4) 协助教师为学生提供更具意义的反馈;

(5) 为评估和评价学生学业成就提供所需的各个维度指标(例如,思维能力,应用知识的能力等)。

2. 特色之一:涉及学科全面

"成就评定表"涉及小学(1—8年级)艺术、法语(作为第二语言)、健康与体育、语言、数学、本国语、科学与技术学科;中学(9—12年级)艺术、商务研究、加拿大和世界研究、经典和国际语言、英语、英语(作为第二语言)、法语(作为第二语言)、身体与健康教育、生涯指导教育、数学、本国语、科学、社会科学和人类学、技术教育学科。

3. 特色之二:再次明确相关概念和术语,突出评价的作用

明确提出评估和评价的主要目的是促进学生的学习,强调通过评估获得的信息不仅可以帮助教师判断学生在达成每一年级课程期望目标时表现出的优点和不足,还可以指导教师调整课程和教学方法以符合学生的需要,进而评估课程和教学的总体效能。其中,评估是从各种资源(包括作业、日常观察、交谈和讨论、展示、项目研究、表现和测试)中获取信息的过程,这些信息源能准确反映学

生在实现课程期望目标过程中表现如何,作为评估的一部分,教师要为学生提供叙述性的反馈意见以指导他们努力改进和提高;评价则是根据制定的标准,对学生学习质量进行判断的过程,并赋值来表现其质量的高低。在安大略省的学校中,1—6年级采用等级分制,而在7—8年级采用百分制。

4. 特色之三:评价框架结构合理、条理清晰,方便教师理解和使用

表7-3为小学(1—8年级)各学科评价框架,中学(9—12年级)的评价框架与之类似,只有用百分数代表不同水平,即50%～59%(水平1),60%～69%(水平2),70%～79%(水平3),80%～100%(水平4)。小学和中学评价框架中的水平3代表省及水平。

表 7-3　评价框架

	水平 1	水平 2	水平 3	水平 4
知道和理解 评价细目 评价细目	成就表现具体描述	成就表现具体描述	成就表现具体描述	成就表现具体描述
思考 评价细目 评价细目	成就表现具体描述	成就表现具体描述	成就表现具体描述	成就表现具体描述
交流 评价细目 评价细目	成就表现具体描述	成就表现具体描述	成就表现具体描述	成就表现具体描述
应用 评价细目 评价细目	成就表现具体描述	成就表现具体描述	成就表现具体描述	成就表现具体描述

此评价框架在具体学科中通过作为课程标准的一部分而体现。表7-4是安大略省科学与技术课程(1—8年级)(2007年修订版)中的学生学业成就评定表。通过具体描述,可以帮助我们更好地理解评价框架的特色。

为确保评估和评价既能做到有效、真实,又能利于改进学生的学习,同时结合学科特点,在各科课程标准中,还为教师提供了11条评估和评价策略。

(1) 强调学生学到了什么(内容)的同时,还要知道他们学得如何;

表 7-4 成就评定表(1—8 年级科学和技术课程)

	水平 1	水平 2	水平 3	水平 4
知道和理解——在每一年级获得具体学科的内容并理解其意义和重要性				
	学生			
知道有关内容(如事实,术语,定义,一些工具、设备和材料的安全使用)	知道有限的内容	知道一些内容	知道相当多的内容	知道全部的内容
理解有关内容(如概念、观点、理论、原理、程序、过程)	理解有限的内容	理解一些内容	理解相当多的内容	理解全部的内容
思考和探究——运用批判性和创造性思维以及探究和问题解决技能和(或)过程				
	学生			
运用启动和计划编制技能和策略(如明确问题,拣出难点,提出假设,排出日程,选择策略和资源,制定计划)	有限地运用启动和计划编制技能和策略	有效地运用启动和计划编制技能和策略	相当有效地运用启动和计划编制技能和策略	非常有效地运用启动和计划编制技能和策略
运用过程技能和策略(如开展和记录,收集证据和数据,观察,安全地使用材料和设备,维持平衡,校正)	有限地运用过程技能和策略	有效地运用过程技能和策略	相当有效地运用过程技能和策略	非常有效地运用过程技能和策略
运用批判性/创造性思维过程、技能和策略(如分析,解释说明,问题解决,评价,基于证据形成和证实结论)	有限地运用批判性/创造性思维过程、技能和策略	有效地运用批判性/创造性思维过程、技能和策略	相当有效地运用批判性/创造性思维过程、技能和策略	非常有效地运用批判性/创造性思维过程、技能和策略
交流——通过各种形式传达意图				
	学生			
以口头、视觉和/或书面形式(如图表、模型)组织和表达一些想法和信息(如清晰的表达,有逻辑性的组织)	有限地组织和表达一些想法和信息	有效地组织和表达一些想法和信息	相当有效地组织和表达一些想法和信息	非常有效地组织和表达一些想法和信息
以口头、视觉和/或书面形式与不同的对象(如同伴、成年人)进行不同目的(如通知、劝说)的交流	有限地与不同的对象进行不同目的的交流	有效地与不同的对象进行不同目的的交流	相当有效地与不同的对象进行不同目的的交流	非常有效地与不同的对象进行不同目的的交流

续表

在口头、视觉和书面形式的交流中使用相关学科的惯例、词汇和术语(如符号、公式、科学的标注、国际单位)	有限地使用相关学科的惯例、词汇和术语	有效地使用相关学科的惯例、词汇和术语	相当有效地使用相关学科的惯例、词汇和术语	非常有效地使用相关学科的惯例、词汇和术语
应用——在各种情境中利用知识与技能				
	学生			
在常见情境中应用相关知识和技能(如应用概念和方法,使用器材和技术应用科学的调查技能)	有限地在常见情境中应用相关知识和技能	有效地在常见情境中应用相关知识和技能	相当有效地在常见情境中应用相关知识和技能	非常有效地在常见情境中应用相关知识和技能
将知识和技能(应用概念和方法,使用器材和技术应用科学的调查技能)应用到不熟悉的情境中	有限地将知识和技能应用到不熟悉的情境中	有效地将知识和技能应用到不熟悉的情境中	相当有效地将知识和技能应用到不熟悉的情境中	非常有效地将知识和技能应用到不熟悉的情境中
将科学、技能、社会、环境相联系(如评估科学技术给人类、其他生物以及环境带来的影响)	有限地将科学、技能、社会、环境相联系	有效地将科学、技能、社会、环境相联系	相当有效地将科学、技能、社会、环境相联系	非常有效地将科学、技能、社会、环境相联系
提出采取实际行动的建议,以处理和应对与科学、技能、社会、环境相关的问题	有限地提出采取实际行动的建议	有效地提出采取实际行动的建议	相当有效地提出采取实际行动的建议	非常有效地提出采取实际行动的建议

（2）基于知识与技术以及成绩评定表中列出的成绩水平描述指标;

（3）为学生提供各种各样、阶段时间内、设计好的机会以全面展示他们的学习;

（4）采用适当的学习活动、教学目标、符合学生的需要和经历;

（5）公平对待全体学生;

（6）满足学生的特殊的教育需求,与他们的个人评价计划保持一致;

（7）满足学生语言学习的需要;

（8）确保每位学生得到清晰的改进指导;

（9）提升学生开展自我评价和建立具体目标的能力;

(10) 利用学生作品的实例作为成绩评价的证据;

(11) 在新学年开始阶段以及其他适当的时期与学生和家长进行明确的交流与沟通。

另外,加拿大教育部门鼓励教师运用多种评价方法,包括纸笔测验、口头交流、任务表现等。同时,为了将先进、完整的评价理念落实到课程教学中,帮助教师有效开展评价活动,为基于表现标准的评价提供丰富资源,政府鼓励一些大学或科研机构与中小学教师合作,共同开发推动学生和教师的共同发展的评价项目和方案。其中,历时多年且颇有影响且的有"科学与技能成绩评价项目"(Assessment of Science and Technology Achievement Project,简称ASAP)。该项目是由YORK/SENECA数学、科学与技术教育学院自1999年开始开展的项目,有12个学区参加,他们基于并选取1—8年级课程标准中期望学生获得的重要的科学知识和技能,尤其是科学探究、技术设计、解决实际问题的技能,设计贴近学生生活实际的表现性任务,明确任务的具体要求,提供评价任务完成情况的进行评价的具体指标和细目,从多个维度评价学生的科学技能,搜集并分析学生在完成任务过程中的表现,录制成光盘,作为评价资源分享。每个案例包括任务描述、安全提示、学术任务单、教师信息单,以确保任务的完成和成果评价,并在实践中不断修改、完善评价方案和案例。本书作者在加学习访问期间的导师之一 Dr Graham Orpwood 正是 ASAP 主要负责人之一,因此,有机会对此项目的开展做了全面的了解,案例举例见本章第五节。

四、评价成果的报告与呈现

从2010—2011学年开始,安大略省所有公立学校全面使用修改后的新版成绩报告单,包括初等阶段课程报告单(1—6年级)、初等阶段省级报告单(1—6年级和7—8年级)以及省级中学报告单(9—12年级)。

1. 报告内容

所有形式报告单的共同之处是包括两个最主要部分,第一部分为学生的学习技能与工作习惯发展评价,第二部分为学生各科学业成就评价。另外还包括教师评语、学生的意见、家长的意见。

学生学习技能与工作习惯发展评价的结果以等级形式呈现，分别为 E (excellent 优秀)、G(good 良好)、S(satisfactory 满意)和 N(needs Improvement 需要改进)。

学生学业成就评价结果在不同学段有不同要求。1—6 年级学生的学科成绩采用等级评定，7—12 年级采用百分数评定(表 7-5)。

表 7-5　成绩评定水平与等级制和百分制之间的转化

成就水平	评定等级(1—6 年级)	百分制(7—12 年级)
4+	A+	95～100
4	A	87～94
4-	A-	80～86
3+	B+	77～79
3	B	73～76
3-	B-	70～72
2+	C+	67～69
2	C	63～66
2-	C-	60～62
1+	D+	57～59
1	D	53～56
1-	D-	50～52

教师根据前两部分的成绩评价，对每个学生写出评语，在充分鼓励的同时，提出学生在某个方面突出的特点，同时也提出学生今后努力的方向和具体的改进建议。同时，在报告单的最后部分，也有学生对本学期或学年的自我评价栏，同时还有家长意见栏和签字栏。教师和校长也要在报告单上签字。

2. 报告时间

分学期的课程报告时间在每年 10—11 月为期中报告，1—2 月为期末报告，3—4 月为另一学期的期中报告，6 月为期末报告时间。不分学期(学年)的课程在每年 10—11 月为第一次报告，3—4 月为第二次报告，6 月为期末报告时间。

3. 与家长会面

在加拿大家长与教师沟通的方式包括通电话、发邮件和家长会等，最常见的是家长会。一般在成绩报告单发放之后，学校会组织集体家长会，也会通过教师预约每位家长见面的形式,在放学之后与每个家长面谈。对家长来说,这是非常好的机会,能让家长充分了解孩子在学校、课堂的表现,也是让老师了解家长、家庭教育的机会。但往往每个家长会谈时间只有10～15分钟,因此,最好提前准备,先和孩子进行交流与沟通,并认真阅读成绩报告单,在和老师交流之前,对孩子取得的进步和存在的问题有比较客观的认识,并且能和孩子达成共识,该表扬的表扬,需要提高的部分指出目标。与中国的学生家长会采用集体会议的方式不同,一对一式的面谈方式能够最大程度地保护学生的隐私,尤其是对于存在某些问题的孩子。这种会谈方式更有针对性,更易畅所欲言。

第二节 省级层面的评价与监测

加拿大各省根据自己的情况和特点,对教育质量采取了多样的评介与监测策略,并在实施中不断改进完善。

一、不列颠哥伦比亚省教育质量监测

不列颠哥伦比亚省主要针对学生的知识、理解和能力进行评估。主要包括:

1. 教室评估

教室评估也是一种日常评估。教师通过联系卡,家长会和其他形式的交流不断向学生家长反馈学生的学习进展和学习成果。

2. 省级考试

在十年级、十一年级和十二年级,学生要参加5个学科省级考试。

3. 基础技能评估(foundation skills assessment)

不列颠哥伦比亚省的这项学生学术技能的年度评估不是为计算学生成绩,而是旨在帮助提高学生成绩。包括阅读理解、写作和算术。评估每年开展,对象是公立学校和政府资助的私立学校的四年级和七年级学生。

4. 国家和国际评估

通过不列颠哥伦比亚省学生参加全国和国际评估,帮助比较不列颠哥伦比亚省的教育体系在加拿大和国际上的水平。

二、阿尔伯塔省教育质量监测

加拿大教育部长理事会主席、阿尔伯塔省教育部长杰夫·约翰逊在阿尔伯塔省级学业成就测试(Provincial Achievement Tests,简称 PAT)和文凭考试项目(Diploma Exam Program)声明中说:"随着我们建设阿尔伯塔省,实现教育愿景工作的继续,省级评价仍是不可或缺的组成部分。它推进教育体系的稳步发展,为学生学习提供支持。省级学业成就测试、文凭考试项目都是阿尔伯塔省教育形式的一种,如同家长、学校、督导、校长和教师一样,是评估学生是否达到省级标准的一种方式。"阿尔伯塔省的省级评估主要包括省级学业成就测试和文凭考试项目两种。省级学业成就测试的对象是三年级、六年级和九年级的学生。

它的目的是:

(1) 确定学生是学习他们期望所学的;

(2) 向全省提供学生在指定学习内容中已经达到省级标准的报告;

(3) 协助学校、机关,乃至全省监督和提高学生的学习。

省级学业成就测试每年开展,三年级包含法语语言文学和数学,六年级和九年级包含法语语言文学、数学科学和社会学。九年级考试成绩基于知识和就业能力项目(knowledge and employability programs),对英语语言文学、数学科学和社会学进行测试。对法语和法语浸入式课程(french immersion programs)学习的学生,也提供数学、科学和社会学考试的法语翻译。

同时,省级考试也会为有学习障碍或身体残疾的学生合理安排考试,让他们参加省级考试时,尽其所能。这也是加拿大基础教育公平性和尊重文化多样性的体现。

省级学业成就测试的目标是根据三年级、六年级和九年级学生成绩和相关省级标准提供全省教育概况。因此,省级学业成就测试通过管理手段,确保测试都可以覆盖大多数三年级、六年级和九年级的学生。

文凭考试项目对象是十二年级的学生。文凭考试项目在为阿尔伯塔省学生提供世界水平的高中文凭中起着重要的作用,与此同时,也推进阿尔伯塔省实现激励教育的愿景和价值观。新学年,将变更文凭考试的管理,旨在保持卓越教育体系的同时提高机会,实现公平和公正的选择。

三、安大略省教育质量监测

安大略省的教育评估与课程紧密结合,政府于1996年成立教育质量和问责办公室(The Education Quality and Accountability Office,简称EQAO),并在近20年中成为一个世界级的大型评估机构。该机构负责管理和参与国家和国际评估项目,并对全省公布评估情况,为安大略提高学生学习提供有价值的服务。

安大略省级考试主要通过四个关键阶段评估知识和技能的积累:

(1) 三年级(文学和数学测试);
(2) 六年级(文学和数学测试);
(3) 九年级(数学测试);
(4) 十年级(毕业所需的文学测试)。

安大略省级考试重点在基于安大略课程目标中的阅读、写作和数学技能。这些技能是其他领域学习和毕业后生活的基础。

第三节　国家层面的评价与监测

最能体现加拿大国家层面的教育评价与监测项目莫过于"泛加拿大评估项目"(The Pan-Canadian Assessment Program,简称PCAP)。加拿大教育部长理事会(CMEC)认为,此项目是目前能全面反映出"加拿大教育系统是如何满足学生和社会需要的"。该项目通过汇总学生在数学、阅读和科学的周期性评估成绩,为各省和地区监测课程设置、提升评估手段提供依据。由于加拿大各学校的计划因地区而异,使得比较的结果较为复杂。但是,这些评估仍旧有助于检验全加拿大学生在同一时期的学业水平是否相当。

一、泛加拿大评估项目(PCAP)的发展

加拿大教育者一直致力于研究如何让加拿大的教育体系更适应学生和社会的需求。2007 年,在加拿大教育部长理事会组织下开展了第一次评估,称为"学校成绩指标计划"(School Achievement Indicators Program,简称 SAIP)。此前,该指标计划自 1993 年就一直存在。2007 年,各省对 13 岁和 16 岁学生的成绩进行评估。从 1993 年到 2004 年,SAIP 的评估共进行了 9 次,每个核心科目(数学、阅读和写作)分别测试了 3 次。测试是用英语和法语针对随机抽取的学生进行的。

2003 年,加拿大教育部长理事会认识到,一个新的泛加拿大评估项目对于反思课程变化、整合各个行政辖区的国际评估结果,允许对数学、阅读、科学核心科目的测试是十分必要的。加拿大教育部长理事会还认识到,过去强调的行政辖区评估已经被国际化评估取代。而 PCAP 恰好符合这些目标的需要。加拿大教育部长理事会批准了新的泛加拿大评估项目。此外,每次评估都会侧重于一个学科,大多数学生都会参加这个学科测试。当然,其他两个学科也需要评估,而这两个学科的受试者数量较少。通过这种方式,PCAP 提供的结果包含数学、阅读和科学全部学科。通过 PCAP 项目,各行政辖区能够对 13 岁学生的成绩情况与加拿大其他行政辖区和国际进行比较。

二、泛加拿大评估项目结果

PCAP 和之前的 SAIP 类似,不是为了取代省和地区的评估,而是对其进行补充。由于随机抽样和 PCAP 评估的性质,这个评估也不是针对个别学生进行的成绩评估。在计划层面,加拿大各行政辖区可以根据 PCAP 和 PISA 的评估结果验证自己辖区的评估结果。样本规模的统计结果已在泛加拿大和各辖区层面获得认可。

2007 年春季,加拿大教育部长理事会组织开展了 PCAP 的第一次评估,此

次评估对学校和学生均是随机抽样。测试对象为 13 岁的学生,来自加拿大 10 个省和育空(Yukon)地区,大约 3 万名学生参加了此次评估。其中 15 000 人参加英语阅读测试,5 000 人参加法语阅读测试,75 000 人参加英语的数学和科学测试,2 500 人参加法语的数学和科学测试。

  PCAP 的阅读评估结果体现了三个层次,代表了学生在小学和中学学习中所获得的知识和技能的连续性。1 级代表学生未达到预期年龄组水平;2 级是达到 13 岁年龄组的平均水平;而 3 级代表了成绩高于预期年龄组水平。加拿大教育部长理事会在泛加拿大和行政辖区层面对于 11 个参与评估的省和地区公布了评估结果(图 7-5)。其中魁北克省的阅读评估成绩(526 分)高于全加拿大平均水平(500 分),安大略省的成绩(502 分)与全加拿大平均接近,其他省和辖区的成绩则低于平均水平。

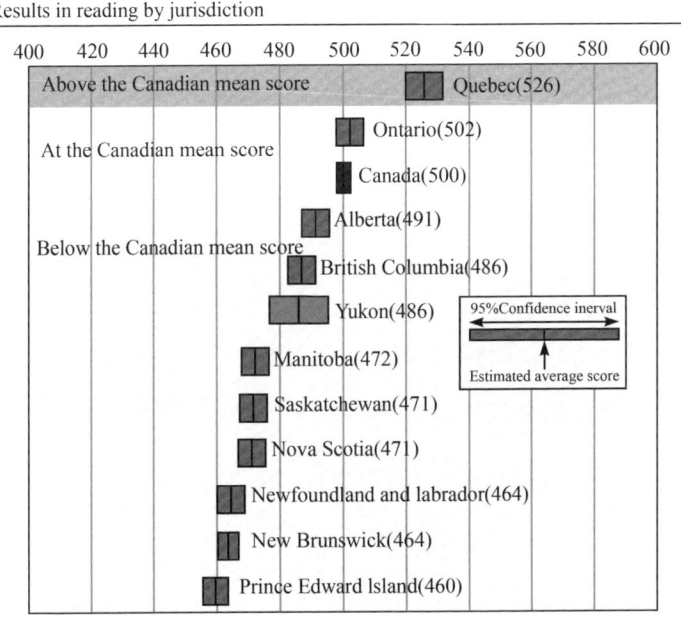

图 7-5 2007 年 PCAP 阅读评估结果

  阅读是 2007 年 PCAP 评估的重点,主要结果有:

  (1) 总体而言,加拿大 88% 的学生阅读水平达到该年龄组预期水平的 2 级以上。

(2) 魁北克省学生的平均成绩明显高于加拿大学生整体水平,安大略省的学生则基本与平均成绩持平。

(3) 就阅读而言,女生的平均成绩明显高于男生。

(4) 在阅读达到 3 级水平的学生中,女生的比例高于男生。

(5) 在数学和科学评估中,男生和女生的平均成绩没有明显差异。

三、泛加拿大评估计划(PCAP)科学评估框架

在 2013 年的泛加拿大评估计划(PCAP),科学成为评估的主要领域,阅读和数学都是次要领域。对于 PCAP 评估目的,科学领域涉及八年级学生学习的三种能力和四个子领域。三种科学能力包括:

1. 科学探究能力

理解在科学中如何运用科学探究,为自然现象提供基于证据的解释。

2. 解决问题能力

运用科学知识和技能解决社会和环境中的问题。

3. 科学推理能力

在对涉及科学、技术、社会和环境问题进行决策和处理时,通过运用知识和技能能做出科学的推理和联系。

四个子领域包括:科学的本质、生命科学、物质科学和地球科学。

为分析学生的观点,PCAP 科学评估强调对科学相关问题的关注,对建立在事实依据基础上的知识给予尊重和支持,以及可持续发展和管理意识。

第四节 国际层面的评价和监测

加拿大一贯重视参加一些国际评价项目,以了解本国学生的表现,并通过与

其他国家评价结果的比较,发现自己存在的不足,以采取更积极的态度进行改革和完善,实现促进学生发展和提高教育质量的最终目标。

一、国际学生评估项目

国际学生评估项目(Programme for International Student Assessment,简称 PISA)是针对年龄为 15 岁的学生在技能和知识上进行评估的国际评估项目。它是经合组织成员国共同协作的成果,对于促进学生、学校和教育体系顺利发展的一系列因素提供了信息。PISA 包含三个领域:阅读、数学和科学。为了确定评估的内容,来自经合组织成员国的专家们针对每个领域进行了定义,用以指导评估。

(1) 阅读素养是指为实现个人目标和潜能,深化知识,融入社会,具备对书面材料的理解、应用和反思的能力。

(2) 数学素养是指在个人、工作和社会生活中对基于数学构建的、相关的和反思的任务进行识别、理解、数学实际应用和合理判断的能力。

(3) 科学素养是指为理解和顺应自然界,并通过人类活动改变自然所具备的使用科学知识发现问题并得出合理结论的能力。

尽管每次评估都要包含三个领域的内容,但是侧重点却有所不同。例如 2000 年,与数学和科学相比,更注重阅读;2003 年,数学则是评估的重点;2006 年,科学成为评估重点;2009 年,阅读重新成为评估重点;2012 年,数学又成为重点。在 2015 年的评估计划中,科学将成为评估重点。评估重点的变换会定期产生更新的数据,有利于比较研究更趋国际化和与时俱进。

PISA 作为一个国际评估项目,它把技能作为衡量教育过程的主要成果。与得到测试结果相比,评估更关注于受到义务教育的青少年使用知识和技能应对现实生活挑战的能力。

1. 加拿大的参与

国际上参与 PISA 项目的国家逐年稳步增长,由 2000 年的 32 个国家/经济体到 2003 年 41 个,2006 年增至 57 个,2009 年增至 65 个。在 2012 年这个最新的 PISA 周期,共有 65 个国家/经济体参与,其中包括 34 个经合组织成员国。

至 2015 年，大约 70 个国家/经济体计划参加。自 PISA 成立以来，加拿大就已经联合加拿大教育部、就业和发展部和加拿大统计局参与其中。加拿大 10 个省份参加了评估。1 000 所学校的约 20 000 名学生用英语或法语参与 PISA 的每一个评估。学校和各校的学生是随机抽择的。除了两个小时的阅读、数学和科学的直接考核，加拿大学生要完成一份对自己和家庭背景的调查问卷，包括信息和通信技术，以及他们在学校的经历、工作活动、以及与他人的关系。校长需要完成一份单独的调查问卷。如此大样本的评估结果可以为每个省，以及为遍布在新斯科舍省、新不伦瑞克省、魁北克省、安大略省和马尼托巴省的法语和英语学校提供参考。PISA 只是对全加拿大和省级进行评估，评估结果不针对个体学生成绩和学校。

此外，在 2012 年，PISA 又新增两个领域：计算机能力素养和金融素养，这两个领域成为一些国家的必选内容。就加拿大来说，在 2012 年，仅仅增加了计算机能力评价。在 2015 年，相比数学、阅读、协作解决问题的能力（在少数省，金融素养也纳入其中），科学再次成为 PISA 评估领域的重点。2015 年，PISA 也将实现评估过程的计算机化。

2. 加拿大 PISA 结果

PISA 的评估结果产生了深远的影响。加拿大在 PISA 项目的参与中，开始关注学校的教育质量，国家也增加了中小学公共教育资源的投入。中学毕业所学到的技能是未来进一步学习和适应社会和经济挑战的基础，PISA 评估对象时 15 岁的学生，根据他们所学的知识和技能，对于他们未来是继续深造还是进入劳动力市场开始工作提供指导。对于教育工作者，政府，社会政策分析和 PISA 拥护者来说，PISA 评估的结果也很有价值。正如解读社会经济等因素对于教育成功的影响一样，PISA 评估结果的对比分析也有助于评估现行方案和做法的有效性。

相比国际水平，加拿大在 PISA 评估中表现突出：
- 2009 年的阅读素养评估，仅在中国上海、韩国、芬兰和中国香港之后
- 2006 年的科学素养评估，仅在芬兰和中国香港之后，位居第三
- 2003 年的数学素养评估，仅在芬兰和中国香港之后

- 2000年的阅读评估,仅次于芬兰位居第二

2012年PISA评估包含三个主要领域的技能和知识,对象超过50万名学生,包括21 000名加拿大学生和900所加拿大学校。除阅读和科学外,评估重点是数学。在2012年的阅读和科学评估结果中,加拿大也位于参与国家和经济体的前列。只有4个国家在阅读评估中优于加拿大,有7个国家在科学评估中位于加拿大之前。在2012年的PISA评估中,通过对最高和最低学生水平之间差距的评估,评估学生表现的均衡性。加拿大在此方面也脱颖而出。这一监测结果很好地体现了加拿大各省教育体系相对均衡,基本实现了他们在课程改革中的提出的理念和目标。

2013年12月3日,经合组织公布了一项重要的国际研究结果,加拿大学生在数学、阅读和科学领域评估显示出高水平。经合组织的报告指出,加拿大15岁的孩子的水平远高于经合组织平均水平,特别是在数学领域。在65个国家和经济体参与评估中,只有3个经合组织国家和6个非经合组织国家和经济体的表现优于加拿大。加拿大教育部长理事主席,阿尔伯塔省教育部长杰夫·约翰逊说:"我非常高兴的是,加拿大青年在数学关键领域的表现依然具有全球竞争力。数学是当今信息和技术无处不在的经济和社会的本质要求。我们的成绩表明年轻的加拿大人在高中教育阶段达到了他们迈向成功所需要的算术能力。"

通过PISA结果分析,发现加拿大各省的不同表现:

(1) 魁北克学生在数学领域表现尤为突出,并可与高水平国家和经济体的评估结果不相上下。

(2) 不列颠哥伦比亚省的学生在阅读和科学领域表现非常出色。

(3) 阿尔伯塔学生在科学领域表现不凡。

(4) 平均而言,加拿大各地,数学成绩因性别不同而呈显著的变化。男生优于女生。这种情况与其他大多数参评国家相似。而在科学上,男生和女生的表现是相似的。

(5) 无论是在加拿大,还是国际上,在阅读领域,女生依然遥遥领先于男生。对于通过计算机进行的评估,男生和女生之间的差距较小。

(6) 在数学领域,加拿大学生的评估结果显示出学校语言体系的差异:在大多数情况下,就读于常规语言学校的学生表现优于在少数民族语言学校的学生。

3. 加拿大对 PISA 评估的展望

对于 PISA 的评估结果,加拿大教育专家一直在不断地总结、研究和思考。2010 年 11 月 30 日至 12 月 1 日在北京举行的首届教育监测与评估国际研讨会上,加拿大教育部长理事会协调员皮埃尔先生(Pierre Brochu)对加拿大 PISA 2006 年评估结果进行总结时特意指出:加拿大不仅从 2006 年的 PISA 结果中看到了自己的优势,也同时看到了加拿大所面临的挑战和值得特别关注的问题。

在 2012 年 PISA 评估结果公布后,加拿大的教育者也发现,尽管加拿大学生在 PISA2012 做得很好,但结果仍反映出需要对一些领域进行持续关注。虽然在整体数学成绩上加拿大名列前茅,但随着时间的推移,也出现下滑趋势。科学与阅读成绩多年来都没有提升。

约翰逊表示:"在下降趋势面前,不管多么小,我们都不能自满,通过我们的议会,各省/区教育部长们通过各种来源的数据开始关注,并已开始讨论提高计算能力的最佳方法。学生的成绩和卓越的教学将是我们在 2014 年加拿大教育部长理事会的首要议程。我们将共同努力,确保加拿大的学生不仅保持 PISA 评估良好成绩,还应随着时间不断提升。"

二、其他国际教育质量监测项目

除 PISA 外,近些年来,加拿大还积极参加了其他国际机构组织的教育质量评价与监测项目。

1. 国际成人能力评估调查项目(The Programme for the International Assessment of Adult Competencies,简称 PIAAC)

PIAAC 是由经合组织牵头实施的国际性调查,该调查主要针对 16—65 岁成年人,旨在对成年人社会生活方面的能力进行评估。在加拿大就业和社会发展部、加拿大教育部长理事会和其他联邦机构和部门的共同协作下,加拿大各省和地区均参与其中。2012年加拿大各省和地区的参与数据由加拿大统计局负责统计。

2. 国际计算机和信息素养研究(The International Computer and Information Literacy Study,简称 ICILS)

ICILS 是由国际教育成就评价协会(International Association for the Evaluation of Educational Achievement,简称 IEA)[1]建立的新的国际性项目。ICILS重点是对八年级学生了解、理解和能够利用信息和通信技术(ICT)的程度进行评估。加拿大于2013年春季首次参加ICILS评估,有2个省参与了此次评估,加拿大教育部长理事会也协同参与。

3. 数学师范教育(The Teacher Education and Development Study in Mathematics,简称 TEDS-M)

TEDS-M是针对教师教育的国际比较研究,重点研究小学和初中数学教师的配备。加拿大4个省参与此项研究,同时加拿大教育部长理事会也协同参与。

4. 国际阅读素养进步研究(Progress in International Reading Literacy Study,简称 PIRLS)

PIRLS也是国际教育成就评价协会的研究项目之一。该计划每5年对学生的阅读能力以及和阅读相关的政策和实践进行评估。它的评估对象是四年级的学生,平均评估年龄是9岁半。尽管2001年和2006年,加拿大只有少数几个省参与,但到2011年,该项评估已经成为首个全加参与的项目,9 各省参与其中,且加拿大教育部长理事会也协同参与。

---

[1] 国际教育成就评价协会成立于1958年,总部设在荷兰阿姆斯特丹,是世界各国与教育相关的政府部门、教育研究机构或大学的联合会,主要从事基础学科如数学、科学、阅读的学习成绩的比较研究或者对某国教育政策的影响进行评估,基本目标是在深入分析和理解教育系统的基础上,最大可能提升学生的学习效果。截至2010年,参加过国际教育成就评价协会研究项目的国家已经达到90多个。目前在国际上影响最大的两个评价项目是国际数学和科学趋势研究(TIMSS)和国际阅读素养进步研究(PIRLS)。国际数学和科学趋势研究关注4年级和8年级学生的数学和科学成就,每4年测试一次,从1995年开始测试第一次,2007年有59个国家、425 000名学生参与。测试工具包括学科试卷和调查问卷两部分。国际阅读素养进步研究关注4年级学生的阅读素养,每5年一次,从2001年开始第一次测试。在2011年,PIRLS和TIMSS两大国际评估首次同年进行测试。无论是上述哪一个项目,它们都有如下共同特点:根据年级,而非年龄选取测试对象,基于课程但不局限于此,提供有价值的信息等。

5. 国际数学和科学趋势研究(The Trends in International Mathematics and Science Study,简称 TIMSS)

TIMSS 是由国际教育成就评价协会发起和组织的国际教育评价研究和评估活动,重点关注四年级和八年级学生的数学和科学成就,每 4 年测试一次,从 1995 年开始测试第一次,2007 年有 59 个国家、425 000 个学生参与。

总之,从多层面、多角度、多形式开展评估和监测,不但有利于了解学生的学习效果和教师的教学效果,还可以把脉省市、国家教育质量以及在国际中的位置,以及时调整和完善教育政策与实践。

教育质量评价与监测是一项复杂工程,从体系结构、评价指标到具体操作都需要做到完整、精细和严谨。加拿大在基础教育质量评价方面的主要特点包括:形成学校、省级、国家层面、国际层面的四维(级)评价与监测体系,全方位了解学生、学校、不同省(市)、全加的表现及其在全球中的位置;制订不同学段详实、具体的评价指标,以期望要求、标准、报告等形式呈现在政策建议、课程标准、评价工具、成绩反馈中,为评价者提供统一、精细的评价工具;注重学生能力评价,开发设计多元评价策略和方法,不断改进完善评价手段和工具,以做到公平、全面评价学生的发展;从政策制订者到教师高度重视各级评价结果,及时从各自工作的领域中做出干预、调整和改进,以最终实现促进学生的发展、提高教育质量的目标。

根据世界经合组织(OECD)公布的 2012 年 PISA(国际学生成绩评价项目)报告(此轮评估重点是数学)显示,来自加拿大 900 所学校的 21 000 名学生的水平远高于经合组织平均水平,特别是在数学领域,在 65 国家和经济体参与评估中,只有三个经合组织国家和六个非经合组织国家和经济体的表现优于加拿大,这无疑与加拿大注重基础课程建立起课程评价体系与监测密不可分。

第八章

加拿大基础教育教师发展

第一节　教师培养体系

加拿大在国家层面没有统一的关于教师队伍建设的宏观政策,但各省对教师队伍的建设非常重视,都有全面而详尽的教师培养、培训及管理等一系列政策,并一直与时俱进地根据社会的变化和发展定期进行修订。希望通过教师队伍素质的不断提高,为本省及国家的经济、社会发展培养人才、储备力量。各省基础教育阶段的教师政策虽然是根据自身的特点和需要制定的,但是,各省的教师政策差异不大,较为统一。总体来说,加拿大基础教育教师培养和培训体系具有完善、开放和灵活的特点。

加拿大没有专门培养教师的师范院校。教师需在完成高等教育之后继续攻读相关的教育学专业课程,获得资格证书。

加拿大学生如果希望将来从事教师职业,并不需要在大学入学之前就作出决定,而可以在进入大学或毕业后以后再考虑。申请教师资格的程序主要有以下几个方面:一是申请者大学期间学习成绩应当比较好,平均分在"B"以上;二是要进行个人陈述,即由申请者阐述自己申请教育学学士学位准备将来做教师的动机和对教师这个职业的认知;三是必须提供与工作经验相关的两封推荐信(如果有相关的教师职业经验,如当过教师或当过志愿者更好)。加拿大各省都有一些非营利机构帮助指导未来的教师迈出接受职业教育的第一步。例如,位于多伦多的安大略省教师教育申请服务中心(TEAS)是一个非营利性机构。它主要是向希望就读省内大学教育学院(系)的人员提供入学申请服务,同时还为这些人员在如何利用信息资源决定是否选择教师职业、如何择校、如何准备申请一次成功等诸多方面提供建议。各省的大学入学申请中心和一些大学的教育院(系)也有类似机构。

一、加拿大教师的培养机构和课程

1. 培养机构

加拿大各省对教师任职前的学位教育和职业教育(pre-service vocational education/training)都有详细的规定。各个省区主要高校的教育系都开设教师培养课程。一般情况下,在完成大学本科课程的同时,根据各省的要求,选修一定数量的专门的教师培养课程和完成一定量的实习课程,就可以申请教师资格证书。以安大略省为例,凡在安大略省各个公立中小学及职业院校任职的教师必须完成四年以上的高等教育,取得相应的学士学位或证书后须继续在安大略省各高校开设的教师培训课程接受最少一年的教师培训教育。除全日制课程之外,安大略省有些学校还开设了可供大学学生攻读学位时同时选修的教师培训课程。教师培养课程一直随着社会的发展而变化。不同的项目课程时间也不同。2008年以来,由于经济不景气,失业率较高,教师这个职业越来越受到欢迎。而且教师的工资及福利待遇都不错(一般全职年薪为4万~8万加元),工作也比较稳定。所以加拿大教师队伍后备力量很充足。据安大略省教育学院网页上发布的信息,安大略省有2万人左右具有教师资格证者,新任教师供大于求的状况,使得学校教师职位紧缺,很多人没有机会获得正式教师的职位,只能做代课教师,甚至一直没有找到相关的教学机会。面对新任教师供大于求的现状以及现代社会对教师更高的挑战和要求,安大略省政府宣布,自2014年起,教师培训课程的时间将延长至2年。如果要在安大略省中小学任教,学生完成教师培训课程之后还要到安大略省教师学会(Ontario College of Teachers)申请教师资格证书并注册成为该学会的会员。

2. 培养类型和层次

加拿大教师的培养划分成不同的类型。主要有以下几类:一是普通教师培养,二是职业教师培养,三是原住民教师、宗教学校教师的培养,四是特殊教育教师的培养。

加拿大普通教师培养课程通常由专业知识和技能学习以及实习组成。教师课程除了要求学生学习小学、中学的基础知识,如数学、英/法语、写作、社会等科目外,还加入了大量教学法、心理学和方法论的知识。根据将来的教学对象,教师学习的年限和课程也不同。学生选学教师课程时,就必须明确选读哪个阶段的教师课程,是小学、中学、还是高中。例如,小学教师的培养,要求必须学满大学4年,取得大学学士学位和教育学学士学位。在加拿大小学六年级之前,基本上班主任就是各科任课教师,所以小学教师的培养一般不分科,基本采取包班制,小学开设的所有课程,应该都能教授。中学教师的培养,目前采取双头授课制,要求学生毕业后每个年级的课程都能教,且具备教授两门以上课程的能力。初中教师需有一项专长,学习3～4门相关课程。高中教师需有两项专长,至少要选修6门相关课程,且至少要学满4年。小学教师若想当初中教师,初中教师若想当高中教师,都必须增加相关课程的学习。

职业技术技能课程教师的培养与普通基础学科教师培养的要求不同。例如,安大略省共有5个培养职业技术教师的课程。这些课程对申请人的学业背景和工作经历都有要求,必须是完成安大略省高中以上学历教育,具有5年以上相关专业工作经验和丰富知识、有志于从事职业技术教学工作的人才具有申请资格。此类教师培养的课程针对申请人实际操作经验丰富、但理论知识相对薄弱的特点,强调培养对理论知识的掌握和理解,同时加入了教学法、心理学等内容,帮助这部分来自工业和企业的职业技术人员尽快掌握教学方法,能够成为合格的教师。

加拿大是一个多民族的国家,多元文化的特征非常明显。加拿大人口中除原住民印第安人以外,还有来自世界各地的居民,不同的民族、不同的肤色、不同的语言、不同的信仰、不同的生活方式,带来了教育的多元性和教师结构的多样性。因此,不同的学校对教师就有了不同的特别要求。例如,在宗教学校,教师必须是相应的宗教信仰者;在原住民印第安人的学校,教师也有相应的文化要求。学生要到这些类学校任教,还必须选学相应的课程并进行实习。

近年来,加拿大比较注重原住民教师的培养,从而提高在职教师中土著教师的比例,这是加拿大政府的一个政策,也是由加拿大特殊的历史原因决定的。从19世纪晚期到1996年,大约有15万原住民的子女入住全加拿大130所寄宿学校就读。1996年最后一所寄宿学校才关闭。寄宿学校的目的是"开化"原住民儿童,教他们英文或法文,将其转换为基督教或其他教徒,结束其传统生活方式。

在这些学校里,大量印第安、梅蒂斯和伊努伊特等民族的儿童受到包括性虐待在内的各种身心伤害。2008年6月11日,加拿大总理哈珀在议会众议院正式向原住民寄宿学校受害者道歉。当时,哈珀在长约15分钟的全国电视直播讲话中说:"土著儿童在寄宿学校的遭遇是我们历史上悲伤的一页。(当时)有人企图借用那句声名狼藉的话,'把印第安文化消灭在娃娃阶段',这个政策是错误的,造成了巨大伤害。我们对此深表道歉。"今天,在原住民保留地担任基础教育的教师大多都是原住民的后裔。在此类教师的培养中,除了常规的课程设置之外,还加入了很多原住民历史、风俗、文化等方面内容,以便更好地尊重原住民文化,服务当地社区。

针对有特殊需求的人群,开设特殊教育的教师培训课程,培养教师为盲人、失聪、智障等有特殊需求的学生提供适当的教育。

3. 培养课程

在加拿大,要完成教师课程培训,必须经过比较系统且贯穿职前教育全程的教育实习。一年级进行社区实习,主要是观察中小学校课堂、了解社区、参加社区和中小学校活动等;二、三年级每周安排1天的时间到中小学校实习,一般安排在9月至第二年的4月。学生在校期间必须完成90天的教育见习和实习。教育实习模式大多采取:我做(I do),你看(You watch)——我做(I do),你协助我(You help me)——你做(You do),我协助(I help)——你自己做(You do alone),我适时从旁协助(I help or assist)。加拿大对中小学校的实习辅导教师也有明确的条件和要求。例如,自愿担任辅导教师,必须有两年教学经历,能指导学生发现问题、解决问题,能有效地帮助困难的学生等。辅导教师需撰写学生实习报告,提出学生教育实习成绩建议等。加拿大大学的实习指导教师大多是由有经验的教师和退休教师组成,他们的主要职责是:组织召开实习讨论会,到实习学校帮助学生解决各种教学实习和生活问题等。每位实习指导教师一般负责20多名学生的实习指导工作。他们认为,一个好的实习指导教师是辅导员、是合作者、是学生的顾问。加拿大对学生实习成绩评定的主要依据是:

(1) 实习生整体的实习表现;

(2) 是否具有专业精神;

(3) 了解教学内容、掌握教学技巧的情况；

(4) 对学习困难学生的了解情况；

(5) 课堂教学组织、师生互动情况；

(6) 口头表达能力等。

不同的年级，教育实习的评估标准也有所不同、各有侧重。加拿大大学教育学院都有比较稳定的学生教育实习基地，实习基地的校长等也都有各自的职责，实习基地学校都把辅导学生实习作为自己的责任。

4. 培养模式

加拿大教师的培养模式丰富多样，概括起来主要有两种，一种是针对在校的大学生，另外一种是对已经大学毕业，或者已经从事其他的工作，但是希望从事教师职业的人。

在校大学生如果希望将来从事教师这个职业，他们可以根据自己的情况采取不同的方式来进行。通常有几种不同的模式可以进行选择(表8-1)。

表 8-1　不同的教师培养模式

模式	内　　涵
3+1 模式	学习3年完成规定的学分，并取得大学学士学位，再学习1年，取得教育学学士学位
5+0 模式	学习4年完成规定的学分，并取得荣誉学士学位，再申请教育学学士学位学习，取得教育学学士学位，需5年时间
3+0 或 4+0 模式	在进行本科3年学习的同时，申请教育学学士学位的学习，3至4年中同时取得大学学士学位和教育学学士学位

原来已经从事其他工作，为了当教师而申请教育学学士学位学习属于继续教育。一般有两种情况：全日制形式，采取全日制集中学习1到2年；兼职学习，需要3年或者更长时间。

二、加拿大的教师资格

1. 管理机构

加拿大中小学教育不属联邦政府管辖，而是由各省教育部门负责。自20世纪90年代中期，加拿大各省区陆续以立法形式设立了非官方的教师管理学院

(College of Teachers)，来管理原来属于政府职权内的中小学教师的资格审定，并实行自负盈亏的财务制度。这样既节约了政府机构中行政管理人员的工作负担，节约了行政开支，又强化了中小学教师资格的行业化、专业化管理。各省区教育部不再直接参与教师资格的审定和管理，仅通过立法方式宏观调控。教师管理学院借鉴医生和律师等行业管理的模式和经验，自主建立教师执照（即注册资格证书）制度，全面加强当地教师资格管理。尽管加拿大没有一个全国通用的基础教育(K-12年级)的教师认证体系，但是要在加拿大从事教师职业，必须具备高等学历，即拥有加拿大大学授予的本科或研究生学位，或具备国外同等学位。另外还要经过一年以上的教师职业培训，或者获得加拿大大学的教育学学士学位。修完这些专业和教师职业课程后，想从事教师职业的毕业生需到所在省的教师管理学院申请该省的教师初级职业资格证书。若想获得更高级别的资格证书，还要继续到各省教师管理学院认可的高校教师教育专业继续进修。教师管理学院会对每位申请人的教育背景、教学经历等进行严格审查，颁发相应级别的教师资格证书。该证书会明确指出该教师所能胜任的教学或管理内容。此外，在某个省获得的中小学教师资格证书通常只在本省区内有效，只有满足其他地区对其任教资格进行考评和认可的条件，获得当地教师管理学院颁发的教师资格证书后，才能在该地区谋求教职。

教师管理学院的职责明确，如审批、延续教师资格，建立健全教师业务进修培训制度，审定大学设置的教师培训机构的资格和教学大纲；制定和修订教师从业行为规范，并监督执行；受理各种有关教师违规行为的投诉，组织听证会，惩戒违规行为。但教师管理学院不负责教师聘任事务。持有教师执照的人能否聘任完全由各学区教育局按聘用教师的程序办理，学校来决定。保护教师福利待遇的责任则由教师工会负责。这种把教师资格认定与聘用分离，把处理教师违规行为与保护教师合法权益分离的体制促进了教师专业化发展，规范了教师队伍管理。

2. 资格审定

根据加拿大联邦宪法，各省之间在历史成因、文化传统和地域特征方面的差异，决定了彼此的教育体制和管理机制在诸多方面既有相似性又有明显的区别。

但总的要求是一致的。现以安大略省为例,剖析加拿大中小学教师资格的具体情况。

安大略省中、小学教师资格证书的申请人,至少要有教育学学士学位,或者必须在获得其他学士学位之后完成 2 年以上的本、专科教育学课程学习。并且安大略省教师资格证书仅赋予持有人在安大略省境内终身执教的身份和资格。

安大略省的教师资格认证在中小学分为四个教学阶段,即初级(学前班至 3 年级),低级(4—6 年级),中级(7—10 年级)和高级(1—12 年级)。安大略省教师管理学院要求所有注册教师能够胜任至少两个连续教学阶段的教学。选择初级和低级阶段的教师要能够教授小学阶段所有课程。选择低级和中级阶段的教师要能够教授中级阶段的所有课程,并且精通一门课程。选择中级和高级阶段的教师必须要精通中级和高级阶段的两门课程。在安大略省公立学校任职的教师都必须先经过安大略省教师管理学院的资格认证,成为安大略省教师管理学院的注册会员后,才能到公立学校求职任教。要申请教师资格证,申请人必须在安大略省教师管理学院认可的高校获得 3 年或 3 年以上的大学学位,并修完安大略省教师管理学院认可的为期 1 年的教师教育专业(包括教学实习,理论课程,教学法课程和其他基础课)的学习,获得教育学学士学位。此外,还要达到要求的英语语言能力。若想当小学教师,申请人在大学学习期间要主修 1~2 门小学教学大纲要求的科目如英语,历史,科学或数学。如想当中学教师,则要在大学里主修两门科目如英语和历史,数学和科学,音乐和数学等。如果要在中小学担任英语作为第二语言、法语作为第二语言、特殊教育、设计与技术等课程的教学,教师还必须在大学里选修相关课程,获得胜任某门课程教学的资格证书。

教师资格证书代表教师每年在安大略省任职的执照。安大略省教师管理学院每年在收到教师缴纳的会费后,给教师颁发新的教师资格证书。教师资格证书概括了教师的教学资历,列举了该教师的学位、教师教育专业的学习、基本资历和更高资历等四个方面的内容。基本资历是指教师已经成功地修完了所能任职的教学阶段(初级、低级、中级和高级)的教学法学习。更高资质指明了教师在完成职前教育后所进修的教学法或教育管理课程。新证书还会体现该教师在过去一年里所参加的提高业务能力的活动,如进修、研讨会等。

今天，一些教育工作者也在讨论教师是否需要每年都交会费之后，才能获得教师证。他们相信会费应当更低才合理。

3. 职业标准

在加拿大每个省区对教师都有非常明确的职业标准和规定。一般对教师的道德制定专门的标准，同时也会对职业实践做出详细的规定。教师职业道德标准主要阐明了教师在履行其职责所应具有的职业信念和价值观。教师职业道德标准(the ethical standards for the teaching profession)主要在于激发教师不断反思和保持从事教师职业的荣誉感，明确从事教师职业所承担的职业责任。同时，指导教师在日常工作中做出符合职业道德的决定和行动，并促进公众对教师职业的信任。教师职业实践标准(the standards of practice for the teaching profession)则明确了教师应具备的知识、能力和价值观。这些标准阐明了大众对教师职业的期望，也是指导教师的日常教学行为的准则。

加拿大每个省都有教师职业标准，其基本内容差异不大。以安大略省为例，分析教师管理学院制定的教师职业标准，即教师职业道德标准和教师职业实践标准的构成。

安大略省教师职业道德标准主要包括：

(1) 关爱(care)。包括为提升学生潜能所表现出的同情、包容、兴趣与洞察力。教师通过积极影响、专业判断和实践中的同理心，表达他们对学生福利和学习的高度责任。

(2) 尊重(respect)。核心是信任和公正。教师尊重人的尊严、情感健康和认知发展。在教师的职业实践中，教师以身作则，对精神与文化价值观、社会公正、隐私权、自由、民主和环境表示尊重。

(3) 信任(trust)。包括公正、开放和诚实。教师与学生、同事、家长、监护人和公众的关系应建立在信任的基础上。

(4) 正直(integrity)。包括诚实、可靠和道德行为。不断的反思有助于帮助教师在履行其职业义务和责任时做到正直。

这四项原则不仅代表了教师职业道德的核心，而且贯穿于教师职业教学标准。其核心标准就是教师对学生的学习和成长持诚心关注和全力投入的工作态度。

教师职业实践标准明确了在安大略省任职的教师应具备的知识、能力和价值观。这些标准阐明了大众对教师职业的期望,也是指导在安大略省任职教师日常教学行为的准则。该标准包括四个原则:

(1) 致力于学生和学生的学习(commitment to students and student learning)。教师要公平地对待和尊重每一位学生,并且了解影响每位学生学习的因素,帮助学生成长为一个合格公民。

(2) 专业知识(professional knowledge)。教师要不断更新自己的专业知识和教育理论,并能应用到实际教学中。

(3) 教学实践(professional practice)。教师要运用恰当的教学、评估等来设计日常教学,满足学生的不同需求,并促进学生的学习兴趣。

(4) 学习团体的领导作用(leadership in learning communities)和不断的专业学习(ongoing professional learning)。教师要帮助学生建立具有合作性、安全感、支持性的学习团体。在这个过程中,教师要意识到自身肩负的责任和领导作用。教师要认识到不断地学习、反思是提高自己教学质量的重要条件。

4. 教师聘任

加拿大对教师有规范的选拔程序和要求。首先,必须是加拿大公民或永久居民;其次,必须取得大学学士学位、教育学学士学位和教师任职资格;第三,必须经过学校面试考察,诸如是否了解当地文化,教学和研究能力,是否能为学生服务、是否能激发学生的兴趣、是否能培养学生的好奇心等。

一般来说,拿到教师资格并不代表就可以成为一个教师,只是拿到了一块"敲门砖",还有一段路要走。由于优厚的福利待遇,很多人都想成为全职(full time)的公立学校教师。但是能够成为公立学校的全职教师并不是那么容易。例如新毕业的学生在取得教师资格证以后,要先在学校做志愿工作,这个工作是没有任何报酬的,只有等到有职位空缺时,才能获得被帮助教师或学校的推荐信,再通过当地的教育局安排。新录用的教师试用期1~2年,试用期满后即可获得终身职位直至退休。所以几乎都要经历从志愿者到临时教师(part time)到长期教师(long term)到全职教师(full time)这样的一个过程。临时教师有时在这个学校,有时在那个学校,主要是顶替请假的教师。他们的工作时间一周不足5天,福利也要少很多。另外,对教师严重短缺的科目,有的省或学区也可以短期聘用没有教师资格但确有专长的人员。

加拿大的教育体系是每个地区都有自己独立的教育局,他们相对独立,每个地区教育局只针对自己区的学校招收教师。新毕业的教师把自己的简历发在各教育局内部使用的职位申请网站上面,等待挑选面试。新教师的优先权不是太高,一般学校有职位空缺时,会先在学校内部作调剂,或是退休返聘、聘请之前的代课教师等,之后,才把眼光投向新教师。而新教师能够得到一份代课的机会,是一个好的开头。目前,因为新教师失业状况比较突出,安大略省教育厅限制了退休教师返聘的工时数,以保障新教师有更多上岗的机会。

第二节　教师在职发展

除了对教师入职前的培养之外,加拿大各省更加重视教师入职后的专业发展和自我提高,即教师任职后的职业继续教育和培训或终身教育(in-service vocational education / training, or lifelong education)。随着国力竞争的不断加剧和知识经济的发展,加拿大越来越重视教师职业教育培训,不断加大在这方面的资金和人力投入,用以完善相应的培训体系、加强相关教育理论、政策导向和激励机制的研究。

加拿大教师的教育与培训也可以根据受训者是否接受全职培训,分为在职教育/培训和脱产培训;根据培训的目的和结果分为学历(证书 diploma)、学位(degree)教育,新技术、新产品推广培训,与教学管理技能或人文社会科学相关的专项培训,等等;还可根据受训者(trainee)的层次和培训者(educator / trainer)的来源进行分类。

近十年来,知识经济时代和信息社会中竞争的不断加剧使得继续教育成为人们重要的需求。越来越多的教师利用更多时间和资源接受继续教育和进修提高,规划自己的职业生涯。通过接受教育和职业培训,增进能力、丰富知识,成为适应社会、经济、文化发展的优秀教育者,并为这些发展培养高素质劳动者。

加拿大拥有多元化的教师教育与培训体系。大学、行业协会/联合会、相关的政府机构、其他非营利性私营(民间)组织(机构)、出版社、电子产品公司等,通过制定政策、颁布标准、提供正规教育或网络教育及信息资源、出版培训教材及应用软件等各种渠道和形式为教师提供教育、培训方面的服务。

由"加拿大各省/地区教育部部长委员会"(CMEC)以年会和不定期会议的形式负责协调、指导各地教育部门之间的工作,CMEC还与联邦和地方政府的有关机构(如统计局教育委员会,人力资源部教育委员会等)合作,在全国范围内展开调查统计、召开教育发展研讨会、制定教师教育/培训工作的指导性原则。

大学、社区学院、开放大学(网络远程教育学院、函授大学和广播电视大学)在教师的教育培训中起着不可或缺的作用。新斯科舍社区大学(Nova Scotia Community College)投入大量教学资源开设的高质量的课程,帮助教师尽快适应角色、有效提高教学质量。教师还可以通过开放大学的信息网络,免费利用其数据库参加在英联邦国家范围内进行的远程教育,获取所需的期刊、书籍、会议论文等资料,进行远程在线研修。

为了帮助教师了解世界,了解全球发展趋势和存在的问题,提高教师在这方面和多元文化方面的教学水平,新斯科舍省教师联合会会同省教育部、加拿大国际发展司(CIDA)共同实施了教师"了解世界"培训方案。

随着信息技术的发展,网络等多媒体以其具有互动性、更新快、容量大等特点,成为教师获取教育培训资源的主要载体。阿尔伯塔省教育部和国家电影公司合作开发用于课堂教学和教师培训的多媒体教育资源。教师资源网(www.teachers-resources.ca)为中、小学教师提供了数十个有益的网站,这些网站提供了教师教育与培训、课堂教学思想、备课、经验交流等各方面的信息资源。

除了数字化图书馆和高等教育机构,尤其是高校网络图书馆、网络远程教育学院等资源以外,政府部门、行业协会和一些出版社、网络公司也为教师的教育和培训提供数据库资源。当遇到问题需要找公共服务机构时,获得得学习技术网(The Node Learning Technologies Network, http://node.on.ca)为人们提供"问题"与相应的公共服务机构网站之间的直接联接。如需查寻加拿大境内的大学提供哪些利于教师职业生涯开发的远程继续教育课程,Node会帮你链接到The Canada Teacher's Course Finder 的网址。

教师培训注重理论与实践的结合和创新能力的培养。培训和学位教育本身就是对受训者在教学理念、教学方法、教学管理等方面的教育过程。加拿大高校很重视培训方法的改进。他们认为,教师和书本并不是知识的唯一源泉,学生和教师共同负有提高培训质量、获取知识和能力的责任,培训的目的之一是把学员各自的经验带来互相交流,变成大家的财富,达到经验共享。因此,在教学中注重加强教师和学生之间的互动性。在课堂上教师不做全面系统的满堂灌,而是提出要点,提供资料,引发学员思考。课堂教学在师生之间、学员之间相互提问,互相交流和研讨之中进行。这种教学把学员从被动式教育转变成主动寻求知识,大大调动了学员的主动性、积极性和创造性,使所学内容更加扎实、更加具有可操作性和指导意义。

为了培养解决实际问题的综合分析能力和决策能力,在教学中还采取案例教学的方法。信息和多媒体也被应用于案例教学中,既增大了信息容量,又锻炼了学生从大量信息中快速筛选出关键性资料的能力。

重视培训前期的工作和后续工作。一方面,为学员提供职业发展方面的咨询服务,帮助学员设计个人职业生涯发展战略,追踪了解培训效果以及他们在工作中取得的新成就、遇到的新问题,以利于改进教学、创编案例。另一方面,强化校友会组织,结成有影响的关系网,帮助培训期间在同一个专题学习小组或课题研究小组的学员在毕业后加强交流与合作分享经验。

在安大略省教育部和教师学会看来,教师是一个需要终身学习的职业,学生的成长是和教师的成长密不可分的,教师的终身学习对培养学生的终身学习能力会起到至关重要的带动作用。为此,安大略省采取了一系列措施保证教师入职后进行再培训,实现自我更新发展。首先,在立法上,安大略省出台了《教师学习计划》(安大略省98/02号法规)鼓励和要求教师进行在职培训。根据该计划,自2007年起,各教育局有责任为每名教师制订学习计划,设定其培训目标、培训计划及相应的时间表;同时,该计划还要求教师每年与校长共同讨论上一年学习计划的执行情况,提交学习报告,并据此与校长共同制定下一年度的学习计划。另外,教师的在职培训情况也是与教师的工资、提升等紧密相连的。

其次,在实现再培训的措施上,安大略省政府及教师学会开设了一系列培训课程,支持和鼓励教师通过不断的学习和培训获取更多的专业知识,取得更多的资格证书。除教师资格证书之外,教师通过进修和参加培训课程所取得的其他种类的资格证书被统称为其他资格证书(Additional Qualifications)。安大略省的教师培训课程主要包括基础资格课程、专业资格课程和校长资格课程三类。基础资格课程主要是指为新入职教师提供的培训课程。该课程是安大略省教师培养的延续,主要为刚刚从事教师工作的人群提供进一步学习的机会,培养其在教学、学生评估、课堂组织等方面的能力,使得这些刚刚进入教学岗位的教师更好地掌握专业知识和任课技巧,确保教学质量和水平。

专业资格课程包括某一科目的专业知识及教学实践的培训,培养教师针对某一特殊专业或学生人群的教学能力。同时,专业资格课程也注重教师的领导能力建设,注意培养教师作为学科带头人及项目协调员的能力,以及教师对某一专门学科、课程及领域的指导及带头作用。专业资格培训课程可分为三个阶段,只有具有教师资格证书并拥有一定教学经验的教师才可申请进入专业资格培训课程第一阶段的学习,只有完成第一阶段的学习,同时拥有一年以上教学经验的教师,方可进入下一阶段;第三阶段则要求教师拥有至少两年以上的教学经验。专业资格培训课程主要包括商务研究、信息管理、计算机科学、计算机在课堂的应用、小学教育、特殊教育等内容。

另外,根据一些项目、课程等的特殊需要,由相关专家或学区组织有关的教师培训,以保证项目的顺利开展。例如,根据环境教育的需要,安大略省建立生态学校(Ontario ECO Schools)项目,定期为参与生态学校建设的教师开展培训。本书作者通过参加他们的培训活动,亲身体验了互动式与参与式的培训方式,丰富的培训内容以及良好的培训效果,留下深刻印象。图8-1为多伦多教育局可持续发展办公室 教学主任 Dr Pam Miller 正在一所生态学校(Cummer Valley

Middle School, North York)组织全区项目教师培训,每次培训在不同的生态学校开展,包括学校生态展示活动,以便通过培训了解所有的生态学校是如何开展环境教育的。

最后,除了各类资格证书培训课程之外,安大略省教育部、教育局、教师学会、工会以及各种机构还会组织安排各种讲座、研讨会等活动。教育局会根据

图 8-1　生态学校项目教师培训

校历安排一定的培训日(Professional Activity/Development Day),组织教育局全体教职员工就某一或某几个主题进行学习讨论。

第三节　教师的管理

一、教师考核评价制度

以安大略省为例子来看教师的考核评估制度。安大略省制定了详细的教师评价体系,根据考核对象的不同,考核评价体系包括新入职教师的考核评价体系和有经验教师的考核评价体系两类。安大略省教育部部长发布教师考核指导手册,作为教师评估考核的指导性文件。

1. 新入职教师的考核评价体系

根据安大略省《教育法案》,各学区教育局应在新任教师入职后 12 个月以内进行两次考核。校长负责组织新教师入职考核并决定考核时间。考核结束之后,校长须以书面通知的形式将考核结果通知被考核教师。如果教师未能通过第一次考核,考核结果决定后 15 天之内由校长书面通知被考核人,指出教师在

考核中存在的问题,并提出改进的意见、建议和提高的步骤、内容等。同时,学校须对教师进行适当的指导,帮助其提高教学水平。考核结果出来后60天之内,校长将组织第二次考核。如果两次考核中有一次以上未通过,则需在第二个12个月开始后的120天之内进行第三次考核。如果教师二次考核均未通过,同时校长及新入职教师的指导教师认为该教师继续执教不符合学生的利益,则可以取消第三次评估。书面通知被考核人考核结果的同时直接向教育局递交建议终止该教师劳动合同的书面材料并阐明理由,同时提交考核文件的复印件。如有必要,教育局可在第三次考核结束后的120天之内组织第四次考核,第四次考核不得晚于该教师的第二个12个月。教育局在收到学校提交的关于终止劳动合同的书面建议后将停止发放教师工资,并于60天之内召开会议,通过投票的方式决定是否正式解除与该教师的劳动合同。合同解除之后,教育局将向安大略省教师学会发出投诉,该教师提出调动时,新任教育局须向原教育局索要教师评估记录。如教育局决定继续履行劳动合同,则被考核教师可恢复原工作和岗位。教师结束新入职教师考核之后进入有经验教师考核阶段。

2. 有经验教师的考核评价体系

安大略省教师通过新入职教师考核后即进入有经验教师考核评价体系。根据安大略省《教育法案》,对有教学经验教师的考核每5年至少要举行一次。任职学校的校长有权根据本校情况安排教师考核,该学年则被视为被考核教师的考核年。校长需在考核年开始后的2个工作日内以书面形式通知被考核教师,以便被考核教师做好考核准备。对有经验教师的考核内容主要包括以下5个方面,16种能力:

(1) 教师对学生及其学习情况的责任感:对所有学生全面发展的责任感;帮助学生学习知识、取得良好成绩的责任感;平等地对待所有学生并尊重不同学生个体的能力;创造良好的学习环境,培养学生解决问题、独立思考、终身学习以及奉献社会的能力。

(2) 了解和掌握专业知识:本学科知识、教学大纲以及相关教育立法的情况;教学及评估方法;有效的课堂管理;学生学习情况及影响学习成绩各因素。

(3) 具备专业实践能力:运用其掌握的学科知识及其对学生、教学大纲、教育立法、教学实践、课堂管理等方面知识,促进学生学习成绩的提高;与学生、家长以及同事进行有效沟通;对学生进步实施有效评估并将评估结果定期向学生及家长通报;通过不断地学习和反思,利用各种资源提高教学水平;在教学实践中恰当使用现代科技。

(4)具有领导力:与其他教师及同事合作,共同创造并保持良好的学习环境;与其他行业人士、家长及社区成员合作,促进学生学习成绩提高。

(5)继续学习的能力,主要是指教师任职期间不断进行专业学习并将新知识运用到教学实践中的能力。

组织公开课是对有经验教师进行考核的重要形式之一。公开课之前,任职学校校长应召集会议,通知被考核教师公开课的主要考核内容,以便教师做好充分准备。公开课之后,校长须与教师座谈,指出其教学中的优缺点,并根据考核情况提出改进意见并与教师共同探讨、充实、完善教师的年度学习计划。校长须根据教师的综合表现及公开课的情况对教师考核给出是否合格的意见,经被考核教师签字认可后提交给所属教育局。

教师考核合格后必须要与校长一起讨论制定每年的学习计划,不断提高自己的专业知识和教学水平。考核不合格的教师则须参加校长组织的第二次评估,考核合格后可继续执教。如果被考核教师连续两次考核不合格,则进入"复核"阶段,此时校长有责任对教师的行为进行监督和指导。并就教师的考核情况征询专家意见,对被考核教师提出改进意见和建议。第二次评估结果给出后的120个工作日内,校长须对被考核教师进行第三次考核。如果此次考核结果为合格,则教师复核阶段终止,恢复原工作及岗位;如第三次考核结果仍为不合格,则可能导致劳动合同的终止。此时,校长须将考核结果书面通知被考核人并向教育局提交终止合同的报告,在等待教育局做出最后是否终止合同的期间,暂停教师工作及工资。

考核结果不仅仅影响教师是否可以在原教育局继续执教,而且也同样对教师的流动产生很大影响。教师申请新的职位时,教育局会向教师学会及原教育局索要教师评估报告,以确保教师的教学能力和水平,原教育局及安大略省教师学会有责任保留教师评估报告并向其他教育局提供相关信息。

加拿大教师培养中更好地引入了终身学习的理念,通过教师的不断学习和培训加强对学生以及整个社会的引导。另外,与国内不同是,加拿大教师需在完成高等教育之后继续攻读教育学专业,对吸引真正致力于从事教育事业的人才、提高教学水平等起到了积极作用。

二、教师待遇

教师的教龄和受教育经历是确定教师工资级别的重要参照。学区按照教师受教育经历(学历)将教师分为若干系列,进入相应系列,每个系列再根据工作年限分若干档次,新参加工作的教师执行第一档,每工作一年晋升一档,随着工作年限的增加,教师工资逐年提高。除去社会保险等,刚参加工作的教师年薪有3.5万左右加元,工作10年以上就有10万左右加元。而且工作满35年退休,可以拿到几乎全额的工资做退休金。在工资待遇方面,安大略省中小学的教师工资是由其工作年限及接受高等教育的年限决定的。教师入职之初,教育局将根据教师过往的教学经验及教育背景确定工资等级,之后教师的工资以10年为一个周期进行调整,主要决定因素为教师通过培训取得的资格证书以及教学经验的增长等。安大略省各个教育局的工资标准不尽相同,主要取决于当地教师工会与教育局协商的结果。2011年,安大略省中小学教师的工资为48 000~92 000加元,高于同期加拿大平均工资水平(46 550加元)。

由于加拿大是个高福利国家,各种福利制度非常健全。加拿大的政府福利包括家庭津贴、失业保险、养老金、退休金、医疗保险等。除政府福利之外,加拿大部分行业、企业还为其员工购买商业保险计划,帮助他们为未来的退休生活进行储蓄,如注册退休储蓄计划(Registered Retirement Savings Plan, RRSP)。员工工作期间缴纳的 RRSP 由本人及雇主共同支付。根据行业的不同,各机构对雇员这部分退休金的支付比例各不相同。教育局为教师支付的用于缴纳退休金的比例在50%以上。教师福利计划是安大略省最大的福利计划,根据安大略省的《教育法案》,除省政府规定必须为员工购买的医疗、退休等保险之外,各教育局可根据决议为员工及其配偶、子女购买额外的意外、伤害、疾病、牙医、生命等险种。

完善、合理的教师资格认证制度,是提高中小学教师队伍质量的根本保证。加拿大科学、严格的中小学教师资格认证制度,即加拿大中小学教师获取教师资格证书的条件、培训计划、学习时间、培训内容及获取学分等方面,对改善我国的教师资格认证体系具有重要的参考价值,并对从根本上解决我国教师资格认证制度中存在的学历起点要求偏低、认证机构水平失衡、教学实践环节考核薄弱、考核方式过于简单等主要问题具有重要的借鉴意义。

三、教师退出机制

在制度安排上,因违法或渎职可以解聘教师,但真正进入解聘程序的情况极少。卑诗省教师规范部门曾有对有不当言行教师作出惩处,取消教师资格的几个案例。其中卑诗省 2009 年 7 年级科学课教师霍布斯(David Thomas Hobbs),被认为其中行为最拙劣者。他在讲解"岩石"形成过程时,竟令女学生躺在桌子上,两脚弯曲,并语带双关地说"你是岩石,而我就是熔岩(lava),非常的热(the hot stuff)",他还用手在女学生的小腿与屁股之间轻抚,来说明熔岩如何流动等。这并不是霍布斯第一次被惩处,他在 2011 年时即因为承认在其任教的小学,与 4 名学生有不适当的肢体接触,而被暂时取消教师证书 3 天。这些肢体接触包括对学生搔痒,以及用手指戳学生、威胁学生要他做"驴咬"(即要学生压另一名学生膝盖的压痛点),用手抓及挤压 3 名学生的肩膀等。霍布斯在接受纪律调查时,表示只记得在示范过程中,曾以手握住女学生的脚踝,但不记得曾碰触她身体的其他任何部位,但他承认有行为不当,并同意以后不会在卑诗省重执教鞭。

另一名被取消教师资格的教师是鲍尔,他承认于 2010 年在 Q 中学教书时,曾伸手摸一名女教师的臀部;在 2011 年时,他又被指控趁拥抱一名女学生时,偷摸女学生臀部,并被以性骚扰、性袭击及性剥削罪名起诉,但获判无罪。鲍尔的教师资格证书因未缴费于 2011 年 11 月被取消,后来他本人同意,今后不会在卑诗省内或省外有 18 岁以下学生的学校任教。

还有一名教师则因在 2004 年至 2010 年间,经常在上课时羞辱学生,例如在学生的作业上写"出奇地 OK"(surprisingly OK),或挖苦学生:"你的脑袋是否被火星人炸过",或告诉一个班级:"芝娃娃狗都比你们好教"等。他在课堂上经常唠叨训斥学生,对学生吼叫、摔书本。他的教书证书也将被取消。

总之,加拿大利用全社会的力量为教师提供获得教育和培训的资源:教育资源、政策资源和经济资源。借鉴加拿大在中、小学教师职业(继续)教育方面的成功经验,对于完善我国相应的培训体系、加强相关教育理论的研究具有显著的现实意义;对于从根本上提高我国的教育水平、提高国民素质、实现我们的改革目标是十分迫切而必要的。

加拿大非常重视教师教育政策改革,目的是培养高质量、高效能教师队伍,推动教师专业发展。没有专门培养教师的师范院校,教师需在完成高等教育之后继续攻读相关的教育学专业课程,获得资格证书,才具有成为教师的资格。加拿大没有全国统一的有关教师队伍建设的宏观政策,各省基础教育阶段的教师政策由各省根据自身特点和需要制订的。本章列举分析了若干省的教师培养与发展政策,发现总体看来差异不大,相对统一。而且,各省非常重视对教师队伍的建设,都有全面而详尽的教师培养、培训及管理等一系列政策,并根据社会的变化和发展,不断进行修订,保持动态发展。同时,加拿大非常重视在职教师的培训,有相当完整的培训政策、措施和评估机制。教师培训强调终身学习的理念,教师教育与培训得到了联邦和各个省(地区)政府所有相关部门的大力支持。由于采取上述一系列对教师队伍建设为政策和措施、使加拿大能始终保持有一支高质量的师资队伍。

第九章

加拿大学生心理健康教育

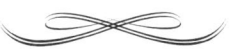

第一节　保护儿童心理健康

世界卫生组织将健康定义为"健康是一种身体上的、心理上的和社会适应方面的良好状态,而不仅仅是没有疾病和虚弱现象"。所以,重视儿童心理健康,也是现代社会教育中一个非常值得关注的问题。

据统计,每5个加拿大人中就有1人在其人生的某个阶段患有心理疾病,其中70%的人在儿童和青少年期发病。研究显示,在加拿大的儿童与青少年中,约有15%的人患有心理障碍,主要表现为焦虑障碍,行为障碍,注意缺陷多动性障碍,抑郁症,药物滥用,广泛性发展障碍,强迫症,精神分裂症,抽动综合症,进食障碍和双相性情绪障碍(Quick Facts: Mental Health & Addiction in Canada, 2009)。心理疾病往往又加重了对青少年生命的威胁。自杀是加拿大青少年死亡的第二大原因,加拿大青少年自杀的比率高居工业化社会的第三位,高于美国和英国(Michael Kirby, Oct. 7, 2013)。

2005年3月,《加拿大精神病学》杂志(*The Canadian Journal of Psychiatry*, March, 2005)发表了一篇对全国影响颇大的文章,题为《改善加拿大儿童心理健康的公共卫生战略》(*A Public Health Strategy to Improve the Mental Health of Canadian Children*)。文章指出,目前加拿大面临的主要健康问题是精神问题。对成年人而言,目前因残疾而不能就业的最大原因是精神疾病。对儿童而言,全国约有800万儿童受心理问题的困扰,在他们当中,只有不到25%的儿童接受专业治疗和服务。

显而易见的是,倘若儿童与青少年的心理疾病在发生的早期没有获得及时而有效的治疗,倘若没有心理健康的早期教育和预防工作,那么,随着儿童年龄增长,随着他们从青年步入成年,个人、家庭和社会必将付出更为沉重的代价。

遗憾的是，社会对心理疾病的成见具有很大的伤害性，它阻止人们在心理疾病发病的早期及时寻求帮助，因为人们担心自己将会倍受歧视，担心自己在社区、工作场所，甚至在家里，都会被瞧不起。

所有的儿童和青少年都有权利快乐而健康地生活，都应该获得有效的关怀、预防、治疗，以维持身心的健康。加拿大政府考虑到儿童与青少年心理健康的重要性，认识到现实工作中存在的问题与不足，在2003年制定了《儿童和青少年心理健康计划》，并做出新的战略性部署。在这个五年计划中，政府不仅保证了每年持续增加儿童与青少年心理健康方面的经费支出，还制定了儿童和青少年心理健康工作的目标，分别是：

- 对患有心理疾病的儿童与青少年提供及时有效的治疗和支持性服务
- 降低和控制危机事件的发生，预防和减弱心理疾病的负面影响
- 动员家庭和社区的力量，预防心理问题的发生，维持家庭与社会的和谐

同时，加强督导和监管，促进系统间的协作，完善服务体系，确保计划和政策的实施。2008年，政府有关部门重新评审了《儿童和青少年心理健康计划》，充分肯定了该计划的基本原则和核心价值，同时也承认在儿童与青少年心理健康工作中还存在着许多问题和偏差。政府承诺了继续逐年增加资金投入，改善服务效能。近十年来，在该计划的推动下，儿童和青少的心理健康教育则更强调以"儿童和家庭为治疗中心"，以"个人—家庭—学校—社区综合干预性模式"为实施方法，以此来提高儿童和青少年的心理健康水平。

生活在加拿大的居民必须了解当地有关保护儿童的法律，这个法律与每个家庭、每个公民、每个儿童、每个19岁以下的学生都息息相关。各个省份都以立法的形式规定了保护儿童安全的具体条例。

例如，在不列颠哥伦比亚省，《儿童家庭和社区服务法》(*Child*, *Family and Community Services Act*, 1990) 明确指出，此法规将以儿童的最大利益为基础，所有的规定与政策都以此为准则。在《儿童家庭和社区服务法》中，列举了保护儿童时需要考虑的一些因素：

- 儿童的安全
- 儿童生理上、情绪上的需要，以及该儿童的发育水平

- 维持抚养儿童环境的稳定性
- 儿童与家长之间的相互关系
- 文化、种族、语言、宗教传统对儿童的影响
- 儿童的意愿和观点
- 如果延迟做出决定,将会对儿童产生的影响

如果是原住民儿童,还必须考虑到保护这些儿童对原住民文化的认同。这是原住民儿童最大利益中的重要部分。

《儿童家庭和社区服务法》的根本要点就是:"父母(或监护人)有责任照顾子女或监护儿童,对其安全负责。"按照这个条例,在孩子未满19岁时,父母或监护人有责任照顾孩子们的身心需要,确保孩子们每日的温饱,给予居住地方和照顾他们的健康。该条例还强调了父母或监护人必须顾及、照顾和支持子女们情绪上的需要,使他们能安全地成长。

为了保障儿童的安全,省政府在1996年修订的《儿童家庭和社区服务法》,进一步强调了儿童的安全问题,明确了《儿童保护法》(Child Protection)中的细则。该法律规定:儿童享有不遭受虐待和疏忽照顾的权利。换句话说,如果父母虐待子女或对其疏忽照顾,即为犯法。父母必须保护子女,使他们不致遭受身体上和情绪上的虐待,性虐待和性利用,以及被疏忽照顾。

父母或其他成人的许多不良行为会构成对儿童的身体虐待(physical abuse),如大力推摇孩子,拳打脚踢,挤撞,殴打或抛摔等均属身体虐待;故意用火烧灼,以物件击打,紧掐咽喉,或将孩子按入水中,都是身体虐待行为。此外,以严酷的方式处罚孩子,例如长时间将儿童关在房内,不准进食和喝水,也是身体虐待。

如果成人的行为对孩子造成情绪上的伤害时,便构成情绪虐待(emotional abuse)。有时,孩子表现得非常焦虑,情绪低落,孤僻,伤害自己或他人,这可能是受到情绪虐待的迹象。如果父母不给子女正常的疼爱和关怀,或者经常责备和威胁子女,令子女感到自己一无是处,惶恐不安,便是情绪虐待。此外,孩子经常在家里目睹暴力和打斗,也可能构成情绪虐待。

父母或其他人对儿童做出性触摸,与其进行性行为,或威胁与其进行性行

为,构成性虐待(sexual abuse)。有的成人为满足自己的性欲,故意容许儿童观看别人进行性行为,或者容许儿童观看色情刊物和影碟,均属性虐待。

性利用(sexual exploitation)则是利用儿童当娼妓,或利用儿童制作色情物品,如拍摄性照片或色情电影,或容许儿童从事其他的性活动,均属此类。

"疏忽照顾"一词在法律上较难界定,需视具体情况而定。一般来说,当父母或监护人不能给孩子提供安全的居所,不能给予足够的食物、适当的御寒衣物和健康方面的照顾,不能给孩子关爱,也不能确保孩子免遭危险,都属于疏忽照顾。如果将孩子交托给受到毒品和酒精影响而理智不清的人看管,这是明显的疏忽照顾的表现。还有一种情况是,家长将尚无自我照顾能力的儿童单独留在家中、街上或锁在车内,在法律上可被视作疏忽照顾。

许多父母表示,养儿育女是非常艰苦的工作。在管教孩子的过程中,尤其是孩子不听从管教时,家长不免感到沮丧、挫折、生气、发怒,乃至心力交瘁而导致管教孩子不当。事实上,虐儿行为通常不会突然发生,往往是日积月累,家长们忍无可忍,无法控制自己的挫折感和愤怒,于是,各种虐待儿童的行为就有可能发生了。所以说,关键是父母们要学习怎样控制自己的愤怒情绪。

法律规定:当儿童家庭发展厅接获报告,怀疑有儿童遭人虐待或疏忽照顾时,都必须认真处理。该厅的社会工作者会评估有关的举报,然后根据他们的调查而决定如何跟进处理。不同的情况需要不同的恰当回应,目的是保护儿童的安全。社会工作者有可能认为某举报根本毋需进一步回应;或者经调查后,有的孩子和家庭需转介到有关的社会支持机构。至于另一些个案,社会工作者会与该家庭一起制定适当的补救措施。如果情况比较复杂,难以达成协议,社会工作者会请调解员进行调解,以达成双方都赞同的解决方案。支持家庭的服务主要包括六个方面:

(1) 为儿童和青少年提供服务;

(2) 心理辅导;

(3) 深入到该家庭,提供登门服务;

(4) 对孩子进行短期监管,使父母有暂缓的休息时间;

(5) 为家长提供亲子教育;

(6) 对目睹暴力的儿童提供心理辅导。

如果儿童家庭发展厅认为某儿童的安全受到威胁,而问题又无法轻易或迅速解决,社会工作者有权将该儿童带走一段时间,将其安置在亲戚家里或寄养家庭,以保障儿童的安全。

《儿童保护法》还规定:任何人如果相信一名儿童正在遭受或可能遭受他人的虐待或疏忽照顾时,他必须向儿童家庭发展厅举报。若蓄意向该厅做出虚假报告则属违法。换言之,如果有人正在担忧一名儿童的安全问题时,法律上他有责任向儿童家庭发展厅举报。但是,如果他蓄意向该厅提供虚假的资料,则属违法。一个人若违反本条例,一经定罪,最高罚款 1 万加元或长达 6 个月的监禁,或两者兼施。

第二节 发现、转介、评估和诊断

1984 年,加拿大联邦政府修订了 1977 年公布的《加拿大卫生法》(*Canada Health Act*)。新法律规定,加拿大医疗政策的首要目标是保护、促进和恢复加拿大居民身体健康和良好的状态精神,使其不必因为财务或其他方面的障碍而影响他获得适当的医疗服务。基于 1984 年的《加拿大卫生法》,加拿大居民的医疗服务由各省政府的医疗部门负责,主要通过个人交付一定的医疗保险而享受公费医疗制度,其中大部分医疗是免费的。对于低收入家庭,政府会减免其医疗保险费。儿童与青少年的心理健康服务属于医疗服务中的一部分,因而也是免费的。按法律规定,在加拿大,所谓儿童和青少年是指从出生到 19 周岁。所以,中小学生和部分大学低年级学生都属于这一范畴,享受由政府提供给儿童的所有福利和服务。就心理健康而言,各省有各自的《心理健康法》。不列颠哥伦比亚省的《心理健康法》于 1964 年才正式成为法律。为了确保那些患有心理障碍而接受治疗的人们能得到保护和关怀,这个法律经过了多次更新。

2005年4月4日,不列颠哥伦比亚省颁布的《心理健康法》对许多以往不清楚的问题做了澄清。比如,警察在一般法律和健康法之间的角色和权威性;统一了许多专业术语,以便所有的心理健康专业人员能用同样的词语来表达对心理疾病的看法;也规范了对来访者的筛选、评估、接纳和治疗过程。《心理健康法》中最为关键的两个部分是,病人有权知晓法律所给予他们的权利;患有心理障碍的人即使本人不愿意接受治疗,也可以在非自愿的情况下接受治疗和关怀。由于法规和条例的清晰明确,基层的心理健康机构基本上都按照规范开展心理健康工作。

在儿童和青少年的心理健康服务中,人们常常认为,家长应该是最先发现孩子心理异常或心理有问题的人,尤其是当孩子比较幼小时。家长抚育管教孩子,自然会发现自己的孩子有什么问题。家长会考虑请专家们诊断,若有必要,则进行治疗。但随着成长,孩子们在学校和社区的时间增加。如果父母工作繁忙,他们对孩子的关注自然减少。对学龄期的青少年而言,学校教师往往是早期发现学生心理有问题的人。

一、发现问题,做出判断

学生的心理是否正常,一般有两个判断标准:一是纵向标准,即某个学生的行为与他/她通常的表现不一样了。比如,原来快乐积极的学生变得沉默寡言、郁郁不乐。又如,一个平和安静的学生变得烦躁易怒,无法静下心来读书。这时,熟悉这个学生的人自然会感到他/她有问题了,需要去看医生或心理辅导员。这种纵向变化家长容易察觉,会引起注意。家长有可能将孩子转介到相关机构寻求帮助。假如这个学生已经在学校学习了一段时间,老师和同学对他有所了解,那么他们也会发现这个学生的纵向变化,也会建议学生去看医生和专业人士。

第二个判断标准是横向比较,当某个学生的思维、情感或行为与一般的孩子不一样时,或在学习和生活中发现困难时,则需要专家来评估他/她的心理状态是否正常。在这一方面,学校教师往往比家长更敏感,对学生观察得更清楚,了解得更详细。因为教师们面对的是一群学生,在上课或课外活动时,在群体活动中,教师自然会做出横向比较,很容易发现某个学生的异常。

从另一个角度来看,教师们都经过一定的心理健康知识的培训,有助于他们在早期发现学生的心理问题。凭借他们的知识和经验,教师常常能及时提醒这些有问题的学生家长带孩子去寻求专业人士的评估和诊断。

二、做好转介

加拿大十几岁的学生,通常比较独立。有的学生或许与家长沟通有问题,有的学生或许不愿意让家长过多地了解或担心自己,不管出于何种原因,他们常常不愿意向家长谈论他们的心理困惑,而是向学校老师或辅导员倾诉。因而,将学生转介给医生或心理健康机构的人通常是教师和学校辅导员。

在加拿大,按照《心理健康法》,16岁和16岁以上的儿童如果有认知能力,可以自己转介自己到心理健康机构寻求帮助,而不需要家长和监护人的知晓与应允。他们有权自己签署各种治疗文件,不需要通知家长和监护人。心理健康机构也不会向父母和监护人泄露来访者的病情资料。当然,这必须是在心理卫生法规定的条例范围之内。当案例涉及来访者自己或他人的生命安全时,或涉及儿童受虐待的问题时,每一个公民有义务向有关部门汇报。自然,医护人员、心理健康专业人员和教师等也必须遵循法律规定。

心理健康工作是以"学生和家庭为中心",奉行"学生—家庭—学校—社区"共同协作的模式。学生心理健康工作者们十分清楚,如果没有家庭、学校和社区的密切配合,学生的心理问题难以获得全面的改善。所以,心理辅导员们的一项重要工作就是积极鼓励这些学生与家长多沟通,同时也向家长传授聆听的技巧、与子女沟通的技巧以及管教子女的方法等。通过家长和子女双方的努力,使学生能主动向家长阐述自己的心理困惑和情绪障碍,协同家长一起应对学生的心理疾病和家长的精神压力。

三、评估和诊断

在加拿大,对心理疾病的评估和诊断有着严格的限制。儿童与青少年的心理疾病通常由儿科医生、精神科医师或心理学家才能做出诊断。至于一些较为严重的心理病症,还需要由专项执照的专科医师才能做出诊断。比如自闭症的诊断,必须由经过专门培训的、持有自闭症诊断资格的专业人士才能做出诊断。

各个学区的教育局设有《心理—教育评估》机构。这个评估机构由心理学家组成,对有学习障碍的学生做心理—教育评估,通过测试学生的认知心理和学习能力两大方面所获取的信息资料,做出评估和诊断,并针对这个学生心理状况,提出关于教学计划、治疗措施和家长需协助的任务等方面的建议。《心理—教育评估》中的认知心理测试,包括智力、语言能力、记忆、言语的和视觉的学习能力、注意力、纸笔活动中的眼手协调能力、计划能力,以及冲动反应形式等。学习能力测试则包括阅读能力、拼写能力、写作能力、数学能力、口头表达能力、听声后的理解能力,以及学习频率(阅读速度、写作速度和运算速度等)。

加拿大儿童家庭发展厅规定了政府属下的心理治疗机构,均使用一项标准化的临床筛选问卷——"儿童与家庭简要电话访谈"(Brief Child and Family Phone Interview,BCFPI)作为临床初级评估和转介依据。这个临床筛选问卷主要通过电话访谈的形式来了解儿童心理问题的严重程度和社会功能状态。访谈对象包括儿童与青少年(3—19岁)、家长和教师。询问的内容涉及孩子的成长经历,家庭基本状况,孩子是否经受过虐待、欺凌,是否有创伤经历,有无焦虑、抑郁、恐惧、强迫行为、思维混乱等问题。BCFPI问卷答案能在电脑上勾画出被询问儿童及其家庭状况的曲线示意图。心理健康工作人员可以依据这个一目了然的示意图,来评估当事人病情的严重性和需要治疗的急迫性。"儿童与家庭简要电话访谈"有三大功能:

第一,心理健康工作者在电话中做最初的筛选,以决定儿童和青少年需要心理健康服务的急迫性;

第二,当这些儿童和青少年被认定有自杀危险和其他严重心理问题时,必须为其提供特需服务,包括即刻送医院急症部;

第三,通过筛选,心理健康工作者帮助儿童和青少年及他们的家庭联系最适合他们的心理健康服务机构,给当事人和他们的家庭提供他们所需的相关信息与资源。

所有接受心理心理治疗的当事人都经过心理评估和诊断。不过，一些儿童和青少年因为他们年纪尚幼，一时不能提出恰当的诊断，这在加拿大是常见的情况。若有特殊需要，那些青少年会到特殊的治疗中心进行评估。

心理疾病的评估和诊断的标准，基本上依据美国的《精神疾病诊断和统计手册》(DSM)。

根据 DSM，心理诊断包括五大方面，即五个轴向：

轴Ⅰ：主要心理障碍；

轴Ⅱ：人格障碍；

轴Ⅲ：生理或临床方面的疾病；

轴Ⅳ：社会环境问题；

轴Ⅴ：功能等级。

功能等级(GARF)是对家庭和有关方面的总体考虑，是对于受损伤功能的乐观评估。评估依据个体的问题解决能力、组织管理功能和情绪状态三方面综合情况做出估量。以 0～100 分来度量，0 分为最差，100 分为最佳，每档有相应的参考标准，如表 9-1 所示。

表 9-1　心理疾病评估和诊断参考标准

分值	参 考 标 准
91～100	没有问题，各方面功能非常好
81～90	有一点问题，但没有症状，学业、职业和社会适应等多方面功能良好
71～80	出现暂时的、对某种情境或压力的常见反应，在学业、职业或社会适应方面有轻微损伤。例如有人际冲突，暂时性的学业落后等
61～70	出现某方面的轻微症状，在学业、职业或社会适应方面有一些困难，但整体功能良好，保持着有意义的良好人际关系
51～60	出现中度症状，在学业、职业或社会适应方面有中度困难。例如几乎没有朋友，与同事或同伴们有冲突
41～50	出现严重症状，在学业、职业或社会适应方面严重受损，没有朋友，不能维持日常的学习或工作
31～40	现实生活中的功能损伤，呈现出多方面的严重功能障碍，例如在学校、家庭或工作场所都有问题，情绪抑郁，避免与人交往，疏离家庭，不能维持正常学习或工作。青少年们会攻击更年幼的孩子，在家里非常反叛。学习成绩常常不及格

续表

21～30	出现心理障碍、妄想或幻觉,功能性障碍行为,几乎所有领域的功能都有不同程度的损伤。例如,整天躺在床上,不去上学,没有工作,没有朋友或家庭
11～20	对自己或他人有伤害的可能,有时连基本的个人卫生也难以维持,不能独立生活
1～10	频繁地伤害自己或他人,不能维持基本的个人卫生,没有能力确保不伤害自己或他人,没法离开外界的帮助和监管
0	没有适当的信息

功能等级(GARF)的使用意义在于能够客观地量化当事人的心理健康状况。如果一个学生的功能等级分值低于70分,那么他必须获得治疗和辅导,防止病情恶化,使其尽快恢复社会功能。

如果功能等级分值低于30分或25分,这些学生通常需要监护,不能独立生活,也不能在学校正常学习。

任何转介到心理治疗机构的儿童和青少年都一份详细的个案记录,主要包括:个人基本信息,确认寻求咨询或治疗的理由(目前状况,既往史),心理生理发展状况,家族史,母亲怀孕和出生状况,亲子互动状况,临床就医状况,过敏史,学业状况,目前的优势与功能,精神状态检查,有关法律的事项,如监护权、犯罪记录等,其他的法律问题和经济问题,危险评估(自杀,自残,暴力,受虐,家庭问题,亲友最近死亡,怀孕,创伤经历,侵犯性行为,冲动性行为等),滥用药物和吸毒状况等方面。这份详尽的记录在儿童和青少年心理健康的维护和治疗方面起着不可忽视的作用。青少年的心理健康问题并非个人事件,是个人、家庭和社会的整体影响所致。因此,心理治疗奉行的是以"儿童和家庭为中心",以"个人—家庭—社会整体模式"为执行措施。这份含有多方面信息的个案记录为整体干预模式奠定了基础。当然,按照心理健康法规,能查看这份资料的人员是严格限制的。

四、心理治疗中心

学校或社会生活中不免会遇到一些问题青少年,他们显示出严重的心理和行为问题,而且其家庭或生活环境又很复杂。若要对这些青少年做出较为客观的评估和恰当的诊断，则不是一朝一夕之事。在加拿大，一些省政府拨款成立了专门为这类青少年进行心理评估和诊断的机构。比如在不列颠哥伦比亚省，枫叶青少年心理治疗中心就是这种类型的评估机构。

枫叶青少年心理治疗中心有许多服务项目。它的多元化治疗队伍包括了社会工作者、精神病学家、心理学家、护士和青少年心理辅导员。他们与家长、青少年监管人员、社区心理健康工作人员等有关人士密切合作，为问题较为严重的青少年提供详尽的评估报告，以帮助青少年能适应家庭或社区的生活、健康成长。枫叶治疗中心有住院和非住院两个部门。枫叶中心力求避免对有问题的青少年采取强行控制的手段，因为使用强行控制青少年行为的方法将使青少年与成人间已十分脆弱的纽带面临彻底破裂，激化青少年和成人之间的矛盾，从而有可能导致帮助青少年的计划付诸东流。经过耐心细致地解释，通常青少年们能自愿到枫叶中心接受评估与治疗。

接受枫叶青少年治疗中心服务的学生并非全部住院，有的学生居住在离枫叶中心不远的社区，他们可以白天到枫叶中心治疗，晚上回家。也有的是周一到周五住在中心，周末回家。只有少数的一些青年因有犯罪行为而受到司法部门的控制，他们究竟是住院还是晚上可以回家，则由司法部门决定。枫叶中心的设施相当完善，有健身房、篮球场、游泳池、足球场和两个网球场。在中心接受治疗的青少年，有时在工作人员的带领下，还可以去当地社区参加各种活动。枫叶中心的主要工作是通过对青少年全面的观察和深入的交谈，辅以对家长或监管人员、社区心理健康工作者和其他有关人士的详细访谈，全方位地了解问题青少年的成长背景、行为模式和精神状况，然后提出有关这个当事人的"关怀计划"。整个评估过程大约需要四周。"关怀计划"基本上包括五个方面：心理评估和诊断，家庭状况评估，用药指南，行为矫正计划和家庭社会适应的建议。这个计划为精神科专家提供了较为清晰的信息，便于专家们对这些青少年做出恰当的诊断，并确定是否需要药物治疗。专家们还能通过当事人在枫叶中心接受治疗的四个星期来观察药效和药物副作用对病人的影响，从而提出合适的药物和适当的剂量。"家庭状况的评估"是"关怀计划"中的关键部分。通过评估，能确定该家庭是否合适这个孩子继续居住，同时也能协助社会各方面的资源对这个家庭提供支持与帮助。在青少年接受评估期间,家长们也同时接受个别的心理辅导和参加家长团体活动。家长心理状态的改变和管教方式的改善,在加强亲子关系,提高与子女的沟通和促进家庭和谐方面起着举足轻重的作用。

在多方面协助下完成的综合性"关怀计划"的最大优势是,当青少年离开枫叶中心回归自己的家庭或返回社区之后,这个计划能持续为家长、心理健康工作人员或学校辅导员在帮助这个青少年成长过程中提供全面有效的指导依据。

第三节 危机干预和自杀预防

危机干预和自杀预防是加拿大中小学工作中的重要项目。

一项对 15 000 名 7—12 年级的加拿大学生的调查指出,其中 34% 的学生知道有人自杀了;16% 的学生曾反复想过要自杀;14% 的学生有过自杀的计划;7% 的学生采取过自杀行为;2% 的学生因严重的自杀行为而必须送医院治疗(Quick Facts: Mental Illness & Addiction in Canada, 2009)。自杀是加拿大青少年继车祸外的第二大死亡原因。如果能尽早地发现学生的心理健康问题和情绪困扰,及时对他们提供必要的服务,增强他们的应对能力,那么,就有可能避免或减轻因心理疾病而造成的危机事件。

一、危机干预

所谓危机是指个人遇到了某种突然发生的事件,破坏了他/她的稳定状态,而他/她原有的能力并不足于对付这些应激事件,因而感到紧张、困惑。处于危机状态的个人会显示出短时间的思维、情绪、行为和社会功能方面的紊乱,丧失应对压力的能力,没有办法来面对自己心理上的痛苦,感到无助无望。自杀往往成了他们解除痛苦的手段,尤其是学生们。其实,自杀并不是想要结束生命,而是为了终止痛苦。当某些学生情绪抑郁或混乱到没有办法解决他们的痛苦时,他们就采用了自杀手段来结束生命。

在加拿大,许多危机干预中心的工作人员和志愿者们定期深入到中小学的教室内,与学生们一起谈论自杀预防和怎样应对压力。预防工作的形式多样,有时播放关于青少年预防自杀的教育影片、动画片或其他形式的多媒体宣传片;有时以生动形象的讲授方式普及心理健康的基本知识;有时以相互沟通讨论的形式,向学生们详细地介绍如果情绪有问题或有自杀念头时,该怎么办?在哪里可以获得帮助?课后还发给学生们一些小卡片,上面有危机热线的电话和当地服务机构的信息。

在教育局的统一规划下,绝大多数学校都设置了"自杀预防和紧急反应"项目,有的学校还设有为原住民青少年提供危机干预和预防自杀的培训。学生在自杀前往往会表现出与往常不一样的思维、情绪和行为方式。作为"自杀预防和紧急反应"工作的一个重要部分就是开展预防自杀的教育,让广大的教职工和学生都能识别人们在自杀前的一些征兆和警示,以便能向有自杀倾向的学生及时提供帮助,减少自杀事件的发生。有自杀倾向的人常有以下一些征兆:

- 谈论自己想死或自杀
- 上网查询有关自杀的方法
- 谈论人生没有意思,没有理由活在这个世界
- 感到自己的人生被捆住了,有着没法解除的痛苦
- 常说自己是他人的负担
- 开始酗酒吸毒,或增加酗酒和吸毒的份量
- 表现出焦虑、烦躁不安和鲁莽
- 失眠或睡得过多
- 社会性退缩,感到孤独
- 有的人会谈及复仇与报复
- 情绪极其不稳定等

有时具有自杀倾向的学生会表现出另一种状况,他们在持续谈论死亡一段

时间后,突然变得高兴起来,情绪也相对稳定。不过,他们对自己以往感兴趣的事情却显得漠不关心。他们开始联系和拜访一些老朋友,说一些告别和拜托的话语,将一些有价值的东西送人等。这些征兆也需密切关注。正因为在学校里经常开展有关保持心理健康和预防自杀的活动,所以加拿大的教职员工和学生基本上对自杀的征兆都有所认识。在心理健康中心和社会服务机构中接受辅导和治疗的有自杀倾向的学生,大多数是由学校转来的。预防工作开展得好,危机事件的发生率就降低,自杀事件就减少,生命也就能得到挽救。

危机干预的关键是必须清楚地知晓当事人此时此刻的主要问题是什么?当事人急需解决的困境是哪些?心理危机干预的"3A模式"是既简单又实用的方式。3A,即 Ask(询问)—Assess(评估)—Act(行动)。

二、自杀预防

自杀预防工作的要点之一就是,在遇到情绪异常低落的学生时,要直截了当地询问他们是否有伤害自己、伤害他人想法?是否有自杀计划和自杀行为?如果不直接询问,那就有可能失去至关重要的信息。对于有自杀倾向的学生,必须做进一步的危险度评估。自杀干预 4P 模式是评估的有效方法。所谓 4P 模式,即对学生的 Pain(痛苦)、Plan(计划)、Previous History(以往史)和 Pluses(附加情况)四个方面进行评估,从而找出干预措施。首先,痛苦是自杀的原因。包括这个痛苦有多大?持续了多久?当事人的容忍度怎样?其次,计划是评估危险度高低的要素。诸如计划的具体内容是什么?有可能实施吗?方法是急性致命的吗?是否定下了日期?是马上实施还是等待某个纪念日?再次,了解以往是否有过自杀行为?是否有失去亲友的痛苦?是否有过创伤经历?有无家庭成员或朋友曾自杀身亡?有无抑郁或其他精神病症?药物治疗状况?有其他的危险吗?等等。最后,附加情况要了解当事人是否得到过家人和朋友的关怀和支持?当事人是否还有放不下、需要他活下去的理由?总之,通过评估就可以判断当事人危险度的高低,也能确定干预的方法。

需要特别注意的是,面对生命有即刻危险的当事人,必须马上拨打 911,请救护车来急救。

有些高危险的自杀意愿强的当事人，不一定会马上自杀。比如有的学生计划在好几天后的某个生日，或某个约会纪念日，或等待事情发展到某个阶段时才采取自杀行动。这种个案也可以由家人、亲友或老师送当事人去医院急诊室，先通过医疗手段平稳当事人的情绪，心理辅导随即跟上。在某种情境下，学校老师和家长确定不了是否要兴师动众地拨打911，请救护车来急救，而当事人又拒绝配合，不愿意去医院，届时可以报告当地的心理健康急救部，急救部会派专业护士和心理健康工作人员前往当事人所在地进行现场评估和干预。有自杀倾向、但不是高度危险的学生，可转介到当地的危机中心和心理健康中心，由专业工作人员来进行危机干预。

心理健康服务中心还有一些外展工作者。这些工作人员根据学校辅导员的转介，前往学生所在的学校对他/她进行心理辅导。有时也会与学生一起参加一些有意义的活动，以改善他们的消极情绪，提高心理健康水平。

加拿大的许多地区和城市都设有危机热线，向民众提供危机干预和心理上的支持。危机热线是在专业人士管理和督导下，由经过充分训练的志愿者担任接线员，以电话沟通的方式提供免费服务。有的危机热线是一周7天，每天24小时开通。当一些学生在晚上或周末感到情绪低落，抑郁困惑时，拨打危机热线是能匿名倾诉和获得即刻支持的途径之一。由于危机热线与当地的911服务有着密切的联系，因而一些有自杀倾向的人能得到及时救助。另外，中小学校里成立的学生互助小组也是预防自杀和减少危机的又一途径。学校里的学生组织"生命中的朋友""抵制抑郁""孩子帮助孩子"等项活动，能提高学生们对心理健康的认知，增强应对能力。

自杀预防最有效的方法是，让学生们认识到有心理困惑时自己并不孤立，有人会帮助他。当他情绪低落时，抗抑郁药物和心理治疗会协同起作用，他的情绪一定能改善，希望就在前面。

第四节　学生的心理辅导与心理治疗

在加拿大,每七个儿童中有一个孩子经历了严重的心理问题。行为障碍和其他的行为问题在男孩中较为常见,通常表现为频繁地发脾气,反叛,侵犯性行为,欺凌,以及学业欠佳。饮食障碍在女学生中的发病率高于男生。早期精神异常也是学生中常见的心理问题。由于心理疾病困扰,这些学龄期的儿童与青少年,无论是在家里或学校,与同伴相处或在社区活动中,都会表现出不同程度的社会功能障碍。他们的发育与成长受到了影响,他们家庭的日常生活失去了平衡。

一、常见心理问题

1. 焦虑症和抑郁症

最常见的心理问题是焦虑症和抑郁症。焦虑症包括广泛性焦虑障碍,社交障碍和社交恐惧,强迫症和创伤后应激性障碍。抑郁症的特点是感到没有希望,饮食和睡眠状态发生变化,一些严重抑郁症的个案常会出现自杀念头或自杀行为。在加拿大,自杀是青少年死亡的第二大原因,而且抑郁症患者会反复出现采取自杀行为。心理问题常起始于儿童和青少年期,有可能影响人的一生。如果这些有心理问题的儿童能够在早期就获得有效的帮助,那就可以避免成年后变成残疾。鉴于此理,我们需要细心关注心理问题的早期征兆,尽可能提供早期干预,最大限度地控制病情的发展,减少征兆演变成疾病的可能性。

2. 自闭症

加拿大政府在儿童早期心理疾病的干预和治疗方面做出了很大的努力。目前,一个儿童一旦被诊断为自闭症患者,就能获得许多社会资源和服务。如果这个孩子不满 6 岁,他每年能获得 22 000 加元的政府资助,6—18 岁的孩子每年可以获得 6 000 加元的资助。家长可用这笔经费聘用专业的自闭症治疗师来帮助他们的孩子,提高自闭症孩子的情绪控制能力、沟通能力、社交技能、学业和生活技能等等,使自闭症状态获得最大限度的改善。众所周知,自闭症儿童若在早期得到充分的帮助,他们能发展得很好。有的孩子长大后可以自理自立,不再是社会和家庭的负担。自闭症儿童在学校和社区也能获得特殊教育。有的学校设有专门为特殊学生设立的人数较少的小班,由富有特殊教育经验的教师教授这些学生。有的学校是针对每个自闭症学生配有教学助理老师,这些助理教师就坐在自闭症学生身边,在行为和学业上不时地给予帮助,使自闭症孩子能与普通学生同在一个教室随班学习。

3. 其他障碍

除上述病症外,一些学生还会患有儿童发育障碍。根据对其病情评估和诊断结果的严重性,政府也会提供不同等级的经济资助和校内的特殊教育服务。患有心理障碍或心理疾病的学生,与其他的身体残疾儿童一样,当家庭有困难时,学校会提供校巴(校车)上门接送。

按照 15%的心理疾病发病率来计算,如果一个班级有 30 个学生,那么就可能有四、五个孩子因心理问题而影响他们的正常学习。这四、五个学生可能是心理发展障碍问题,身体残疾,也有可能是心理疾病。所以,教师和家长一旦发现学生有异常,要尽早将他们转介到专业机构进行评估、诊断和治疗。例如,有的孩子有功能协调问题,如果能早期发现,经专家的评估后,专业功能治疗师(occupational therapist)将通过特殊的训练来改善儿童的躯体协调运动能力,增强运动机能,更重要的是提高这些孩子的自信。早期治疗的预后通常良好。

如果儿童在说话方面有困难,可以转介给语言治疗专家。语言治疗师将评估他们的说话能力,认知和沟通能力,口部的吞咽能力,咬合功能等。若有需要,这些孩子将在语言治疗师那里接受语言治疗。这种治疗通常是和孩子们一起玩,边玩边说,演示正确发言技巧,示范舌头的正确动作。孩子们反复练习口部运动,唇、舌、下巴的动作要协调,音节处理要得当。一旦孩子们能正确地发音时,给予积极的鼓励和肯定,帮助孩子逐步形成正常的言语表达方式。

青少年受性侵害事件时有发生。在 2008 年,一些省政府专项拨款培训心理卫生工作人员,成立受性侵害的服务项目 SAIP(Sexual Abuse Intervention Program)。该服务项目在多元文化政策的指导下,深入了解原住民和其他族裔的文化风俗,能更有效地进行干预和治疗,促进青少年的身心健康。在加拿大,儿童和青少年心理健康服务机构多种多样。学生们究竟在哪个机构能获得最佳的帮助与治疗,则由专业机构来评定。学生、家长和老师只要将有问题的学生转介到心理治疗中心就可以了。

二、心理辅导和治疗

在儿童和青少年心理服务中心,每一位新转介来的儿童或青少年,都会接受初级评估。如前所述,先做"儿童与家庭简要电话访谈"的临床筛选问卷,以此来了解当事人心理问题的严重程度和社会功能状态,了解他们的成长经历和家庭状况,了解他们是否经受过虐待、欺凌、创伤经历;有无焦虑、抑郁、恐惧、强迫和思维障碍等心理问题。

初级评估的关键是评估当事人是否有自杀倾向。若有,自杀危险度的高低如何？如果当事人已显示了威胁生命安全的症状,那么,他必须直接送医院急诊部治疗。如果当事人有自杀倾向,但暂无生命威胁,那么,心理健康部紧急服务队伍会接管这个案例。富有危机干预和自杀预防经验的心理健康工作人员将及时与当事人联系,尽快对这些学生进行心理辅导和危机干预。紧急服务部的工作很灵活,他们会去学校与当事人见面,也使用手机与当事人保持联系,使当事人在情绪低落时能获得及时帮助,降低自杀危险。

心理治疗倡导的是"个人—家庭—学校—社区的综合治疗"模式,心理治疗的成效与个人、家庭、学校、社区的相互协作有着密切的关系,因为一个学生的心理疾病会涉及到个人、家庭、学校和社区的方方面面。加拿大的"个案综合管理"(Integrated Case Management, ICM)是个行之有效的方法。按照"个案综合管理"的原则,在帮助心理有问题的学生时,家长、教师和健康工作人员是一个整体,需要共同携手合作。大家会定期开会评估这个学生目前的状况,存在什么问题,怎样帮助他。

学生的心理治疗不仅仅是在治疗室里进行谈话治疗,也不只是运用认知行为疗法,或对边缘人格障碍者运用辩证行为疗法等。如果当事人情绪不稳或有其他的心理疾病,那么,精神科专家就与心理健康工作者一起约见当事人,根据病情决定是否需要提供药物治疗。事实证明,药物和心理治疗二者密切配合是效果最佳的治疗方法。一般来讲,医疗系统和省儿童家庭厅下属的心理健康机构通常会处理心理问题比较严重的案例,那些与政府签有合约的心理辅导机构更多地处理情绪问题和进行家庭治疗。

外展服务是针对中学生的一项心理辅导。所谓外展,就是心理健康工作人员深入到学校和社区,为有需要的中学生做心理辅导。外展工作人员还组织各种群体活动来提高学生的心理健康,比如园艺小组、女孩子小组、厨艺小组、应对转变小组、模范带领小组,等等。有的地区还针对七年级的小学生组织一些"挑战自我"的课外活动。加拿大的中学生是没有固定教室,七年级的学生要去不同的教室上不同的课,同学之间所选择的课程也不一样。所以,七年级学生常表现出焦虑状态,担心自己不能适应中学的学习环境。"挑战自我"的活动就是帮助有焦虑的小学生能坦然地踏进中学的大门。

参加"个案综合管理"会议的人数因个案病情的严重程度而定。人数多寡不一,多则十几人,包括心理健康工作人员、精神科专家、社会工作者、家长和监护人员、校长、任课教师、教师助理、学校辅导员以及其他有关人员。这个会议基本上会邀请当事人参加,因为他是这个会议的主角。通过这个会议,他能知道自己的长处和优点,明白他的不足之处和努力的方向。在特殊情境下,考虑到当事人情绪不稳、思维混乱或缺乏自制力,他们可能只参加部分的会议,或者缺席,待病情稳定后再参加"个案综合管理"会议。

在心理治疗和心理咨询的行业里,为了确定当事人的心理病症,为了全面了解心理有问题的学生的行为表现,心理医生若能经常与家长和学校教师沟通,那可谓是具备负责任的工作态度。加拿大的一些专家和心理治疗师,并不仅限于此,尽管他们的工作日程经常安排得十分紧凑,但他们还是会亲临学校,进行现场观察,以便能全面了解那些学生的症结所在。

比如,某学生上课没法集中注意力,学习很差。家长和学校老师都会认为这个孩子有注意缺陷的问题,希望精神科专家能以兴奋剂来提高学生专注力。精神科专家并不只是从老师和家长那里获取信息,尽管那些信息是非常重要的。精神科专家和治疗师经过多次深入的个别面谈后,根据经验仍难以确定究竟是注意缺陷障碍还是发展性障碍。在这种情况下,专家就会与心理健康工作者一起到学校去,坐在该学生的教室里,观察这个学生在课堂里的反应;到操场上去,观察者这个学生在课外活动时的反应。这样的第一手资料在诊断和治疗中起到举足轻重的作用。因为,有心理发展障碍的学生没法理解老师授课的内容,同样也会出现不能集中注意的状况。专家凭借认真细致的观察和丰富的专业经验,是完全可以区分这两者的差异的。专业人士都知道,这两种疾病的治疗方法迥然不同,兴奋剂不适合心理发展障碍的学生。专家们的敬业精神正体现于此。"以个人和家庭为中心"的治疗宗旨,并非是一句口号,它渗入在整个治疗过程中。

在加拿大,艺术和游戏心理治疗法已广泛运用在心理治疗工作中,尤其是对年纪比较小的学生。心理治疗中心和学校辅导员办公室都备有各种玩具和艺术创作的材料。儿童心理治疗师基本上都接受过游戏和艺术心理治疗的培训。人们认识到,儿童的游戏不仅仅是一种活动,它是完全有意义和重要的。以儿童为中心的哲学思想认为,游戏是儿童心身健康发展的基本要素。游戏是儿童自我表达的语言象征。游戏在任何时间、任何地点都可以发生。通常,儿童是以游戏形式来表达他们自己的想法和情感的。当孩子们感到困惑、内心冲突和混淆时,游戏能协助他们脱离那些情景。

游戏治疗实际上是指儿童与训练有素的治疗者之间的相互关系。这种互动的关系充分体现在游戏治疗的过程中,儿童借助那些玩具和特用设备去探究他们自己的感受、想法、经验和行为,去表达他们难以用语言表达的情感。游戏是个自然的中介环境,治疗师与儿童在游戏中交流,在游戏中帮助儿童乐观地成长和发展。

同样,艺术创作也是学生们所热爱的活动。当学生感到困惑、内心冲突和混淆时,简单的涂涂画画能让他们脱离那些令其迷惑的情景,返回自然朴真状态。艺术治疗给人们提供了一个很自由的方式去表达自己的情感和想法,同时也能帮助人们稳定自己的情绪,以富有创意的方法来解决当前的困境。在现实生活中,当学生们经历了一些痛苦事件或承受巨大压力时,往往很难用语言来表达自己的情绪,不经意的艺术创作能明显地改善人们的情绪。这就是艺术治疗的魅力。

越来越多的研究证据表明,在我们努力帮助陷入困境的青少年时,必须有家长的支持和合作。心理健康中心不仅对儿童和青少年提供心理治疗,同时也对家长提供个别的和群体的心理治疗。家长心理治疗的运作并不只是教给家长具体的教子策略和管理方法,而是侧重于家长和孩子间的亲子关系,理解各自的需要和期望,更好地处理自己和孩子的情绪反应。

心理疾病的治疗和一般情绪问题的咨询是有差异的。心理治疗是个较长的过程。一些短程的危机干预大约8～12周,心理治疗需要6个月至1年,才能使病情有明显好转。至于那些较严重的心理疾病,在心理治疗的同时还使用药物,有可能需要更长的服务时间。

由于资源和经费有限,除了生命受到威胁和严重的危机个案能及时获得治疗外,一般病症需要等候较长的时间才能获得政府资助的免费心理治疗。这是加拿大心理健康工作的不足之处。当然,如果当事人不愿意等待,他们可以在收费的心理治疗部门得到及时帮助。

第五节 防止欺凌行为

一、阿曼达事件

阿曼达·托德(Amanda Todd),1996 年 11 月 27 日生于加拿大。2012 年 10 月 10 日被发现在自家的卧室里自杀身亡,年仅 16 岁。在自杀前的 2012 年 9 月 7 日,阿曼达把她自己摄录的一段 9 分钟的录像放在 YouTube 上,题为"我的故事:挣扎,欺凌,自杀和自残"。在录像里,阿曼达站在镜头前,只露出鼻子和下巴,手持卡片放在胸前,沉默地面对镜头,翻动着一张又一张的卡片。那一张张卡片诉说着她被勒索、被骚扰和被欺凌的痛苦,她的无助与绝望。

在阿曼达死后的三天里,即 10 月 13 日,全世界约有 160 万人观看了这个视频。阿曼达告诉大家,她曾在网上认识一些朋友。有一次她在体验视频脱衣的过程中,不慎被网友拍下裸照。一年后某日,一位警察登门拜访,并告知"她的裸照被散布在网路上"。她得知此事后十分焦虑。后来,她担心的事发生了:许多朋友开始疏远她、耻笑她。过了好一阵,突然有位陌生人传信息给她,要求她继续脱衣视频,不然的话,要在她 FACEBOOK 的好友群中散发她的裸照。她害怕,她恐惧,她饮酒,她甚至吸毒来逃避被欺凌的痛苦。为了躲避欺凌,她转了学。转学后,她交了一位男朋友。突然,有一天她男友的"正牌女友"找了一群"姐妹"痛殴了她一顿。当时她的男友也在场,只是袖手旁观,没有伸出援手。周围也没有人出手相救,却有好多人拿出手机拍下她被殴打的过程。她感到难以承受的痛苦。她服毒自杀,但自杀未遂。出院后,有人传了"你该换个方式自杀"的短讯给她。阿曼达在卡片上写道:"每日都在图书馆内独自吃午饭、没有任何朋友,没有人喜欢我,每晚都暗自哭泣。"她拿着那张卡片在摄像镜前站了很久,上面写的是"每天我都在想,为什么我还要在这里?"

阿曼达的自杀不仅在媒体引起了巨大的轰动,警察也介入立案调查。各级政府对此非常关注。加拿大国会也通过了议案,要加强对欺凌和反欺凌的研究,并拨款资助反欺凌组织。阿曼达的妈妈成立了一个阿曼达基金会,以支持反欺凌活动,促进学生的心理健康。

二、防止欺凌行为

欺凌、骚扰和恐吓在学校社区并非罕见。欺凌并不只是孩子们之间的行为,欺凌是一种反复的、负面的侵犯性行为,是权势不平衡的强欺弱的行为(Dr. Dan Olweus)。欺凌有三大特点:一是权势,欺凌者凭借着躯体强壮或其他优势,拉帮结派,有一群为了各种不同目的和原因跟随着他的同伴;二是侵犯性,欺凌并不是偶然的,常常频繁地、反复地表现出攻击性行为;三是伤害性,欺凌者常以不同程度的恶劣行为从身体或精神上伤害另一个人。受欺凌的学生因不知道怎样去应付那些侵犯性行为而感到痛苦气愤。他们认为学校是个不愉快甚至是不安全的地方,尤其是那些少数族裔的孩子,受欺凌后不再敢去学校。

1997年,加拿大国家预防犯罪委员会对4 000名一年级学生作了一项调查,有15%的学生表示,他们在过去的六周内被欺凌过;有8.8%的学生表示,在过去的六周内不止一次地欺负过其他学生(Pepler and Craig, 1997)。学校里的欺凌、骚扰和恐吓时有发生。强势的欺凌者很嚣张,他们辱骂、戏弄、嘲笑弱者。他们动手动脚,触摸撕拉,跟踪勒索,甚至对被欺凌者拳打脚踢,以武器恐吓。另一些欺凌者还使用种族主义和歧视性字眼辱骂他人,并通过网络、邮件和一些电子设施上威胁他人。无论是字面的、涂画的或口头上的欺凌言语,还是欺负的动作行为,都对被欺凌者的身心造成了严重伤害。欺凌行为有时是十分明显的,有时则很隐蔽,很难识别。在许多情况下,骚扰和恐吓问题会延续到校园外,不仅影响孩子和家庭,还影响到整个社区。在极端的情况下,会出现暴力行为,伤害他人,乃至引起自杀。阿曼达事件就是一个典型的例子。

加拿大政府和教育局意识到,每个学生有权在一个安全和受欢迎的环境里学习。各个学校必须行动起来,防止欺凌。目前,许多学校实行了一个由教师、家长和学生共同参与制定的《防止欺凌计划》,进一步明确学生行为守则,要尊重自我,尊重他人。在遭遇欺凌、骚扰或恐吓事件时,学生要及时(如果可能的话,要事先)告知一位"可倾诉的"成年人,预防和抵制欺凌的发生。

《防止欺凌计划》已印制成小册子发给学生和家长。为了让家长清楚地了解欺凌行为和学生们受欺凌后的反应,在小册子里详细揭示了孩子遭遇欺凌后可能出现的一些行为表现。比如,孩子的行为举止发生改变,与过去不一样了;孩子报怨受到恶劣对待;经常失眠、焦虑、没有食欲;有时孩子早上起床后说感到不舒服,不愿出门,不愿上学,想转学或逃学,但不愿说出原因;容易发怒;对兄弟姐妹粗鲁或有侵犯性行为;有时放学回家时衣衫有破损,身上有原因不明的伤痕,可是不愿意解释;学习成绩急剧下降;谈论报复行为等。这些迹象应该引起家长的注意,需要耐心地倾听孩子的心声。

欺凌行为对受欺凌学生的心理会造成很大的负面影响。受欺凌的学生因害怕被报复或担忧会受到更严厉的欺凌，通常不愿意报告老师和家长。于是欺凌者就更为猖獗，形成恶性循环。在防止欺凌的教育中，学校和心理健康中心利用录像和多媒体等手段，教给学生们一些应对技巧，如尽量避免单独外出，减少与欺凌者相遇的机会；如有可能，保持与朋友们一起行动，人多力量大，使欺凌者不敢采取欺凌行为。学校辅导员常组织同学们一起商讨"用什么方法对付欺凌"，"受欺凌后该怎么办"。辅导员们积极鼓励学生行动起来，抵制欺凌，并在必要时向可以信赖的成人寻求帮助。

总之，欺凌是一种习得性行为，是可以预防和阻止的。因此，学校需要加强学生的社会责任感，改善学校的社会风气，抵制欺凌，维护学生的心理健康。

第六节　学校危机事件的控制与预防

人类的行为是非常复杂的，没有任何神奇的预言可明确哪个学生一定会在何时何地表现出威胁和伤害他人的行为。不可预测的悲剧或死亡有可能在学校和社区发生，如意外事故、疾病、暴力、炸弹威胁、枪杀事件、化学物质伤害、自然灾害、受虐、自杀等。不测事件发生后，人们的心理会失衡，学生们更易焦虑不安。

倘若在学校或社区突然有人死亡，周围的人常会不由自主地想起这个死亡事件。有人会感到害怕，脑中会出现挥之不去的对死亡的恐惧和困惑。一些学生会不愿去上学，变得特别容易生气发火。尤其是那些亲眼目睹或亲身经历了创伤事件的学生，他们正常的生活规律被打乱，很难理解和表达自己的想法和情感。他们的理性和沟通能力下降了，感到人生的脆弱和对人生的失望，感到孤独无助，忧伤，随之自杀的念头也会增强。尽管这些危机事件是偶然发生的，但是一旦危机事件在校园里发生，教职员工也可能和学生一样，感到焦虑、内疚、不安和恐惧。学校必须事先做好各种安排，以便减少危机事件的发生，并在事件发生后尽可能地减少各方面的负面影响。

危机事件包括可控和不可控两大类。可控危机事件是指人们在人生的历程中遇到了干扰而产生的伤害性行为；不可控的危机通常是指天灾人祸。学生们除了要演练在自然灾害发生时怎样保持安全外，还要学习怎样应对和控制可控性危机。可控性危机是人为的。学生的异常行为有可能导致危机事件。虽然学生的心理健康状况和行为的危险度是需要经过特殊培训的专业人士来评估的，但是，对学生行为的观察和关注是每位教师和学生都可以做到的。

"危机控制计划"是一个非常重要和有意义的项目，它教导人们怎样去应对危机。事实上，这些技能是每个人都需要掌握的。在小学和中学就向孩子们教授这些技能，将使学生们终身受益。此计划在校内实施，可在危机事件发生后有效地减轻学生心理上、身体上和社会活动方面的困难，协助他们正视遇到的困境，增强其解决困难的能力，使他们在今后的人生道路上能更坚强地面对各种困境。"危机控制计划"介绍了一些有可能引发学生危险行为的因素，以帮助教师和学生提高认识。

一、了解学生的家庭状况

不良的家庭环境会导致孩子的危险行为。如果学生与家长的关系非常糟糕，或者家长本身就有病态行为，没有慈爱之心，那么，学生有可能出现异常行为问题。也有的家长对孩子看电视和玩电脑不加限制，孩子能涉及各种儿童不宜的暴力内容。如果学生经常目睹暴力镜头，他也会习得暴力行为，以暴力来解决问题。经历了家庭创伤事件的学生，有可能情绪控制不良。所以说，孩子的问题，往往是家庭的问题。

二、了解学生的在校表现

对那些疏离学校、旷课、逃学、不尊重他人、对人无礼的学生要多加关注。那些经常受到欺凌，受到不公平的待遇，或者被文化环境束缚的学生，也会出现危机状况。药物滥用和酗酒的学生更有可能发生情绪失控的现象。

三、社会因素的影响

多媒体的不良宣传、文化冲突、帮派活动都会对学生产生影响。经历社会性创伤事件也是危机的诱因。学校老师和辅导员通常是第一位注意到学生行为变化的人，所以教师要参加危机控制的训练，以便能够早期发现异常，预防危机事件的发生。如果教师在教学过程中，发现学生的行为发生变化了，脱离了基本的行为准则，偏离了正常轨道，就需要更多地观察了解学生是否经历了创伤事件，是否受到欺凌，有无冲动行为和自残自伤行为，是否经常旷课和逃学。同学们如果发现有人热衷于暴力游戏，缺乏同理性和同情性，偏执，欣赏那些暴力黑帮人物，宣扬暴力行为，容忍性差，易怒，冲动等迹象，都要密切关注，并应及时向辅导员报告。

"危机控制计划"强调了及时干预和转介，这是控制危机事件的重要环节。学校辅导员需要与有行为问题的学生进行真诚的沟通。若学生的行为确实变得令人不安，就需要请专业人士参与评估。

有行为问题的学生经评估后常被诊断为品行障碍，人格障碍，被虐待和被疏忽儿童，酒精中毒性障碍，注意缺陷，多动性障碍，情绪障碍和反叛性行为障碍等。他们需要在心理健康机构接受治疗，以免危机事件的发生。对那些持有武器，扬言有特殊计划，并且情绪显得非常冲动，表现出有即刻伤害自己和他人行为的学生，要立刻报警求助。教职员工和学生不参与有即刻危险的干预活动，只在事后协助处理学生创伤应激后的辅导工作。

危机事件往往是突发的，所以事先要成立应急队伍。学校应急队伍的成员包括校长、辅导员、部门负责人或有关教师、教职人员或助理教师、保育员、多元文化工作人员和文职人员。一旦发生事件，学校应急队伍人员立刻行动。

各市教育局也要有应急队伍。作为援助人员，他们也将到第一线协助危机干预。教育局的应急队伍通常包括负责人或助理负责人、特殊教育主任、心理学家和督导，省儿童和家庭发展厅的心理健康工作者、市教育局有关工作人员，如果涉及到原住民或少数族裔人员，那么，原住民和少数族裔工作人员就要参加救助。如有可能，社区的有关专家也应参加。作为应急队伍的成员应该是热忱友善的，而且有时间参与应急救助。这些成员应富有领导力和决策能力，富有爱心,善于聆听,遵守保密原则。他们应该非常清楚如何在危机时和危机后保护自己。

"危机控制计划"中的另一重要内容是应急措施。学校应急措施中包括怎样判断事件的严重性和紧急性;怎样寻求紧急救助,怎样控制危机和获得进一步的帮助;应急人员的职责以及何时可以把责任交付给外来的专业人士。应急反应队伍要了解与创伤事件有关人员的反应,以确定是否需要上门服务。

教育局应急队伍对学校的协助主要有以下几个方面:

(1)首先要协助每个学校制定应急计划和成立应急队伍;

(2)对学校应急队伍提供培训;

(3)协助校长和应急队伍的队长确定哪些校外机构可以协助他们应对突发事件;

(4)协助学校与社区机构的协作,例如,与当地的心理健康服务部、受害者服务中心、警察局等建立联系,成立社区的应急队伍;

(5)管理和协调与媒体的沟通;

(6)与其他学校沟通,因为其他学校的学生或教职工有可能与该校的危机事件有关;

(7)向学校的教职员工提供情绪上的支持。

危机事件发生后,心理辅导就是一项非常重要的工作。在学校"危机控制计划"中详细指明心理辅导的办公室或场地,因为事件发生后将没有时间到处去寻找合适的地点来安置大量需要心理辅导的学生。事件发生后,学生可以随时到学校的心理辅导中心去谈谈他们对死亡或创伤事件的想法与感受。学校对学生的心理辅导除了个别咨询外,由富有经验的心理辅导员所主持的小规模集体心理辅导也常常行之有效。

心理辅导中心并不允许大批学生拥挤一堂,应将学生分散到应急计划所指定的办公室或其他场所。事发后,学生的情绪可能会比较混乱,给予学生一些书面的资料会很有帮助。比如,介绍有关创伤事件后会发生怎样的情绪反应,有哪些阶段,如何应付每个阶段,以及可以获得帮助的相关机构及其联系方式,包括电话和地址等。最重要的是,在事件发生后的关键时刻,要注意个人隐私的保密。

同时,如何与学生谈论创伤事件是个非常重要的工作。学生需要知道发生了什么,尤其是那些与创伤事件有密切联系的学生或其他人员,他们要知道事件发生的情况,下一步会发生什么。如果有人死亡了,他们要知道什么时候能确定开追悼会的日期。在一般情况下,校方应该客观地向学生解释发生了什么,在什么地方、什么时候、谁发生了什么情况。"危机控制计划"还规定了学校在谈论创伤事件时要注意的事项,如必须确保当事人与其家庭的权利,尊重他们的隐私;对所有学生的解释必须一致,让大家得到相同的信息。所有解释一定要恰当,措词要严谨。校方应该及时将学生集中在教室里,同时告知他们发生了什么。时间拖得越久,越容易增加人们的焦虑。与家长的沟通也是同等重要的工作。事件发生后,对中小学来讲,学校要给每个家长写一封信,书面通知家长学校里发生了什么事情,感谢家长协助学校处理应急事件。然后,告知家长下一步会怎样做。

危机事件发生后,教师和学生们都要关注周围同学的反应,特别留意那些自杀征兆。如果有学生在创伤事件后情绪反应异常剧烈,并谈论想与事件中的人一起去死,那就必须马上与学校辅导员和心理健康工作者联系。至于那些以前有自杀倾向的学生,那些因最近父母离异,或自己失恋、感到孤独无助的学生,那些情绪持续抑郁的学生,都需要得到密切关注。另外,作为学校中的成人,那些教师或学校职工,有时也会很惊讶地发现自己也很脆弱,尤其是那些与创伤事件直接相关的教职工也需要特殊的辅导。他们焦虑,悲伤,抑郁,有的人可能已无法正常工作。所以应急队伍不能忽视对教职员工的关怀与心理辅导。

学校"危机控制计划"应打印成册,让教师和家长们了解计划的内容。这本小册子的内容简明扼要,校长和队伍成员可以按步骤执行。应急人员的职责明确,学校和社区成员要按规定有效地承担起责任。在小册子里还附上了教师会议和家长会议的记录表,与家长的沟通记录表,以及可以寻求帮助的个人或机构的联系方式等。这些琐碎内容,看似简单,但在紧张状态下情绪会混乱,有可能会忽略一些重要环节。所以,完善的"危机控制计划"小册子能协助学校顺利度过危机。

第七节　社区服务和社区资源利用

每个孩子都有权生活在一个充满爱意、被支持和被关怀的环境里,有权快乐而幸福地生活。在孩子们从出生到成人的重要发展阶段,至少应有一、两位成人伴随着他们,指引他们健康成长。但是,并非所有的孩子都能获得这些基本的权利。青少年中有一部分犯罪危险性很高的孩子。他们受虐待,被忽视,常患有精神疾病或发育障碍。这些青年参与暴力活动,吸毒,荒废学业,有时还有青少年怀孕的问题。这些青少年挣扎在混乱和困境之中,或是被他们的家庭疏忽照顾和虐待,或是他们的家庭没有能力管教他们。所有这些孩子基本上由加拿大政府收养。如果他们没有得到适当的关爱,他们中间至少有25%的人会因犯罪而进入青年司法系统。

2003年,加拿大不列颠哥伦比亚省卫生厅的一份报告指出,全省约有9 000名儿童和青少年被政府的儿童家庭发展厅收养;有4 500名必须离开自己的家,离开自己的父母,与亲戚居住在一起;约有11 500名原住民儿童居住在原住民区的由政府资助的监管中心;约有600名青年在政府资助和辅导下独立生活。政府之所以收养这些孩子,是因为孩子在收养前通常生活在非常差的环境里。有的母亲是年青的单身母亲,没有亲友和社区朋友,不会抚养孩子,孩子严重营养不良;有的父母吸毒或酗酒;有的家长没有受过良好的文化教育,根本不会管教孩子;或者有的家长本身就有各种问题,如失业、婚姻冲突、精神疾病和犯罪等。在这些收养的孩子中,约有72%的人有严重的行为问题和精神障碍(Kids, Crime and Care, provincial health officer, Feb. 23, 2009),相对而言,一般孩子的发病率只有2%左右。为了使这些被收养的孩子能健康成长,加拿大政府每年的花费是昂贵的。每年每个被收养孩子的社区监督费大约为20 000加元,另外还要每年支付 21 500 加元作为每个孩子的寄养费用。

省政府儿童家庭发展厅所收养的儿童,其监护时间长短不一,有的是几个月,有的一直抚养他们到成人期,然后根据需要决定是否由省政府的成人部门接管。所有这些被收养的儿童和青少年都接受不同疗程的心理治疗,患有心理疾病的孩子要接受心理治疗,必要时,也可能加上药物治疗,协助他们摆脱恶劣环境对他们造成的心理创伤。至于那些心理状况尚好的孩子,也会接受心理辅导,帮助孩子们适应新的寄养环境,增进社交技能。政府安排了多种生活方式来安置这些被收养的孩子。年纪稍长的孩子有可能生活在一个集体家庭。这个家庭的成员包括好几个被政府收养的孩子和管理他们的青年工作人员。这些工作人员 24 小时值班管理这群孩子。大家居住在一起,犹如一个大家庭,孩子们要学会自己收拾自己的房间,洗衣服,帮着一起做饭。在白天,他们按时去上学或去工作。集体家庭能给孩子们一个家的感觉,生活安全舒适,能得到工作人员充分的关爱。但是也有弊端,因为患有各种行为问题的青少年居住在一起,坏的习气和不良行为时常爆发出来而引起冲突,而且坏行为也会传播,所以如何管教这些孩子是个非常有挑战性的任务。被收养的年纪比较小的孩子常被安排在一些非常普通的寄养家庭里生活。当地社区的一些家庭经政府审核为安全可靠的家庭后,可以成为寄养家庭。那些被收养的孩子就寄养在他们家里,与他们一起生活,成为这个家庭中的一个成员。如果寄养家庭已有自己的孩子,那么被政府收养的孩子就如他们的兄弟姐妹一般,能享受父母的关爱,体验家庭的温馨。那些从小饱受伤害的孩子们常在良好的寄养家庭找回了自信和努力的动力。寄养家庭的爸爸妈妈还负责定期送他们去接受心理治疗和参加各项活动,促进他们健康成长。被政府收养的孩子都是问题比较严重的,或是家庭问题严重,家长们无法继续监管孩子;或者儿童自己有严重问题,家长无法管教;或者两者皆是。即便被政府收养后,政府也会安排孩子定期与父母见面,组织家长学习子女教育的经验。如果家长自身有问题,政府也会提供服务帮助家长恢复健康。除了特殊情况外,收养孩子的目的还是要协助这个家庭成为一个能让孩子安全生活的环境,让孩子回到父母身边,一家人其乐融融,健康和谐幸福。不愿意上学的青少年在任何社会里都存在,关键是怎样帮助这些年轻人。

在加拿大,针对辍学的学生、有心理疾病、有行为问题,或者经受心理创伤后情绪不稳的中学生,由于他们不能或不愿返回学校继续学习,教育局便专门成立了一个"伸展"学校。"伸展"学校规模不大,容纳学生人数有限,但工作人员较多。除了教师外,还有心理健康工作者、行为指导员和辅导员等。专业学习只是一部分,更重要的是让这些孩子能适应学习环境,学会如何与人相处,学习如何管理自己的情绪。"伸展"班的工作人员还带领同学们参加各种有意义的社会活动,积极鼓励学生们到社区参加游泳、打球、跳舞、绘画和烹饪等课外活动。学生们在"伸展"学校最多学习一年。有的学生恢复得比较快,那么,一个学期后就可以转回自己原来的学校。

带薪就业辅导班颇受辍学青年的欢迎。这是个由政府资助的就业辅导项目,旨在帮助从中学辍学的学生学习就业技巧和社交技能,同时也能得到心理辅导,增强自信。参加这个项目的青年必须是辍学的学生,且有比较稳定的心理健康状态。这个项目希望通过16周的学习能协助辍学生找到自食其力的工作。

辍学的学生常有各种心理问题,如自闭症、强迫症、抑郁症、焦虑症,或患有其他疾病,如果他们的情绪还稳定,没有严重的行为问题,并有意愿开始积极的生活,都可以申请参加这种培训班。因各个培训班的培训内容不同,所以每周学习的时间也有差异。一般来讲,每周学习4天或5天,每天5～6小时,政府按成人的最低小时工资支付学生,也就是说,学生们能坚持学习,他们每周就有20～30小时的收入。培训班的内容多种多样。尤其是不列颠哥伦比亚省,影视业比较发达,所以有的培训班是教授影视技术,希望学生培训结束后能在影视业找到一个职位。

有的培训班很灵活,根据学生们自己的爱好选择他们感兴趣的单位去现场实习。学生们在这个单位当无薪学徒,政府付给他最低工资。学徒既能将技术学到手,也有可能在他喜欢的领域找到一份工作。也有的学生选择去他们喜欢的非营利机构当志愿者。他们在非营利机构的服务是无偿的,不过他们可以从培训班里得到政府的经济补贴。经过一段时间的志愿服务后,他们找回了自信,有可能重新返回学校继续学习。

在社区建设中,对青少年帮助很大的一个服务项目是"快乐时光"。影响儿童和青少年心理健康的一个重要原因是孩子的父母有严重的心理疾病。父母思维、情绪和行为的异常会给孩子们造成了很大的压力,孩子很容易出现焦虑和抑郁的情绪反应。心理健康机构和许多社区联合起来,定期组织"快乐时光"的活动,让孩子们与其他同样家境的小朋友或青年们一起玩乐,分享他们的感受,心理辅导员也以更开放的方式给予他们心理上的辅导与支持。更为重要的是,就如孩子们所说的那样:"在这儿太开心了,在家里是从来体验不到的。我喜欢来'快乐时光'。"

综上所述,加拿大对学生心理健康教育非常重视,并采用多种途径开展预防和治疗,建立相关的法律法规,创办各种支持辅导机构,综合利用家庭和社会资源,设计并开展相关项目,投入大量资金,以保证不同年龄、不同类型、不同背景的学生的需要,促进他们健康成长。

儿童和青少年是社会的未来、国家的栋梁。遗憾的是,约有15%的儿童和青少年有不同程度的心理障碍。若要减轻和避免他们步入成年后而导致更为沉重的社会代价,在儿童发育的早期就要关注儿童的心理健康,积极开展儿童和青少年心理健康知识的普及和教育,实施心理疾病的早期诊治。

"综合干预模式"是加拿大儿童与青少年心理健康教育与防治工作成功的关键。本章重点阐述了这一模式的内涵、外延和具体运作。通过实际案例剖析了加拿大儿童家庭服务厅、儿童与青少年服务机构和学校遵循以"儿童与家庭为治疗中心"的服务宗旨,以"个人—家庭—学校—社区综合干预"为行动准则,有效地提高了加拿大儿童和青少年的心理健康水平。

那些患有心理障碍的学生能与其他同学一起快快乐乐地学习,那些曾经挣扎在社会边缘的青少年能重返学校,那些曾经绝望无助企图自杀的学生能重新燃起生活和学习的勇气,那些重新认识了自己和孩子的家长能给予孩子积极的关爱和尊重,这一切充分证明了团体的力量和"综合干预模式"的成功。

第十章

加拿大社会教育资源的开发与利用

进入 21 世纪以来,包括中国在内的世界多数国家都在进行基础教育改革与创新,并取得突破性进展和成绩。至少,中国基础教育在理念上已与其他发达国家比较接近。然而,通过研究发现,中国社会教育资源无论是在数量上还是质量上都与发达国家相差甚远。相比之下,加拿大的教育资源更丰富、更高效、更整合、更专业。因此,在学习与借鉴的基础上,根据中国国情,充分开发和利用丰富有效的教育资源,建立更多专业的非营利组织(NPO),非政府组织(NGO)及公私合作组织与第三方机构,整合并分享正规和非正规教育各个组成部分的贡献,是我们刻不容缓的使命。

教育资源的丰富程度,直接制约着学习效果。加拿大社会教育资源不仅非常丰富,而且能够为学校、教师、学生、家长等不同对象提供各种形式和内容的服务和支撑。

这正是加拿大基础教育的亮点所在。为详细评介此亮点,本章通过对加拿大社会公共资源实地考察和调研,剖析其特色。

第一节　丰富教育资源

为丰富教育资源,加拿大政府以及非政府组织,利用各自优势,独立或合作构建一系列教育服务、培训、学习、支持中心、组织或中介机构,包括网站及数据库的建设,投入大量人力、物力和财力,为大众尤其是青少年提供更丰富的资源。下面通过实例分析他们的构建和贡献。

一、安大略省 E-学习

安大略省 E-学习(E-Learning Ontario)是指利用电子技术支持学习和教学的平台(图 10-1)和中心。它包括利用基于计算机的学习模式和基于网络的课程，通过讨论、视频会议、电子白板、数字投影仪、聊天室、电子邮件等等进行学习和教学。学校利用E-Learning为全体学生(包括在特殊需要的学生)提供各种学习机会，包括在线学分课程，以及为课堂学习课程提供在线资源。有关学分课程的课程期望和要求在相关课程评价文件中已做出明确规定和描述。

图 10-1　安大略 E-Learning 服务平台

安大略省教育部设计了全省 E-Learning 策略以帮助学校为学生提供数字化学习机会，并提供丰富的软件和资源，包括学生管理系统 Learning Management System，LMS)和安大略省教育资源库(Ontario Educational Resource Bank，OERB)。LMS 提供 9—12 年级在线学分课程，小学资源包；OERB 为所有年级 (K-12)的教学提供上千种数字化资源。学校可以利用这些资源和混合学习 (Blended learning)教学方式开展教学，分享教学成果。同时，学校负责提供给教师和学生登录名和密码，并决定进入哪个级别的学习项目和资源。所有有关 E-Learning 的政策管理以及 LMS 和 OERB 的具体内容都在省教育部网站上呈现。

二、加拿大课程服务

加拿大课程服务(Curriculum Services Canada，以下简称 CSC)是经 ISO 9002 质量认证通过的非盈利的教育资源评价机构。它支持学习者千变万化的需要，不仅是泛加(Pan-Canadian) 标准与评价机构，还为专业的组织环境开发广泛的特定学习资源。

本书作者于 2006 年 6 月专门访问了该中心，并与当时的中心负责人进行了交流，对中心的目的、功能、作用，以及与教育部及各学校

图 10-2　加拿大课程服务机构

间的关系、安大略省教材开发与管理制度等问题进行了深入细致的讨论。

CSC 与全加拿大政府机构、非营利组织及民间团体合作,以开发和评价印刷品、多媒体及基于网络的学习资源,为客户提供教育服务,以提升个人学习成绩和专业成长。自 1993 年注册以来,CSC 已经从一个课程资源提供者发展到为学习设计优质方案的泛加教育服务机构(中介)。

CSC 的愿景是提供值得信赖的、认可的国际标准的优质服务、项目和资源以帮助人们实现学习目标;CSC 的使命是作为引领者,会在任何地点、任何时间、生命的任何阶段,通过高质量标准和创新的学习来满足学习者千变万化的需要;CSC 的价值观也是每天生活的信仰和指导原则,包括卓越、不断进取、诚信、创造、合作、伙伴、持续。CSC 热衷于致力于终身学习,并认识到人们和组织有不同的学习需求,相信当学习一旦进入具体情境、目的明确和高度投入的状态时,个人和专业的发展是最佳的。

CSC 提供一系列专业服务以支撑和传递优质产品和项目,主要包括:标准与评价服务,课程设计和资源开发服务,多媒体产品服务,专业且有组织的学习服务。其中,标准与评价服务是 CSC 最持久的服务领域,为安大略省教育部教材审查过程提供支持。同时,对泛加补充学习资源,尤其是涉及新技术 E-学习,游戏及移动应用等也进行评价。审查通过的教材列入"延龄草"用书目录(Trillium List)(教材审查标准、过程、结果等详见第五章),供安大略省中小学学生选用。同时,通过课程设计和资源开发服务,为 K-12 年级教学和学习开发多种具有先进理念和体现教育发展趋势的课程和资源,以及基于研究的教学和评价实践。在专业且有组织的学习服务中,提供技术驱动的方案以支持自我导向和帮助的在线专业学习机会,包括项目管理、教学设计、开发和成果。最受欢迎的和比较成功的途径包括 E-学习方案、网络会议、网络虚拟会议、互动网站和社会社会关系网、网络视频、数据管理服务等。

2003 年起,CSC 采用质量保证红色印章,即在经过教育部审查通过的、符合质量标准的教育资源上盖上红色 CSC 印章。这也成为 CSC 的徽标(logo)。让全国学习产品和课程质量保证标志红色印章在范围得到认可成为 CSC 的主要职责。

安大略省 E-学习和加拿大课程服务(CSC)机构的共同之处是直接为教育

部提供服务和支撑,为教育部基础教育课程计划和政策的实施提供具体平台、实践指导和权威的专业评估和监督。

三、加拿大 21 世纪

类似安大略省 E-学习和加拿大课程服务(CSC)的机构和组织还有许多,他们基于合作和研究,提出具有影响力的、国家层面的教育改革与创新报告和建议,为决定提供服务。例如,加拿大 21 世纪(C21 Canada,图 10-3),是全国性非营利组织,倡导并提出 21 世纪教育中的学习模式。其独特的组织形式是强强联合,即为全国教育协会与国内外著名企(商)业文化部门合作的组织,其成员除教育学会负责人、大学教授等,还有国际著名企业相关部门负责人,如微软(加拿大)教育部主任、牛津出版社(加拿大)学校部主任、IBM 加拿大 K-12 教育部门总经理等。各业精英秉承对当今和未来社会、经济发展对教育的需要和

图 10-3　加拿大 21 世纪宣传单

影响的共同理念,利用各自优势和敏锐的洞察力,整合并开发技术资源,通过合作努力为加拿大教育机构(学校)提供支持。当 21 世纪所需技能(创造性解决问题,批判性思维,合作,交流,个人发展,全球公民和数字化能力)融入课程内容、教学和评价实践中时,C21 Canada 帮助加拿大教育机构(学校)提升基础领域(包括读写、数学科学)的学习。2013 年 12 月,由加拿大教育部长理事会(Council of Ministers of Education Canada,CMEC)举办的"学习和技能"圆桌会议上,C21 Canada 贡献了"转变思维"(Shifting Minds)研究报告,旨在提供将 21 世纪技能和教学实践及学习技术能力与加拿大教育系统的快速且有效的整合。

四、让我们谈论科学

与上述直接服务于教育部门的组织不同,另有一类机构或组织,他们针对基

础教育中某一领域,发挥机构特长,提供丰富的教育资源,提升青少年在这一领域发展的能力和水平。"让我们谈论科学"(Let's Talk Science)就是这类组织的代表。它是一个获奖的、全国性非营利组织。由 Bonnie Schmidt 博士(图 10-4)于 1993 年创建并负责。该组织致力于塑造加拿大青少年的未来,鼓励他们从事科学、工程和技术,在知识和创新社会中获得成功。本书作者于 2006 年和 2012 年两次访问该组织,出席他们组织的研讨和展示会,并有幸对"让我们谈论科学"组织进行了为期一周的实地调研。现就该组织的队伍构建、资金管理、项目开发、组织运营、研发培训等方面进行剖析,以窥见

图 10-4 "让我们谈论科学"的组织负责人 Bonnie Schmidt 博士(右)

其在青少年科学与技术教育中充当的角色及所做贡献,尤其在对学生科学能力培养,科学素养提升,为政府科学教育决策服务等方面的贡献。

1. 队伍构建

作为创始人和负责人的 Bonnie Schmidt 是生理学博士,兼任安大略省基因组学会主任,省政府早期教育专家组成员,在全国和国际科学教育论坛上发言及发表论文,包括在(经济合作与发展组织,COEC)举办的相关论坛上发言。Bonnie Schmidt 还荣获许多奖励和荣誉,如"加拿大 40 岁以下排行前 40 名"(Top 40 Under 40)、"女王 50 周年奖"等。另一位 Marietta(Mars) Bloch 博士,是约克(YORK)大学教育学院数学、科学与技术课程负责人。曾是安大略省科学与技术课程标准开发组负责人,还是安大略省教育部长理事会代表。目前,该组织有一个 10 人董事会,日常工作由 23 名热衷于科学教育的成员执行。其中许多成员具有研究生学历,还有一些经验丰富的教育家和一些将科学作为学习平台的专家。有些资深成员自组建之日起一直在这里工作,其他成员则带着各自从先前工作经验中获得的丰富知识和能力加入进来。还有一些成员具有丰富的外联经验、教学经验、培训服务经验、网络技术经验等,且年龄结构合理。同时,

该组织拥有一支由3 000人组成的强大志愿者团队,包括全国大学和大专的本科生、研究生,以及在科学、工程和技术领域的专业人员。他们到全国的中小学和社区,帮助青少年在真实世界中免费开展动手、动脑的活动。他们的行动为青少年树立了积极的模样,所开展的科学活动和技术服务使更多的青少年转变到关注和喜爱科学,保持学生学习积极性,培养学生的潜力,以成为21世纪的公民、改革者和建设者。已有200万学生从中受益。

2. 资金管理

从2009至2010年度财政报告看,该组织的资金主要来源于合作项目经费(占37%)、安大略省政府资助经费(占25%)、政府出资实体(占18%)、版税和其他出入(占16%)、资金(占2%)、个人和团体伙伴捐助(占2%)。同一年度资金支出主要用于项目开展(占55%)、项目研究和开发(占23%)、宣传和组织发展(占12%),运作和管理(占10%)。去年总资产为1 490 781加元。每年提交财务报告,接受相关单位的审核和监督。

3. 项目开发

在过去的20年中,该组织根据加拿大青少年科学与技术教育的需要,紧扣中小学课程标准,结合儿童心理和生理发展特点,在充分调研和论证的基础上,开发了若干各具特色的项目并产生了很大影响,为当地科学与技术教育做出了巨大贡献。

(1)"发现的翅膀"(Wings of Discovery)——早期儿童学习资源

针对幼儿园学龄前(2岁半到6岁)儿童,开发学前科学技术探索学习资源,旨在鼓励儿童充分利用天生的好奇心和探索趋向,去了解真实的世界。出版5册新书,涵盖基于科学探究的真实世界的主题,包括食品店之旅、健康的生活方式、食品化学、培育生物以及恐龙。为方便教育者使用"发现的翅膀"(Wings of Discovery),还开发了配套的DVD指导光盘,免费提供。目前为止,在全加拿大有超过1 450所托儿中心和幼儿园在使用这套资源。

(2)"科学拓展"(Science Outreach)——K—12年级学生"动手做"活动

动员组织上千名大学(专)生,以及全加科学、工程和技术方面专业人士作为志愿者,经过"让我们谈论科学"组织的专门培训后,进入中小学课堂、图书馆和社区,帮助科学课教师为青少年免费开展基于安大略省科学与技术课程标准(1—8年级)设计的、生动有趣、令人兴奋的动手/动脑做科学活动。2013年已有2 200名志愿者、1 600多名教育者、111 000名青少年、15 000名家长和公众加入到该项目中,开展了3 000多个动手动脑活动,访问了200多个特殊社区(团体),贡献28 000志愿时数。

同时,激励学生参加"科学挑战"(Science Challenge)竞赛项目,这些挑战活动也是由"让我们谈论科学"开发的,略高于课程标准的要求。2013年有1 000多名6—8年级学生参加了科学挑战活动。图10-5为学生参加"让我们谈论科学"活动时的情形。

图10-5　学生参加"让我们谈论科学"组织的活动

(3)"好奇城"(CurioCity)——8—12年级学生的交流平台

专门为青少年搭建的平台,激发和保持他们对科学的好奇,帮助他们利用相关的、互动的网络,与其他同学及科学领域的专家们一起,探索生活中每天遇到的科学问题。在这一平台上,青少年可以获得上百篇有关他们的兴趣和活动的有深刻见解的文章,例如,有关健康问题、技术、娱乐、体育、环境和相互关系等方面的文章。另外,还可浏览众多的生涯介绍,并可以与专家互动,提问,直接与大学辅导员及科学、工程、技术领域的专业人士在网络环境中进行联系。同时,为教师教学提供丰富资源。

值得一提的是,该组织根据项目需要并基于课程标准开发了一系列动手做活动(hands-on activities),涉及8个领域,每个领域包括若干活动,每个活动包括活动目标、具体步骤、所需材料和评价等。鼓励青少年探索和发现身边(教室、家庭乃至后院)的科学,通过调查和实验找出相关的答案。活动领域及数量见表10-1。

表 10-1　动手做活动

活动领域						
活动数量						

其中环境科学和天文宇宙领域的主题活动列举如表 10-2 所示。

表 10-2　环境科学和天文宇宙的主题活动

环境科学主题活动	天文宇宙主题活动
探究用于净化水的最好材料	在夜间如何识别北(方向)
研究酸雨的主要影响	当陨石撞击地球时
构建一个植培小生态	为什么在夜晚看到影子
探究雨水为什么呈酸性	你的体重在另一个星球上会怎样
探究哪种材料最易生物降解	
探究温室效应的形成	

4. 运作及培训

"让我们谈论科学"组织除日常管理外,实行项目负责制,3~5人主要负责某个项目的策划、论证、实施、监控、经费开支等,其他成员协同作战,忙而不乱。定期研究、讨论、报告(每周一为例会时间)。一些大型项目的开展或重大资金的使用,要经董事会商定。另外,每年定期举办各种培训和研讨会,包括科学教师、志愿者、项目参与者等的专业培训,培训规则之大、参与人员之多、培训研讨内容和形式之丰富是一些公立学校或其他组织无法达到的。

5. 研究与发展(R&D)

该组织除了开发和实施相关项目以外,凭借自身的专业和实力,还投入相当多的经费和人员承担并开展研究工作,包括与政府、大学、中小学合作的研究项目,这是该组织特色之一,他们通过进行大量调研,撰写并发表研究报告,为教育决策者提供咨询、建议和服务。例如,加拿大人对科学教育的态度——调查结果(2011,终期报告)。此研究报告中的数据和观点经常被加拿大教育部门、人力资源与培训部等引用。

第二节　拓展教育资源

随着教育、社会、经济的不断发展，利用各级各类社会公共场馆开展教育教学已经不是新鲜事物。打破课堂、教室、校园的围墙和界线，建立学校与公共场馆障碍通道，与教育专家合作组成专业团队共同开发场馆项目、课程等已成为社会文化发展的趋势。场馆学习（museum learning）已成为非正规学习和终身学习的重要方式和途径，历史博物馆、自然博物馆、科技馆、天文馆、美术馆、动物园、植物园等不再只是储存、展示和保护文物的场所，而变成鲜活的、交互的具有强大吸引力的教育资源。同时，鼓励教师和学生充分利用场馆资源，亲身体验和经历，丰富知识和技能，拓宽视野，了解历史、正视当代、展望未来，从小培养和塑造青少年艺术修养、科学素养、审美情趣，形成正确的价值观和批判性、创造性思维，从而实现全面发展，这是教育的最终目标，也是可以通过合理利用各种场馆，间接拓展教育资源来实现的。

包括中国在内的许多国家都有各自的社会公共场馆，相比而言，无论从硬件到软件、从质量到数量，加拿大各类场馆可谓处于世界领先行列。尤其是各类场馆具有的强大的教育功能和为中小学教与学提供的贴心服务，突出"请进来"和"走出去"的特点，既能吸引大众来馆参观、体验、沉浸，又能根据需要学校（客户）需求，上门服务、提供相关课程、展品、迷你实验室，以及流动图书馆、科普流动车、各种夏令营等，最大限度发挥场馆教育功能，及时做出最专业、最有效、最能满足需求的贡献。这是值得我国学习和借鉴的。

为研究加拿大各种场馆是如何为教育服务的，本书作者参观、访问了加拿大主要省市的著名场馆，如位于首都渥太华的加拿大文明博物馆（Canadian

Museum of Civilization)、温哥华的科学世界(Science World)、多伦多的安大略省皇家博物馆(Royal Ontario Museum, ROM,图10-6)等,有些场馆跟随不同学校和学生去过多次,因为学生的某些课程要在场馆中完成。现选取几个主要且有特色的场馆,剖析其主要教育功能和贡献模式。

图 10-6 多伦多一所私立学校(The Dragon Academy)的学生正在安大略省皇家博物馆参观学习

一、人类学博物馆

加拿大温哥华美丽的不列颠哥伦比亚大学(University of British Columbia, UBC)校园内有一座世界闻名的人类学博物馆(Museum of Anthropology, MOA),是展示世界艺术和文化的绝佳场所。博物馆里收藏了38 000件人种学和535 000件考古学艺术品,尤其是以收藏和展示太平洋西北海岸原住民艺术品和文物等一些稀世藏品而著名。馆内标志性艺术品要数高大的图腾柱和令人赞叹的雕塑,每年吸引着来自世界成千上万的学者和游客来尽情享受精美而生动的艺术展。

博物馆于1947年被发现,当时UBC人种学收藏品陈列在主图书馆的地下室。Harry Hawthorn博士成为第一位新博物馆主任,他的夫人成为第一位馆长。1971年,得到加拿大政府资助,UBC开始重建新的博物馆,由加拿大著名建筑师Arthur Erickson设计,于1976年竣工并开放。两位艺术家Walter and Marianne Koerner将自己收藏的大量西北澳海岸原住民艺术品捐赠给博物馆,作为新馆的主要内容。本书作者参观过两次MOA,留下了深刻印象。

1. 地理位置独特,环境优美

MOA座落在不列颠哥伦比亚大学校园内,建在一处陡坡边缘,俯瞰群山环抱内海的壮丽景观,平地高起12米的博物馆,通过落地玻璃窗,给人以毫无遮拦的视景,而且能从外部自然风貌的背景中看到雄伟的图腾柱。

2. 原汁原味，方便赏鉴

在博物馆地段上一个池塘周围，复原了几处印第安式的村落，包括当地特有的各种树木，再现它们原来的面貌。所有文物的收藏场所都可以参观，因而不需将艺术品从公共陈列场所到内部存放场所之间来回搬动，既方便参观者，又能有效保护好馆藏品。

3. 突出学术气息

建在大学校园内的 MOA 是一所研究和教学型博物馆，为 UBC 的学生提供专业支持和服务，尤其提供艺术、人类学、考古

图 10-7　不列颠哥伦比亚省
人类学博物馆

学、文物保护、博物馆研究等课程。其他院校的学生们无比羡慕 UBC 的学生能享受到如此得天独厚的宝贵资源。

4. 与时俱进，互利互惠

2010 年初，MOA 再次完成改扩建项目，按 UBC 的设计理念开发了一些新的设施，使之更具特色，实现大学与博物馆之间的互利互惠。例如，建成了研究室、考古学实验室、Audrey & Harry Hawthorn 图书馆和档案室，以及口述历史和语言实验室；建成 MOACAT 数字化目录系统，使所有馆内收藏品的信息（图像、音频和视频）可以通过触摸屏展现。

5. 为中小学生提供课程和资源

如前文所述，加拿大多数省中小学必修课设置中有原住民（First Nations）课程和明确的课程标准要求。因而，MOA 根据有关课程设置和课程标准，提供小学课程、中学课程、拓展工具箱（装备）课程等，这就不难理解在 MOA 经常会看到中小学生畅游其中。例如"我的祖先还在跳舞工具箱"课程供 K-12 年级学生（课时 50 分钟），帮助学生学习钦西安人（Tsimshian）的历史和传统，包括奇尔卡特人（Chilkat）的编织。作为编织者，William White 提出自己对其作品的工艺和文化价值的理解。工具箱里为学习者提供了一些可以触摸的编织材料样品和编织台架、大量展览图片、教师指南和资源书以及家用录像机录制的录像

(Gwishalaayt)。这些宝贵的资料使学生和教师大开眼界,尽情享受。

二、多伦多公共图书馆

多伦多公共图书馆(Toronto Public Library)始建于 1884 年,不但是加拿大最大的图书馆,也是全世界最大的基于社区的公共图书馆之一。有别于世界上一些只能在图书馆内阅读的大型图书馆,多伦多除一间图书馆外,其余都以外借图书为重要职责之一。多伦多人口约为 260 万,仅 2011 年,就有 1 850 万访问者借阅了 98 大类、100 种不同语言的 3 200 万项资料(中国国家图书馆藏书总量 2 600 万,以收藏为主)。

多伦多市百间分支图书馆在城市地图上被专门标示出来,供居民们就近选择,在住家附近找到一两间图书馆不是难事。即便真的附近没有图书馆,也有移动图书馆会安排到你家附近逗留。有一些就设立在购物中心里面,让人在购物时便可以顺便造访借阅,甚至暂时歇脚。市民和游客可以自由地到图书馆读书、看报、上网(有电脑也有 Wi-Fi)、放松(玩游戏)、复习考试、乘凉、聚会、饮水、使用卫生间甚至进行表演活动(有的图书馆有剧场)或者种菜种花(有的图书馆有园地)。申领图书卡(library card)后可以借阅图书、报刊杂志、DVD、CD 等,有的图书馆甚至连笔记本电脑都可以租借(限时 2 小时)。所有服务都免费。

办理图书卡手续简单便捷,而且不只限于加拿大居民,其他访问学者、暂居游客等都可办理。本书作者于 2012 年作访问学者期间,凭护照(带有本人照片的身份证明,驾照也可以)和银行月结单(表明目前住址的文件)当即免费办理了图书卡(图 10-8)。而且,一卡在手,可以走遍全市各间图书馆,尽情享用社会公共教育资源。多伦多公共图书馆的人性化管理方式、强大的功能和使命以及对多元文化的注重和体现都留给本书作者深刻的印象,这也正是其独特之处,更不难理解经常会看到不同年龄、不同肤色、不同语言、不同文化背景的人群沉浸在

图 10-8　多伦多公共图书馆图书卡

图书馆里的情景。

1. 易借易还,高效便捷

借书(包括 DVD、CD 等)可以网上办理、电话办理或者亲自到任何一间图书馆办理。选定要的书,指定一间取书的图书馆,书就会自动送到附近的那间图书馆供领取。书一旦到了还会有人通知。通知方式可以选择 E-mail 或/和电话。即使是在图书馆里办理借阅手续,也非常便捷,无需人工服务,借阅者直接将所借资料放在电脑扫描台上,借阅收据便自动打印出来,显示所借项目、借出时间、归还时间。而且可以东区借书西区还,即将所还资料放在任意一间图书馆,即使错过了工作时间,将其直接投入图书馆门口的贮书箱即可,次日管理员会收集整理。所还的图书先被扫描一下,核查是否有人已经预订。若有,就夹上标明该馆代号的字条,置于转运箱内,等待运输车辆拉走后流通。后者则是图书馆系统使用自己车辆,根据借阅者们预订的书单,每天穿梭于市区内各分支馆之间传送相关书刊,因此效率极高。另外,还可以在网上提前预订还没有印刷出来的新书,一旦新书出版,就可以在附近的图书馆领到带着新鲜油墨气息的新书,那感觉不言而喻。

2. 借阅量大,时限较长

每人一次可借阅最多 50 本(包括书、DVD、CD 等),多数书籍一次可借 21 天(DVD 与 CD 或特殊项目等借阅时长为一周),之后可以通过多种方式(网络、电话、图书馆)续借 2 次,也就是最多借 2 个月必须要归还,之后可以再重新借。续借的前提是没有其他人预订了该书,否则就要先换书再重新排队。假如书逾期未还,便要面临罚款,儿童卡借阅的每天罚 10 分加元,成人卡借阅的每天罚 30 分加元,按逾期累计缴纳。若是不慎遗失,要按书价赔偿。如果过后有幸找到遗失书目,可以凭交款收据拿回赔金。其实,罚金不是目的,只是想让更多读者有机会分享各种资源。

3. 设施齐全,环境舒适

几乎所有图书馆都配备电脑、打印机、复印机、音响设备等供大众使用,还提供免费无线上网服务,其中有些还提供饮水机。使用图书馆内的电脑需要提前预约,每次可以使用 1 个或 2 个小时。图书馆内环境清雅舒适,冬暖夏凉,窗明几净,赏心悦目,徜徉在书丛图围之中,倍感惬意。

每间图书馆的服务时间不尽相同,考虑到方便大众,实行弹性的开放时间,有的日子(如周四)会开到晚上九点,甚至周六全天开放、星期日半天开放。馆内工作人员多是和蔼可亲,热情周到,有问必答,有求必应,真正做到贴心服务。时间一长,大家都成为好朋友,走过路过,互致问候,如文化大家庭一般。

4. 功能强大,注重多元

除一般图书馆具有的功能以外,多伦多图书馆还具备其他强大功能。如提供包括各种协助新移民安家立业、语言学习、上岗培训、计算机网络技术等信息材料和相关培训、辅导课程,帮助新移民克服语言难关、寻找工作、及早融入新环境的工作坊(workshop)等。还会经常举办针对儿童的活动,如请经过专业培训的义工(志愿者)讲故事、放映免费电影、手工艺活动、设计书签比赛;为各年龄段读者组织主题读者、成立读者俱乐部,定期交流分享阅读感受和心得;举办读书节、夏令或物冬令读书活动,与知名作家见面座谈活动,诗歌鉴赏、艺术分享、专题讲座(如烹饪)等,小型表现或研讨会等,所有活动的形式和内容丰富。

多伦多公共图书馆的各个分支,依据所辖社区内居民的族裔分布特点,专门设有相应的外国语读物部,例如唐人街附近的分馆,有很大的中文部,备有中文书报、期刊、音像制品;同样,在小意大利区的分馆有意语资料,韩国城的分馆有韩语读物等。甚至图书管理员也来自当地主要族裔国家,可以帮助英语不好的居民充分利用图书馆。这无不体现出加拿大移民国家的特点,落实联邦政府的多元文化政策,成为消解各个移民群落难以割舍的乡愁的途径之一。这在世界上也是首屈一指的。多伦多多次被联合国评选为最适合人类居住的城市之一,除了优美的自然资源外,社会公共资源的提供和多元文化的注重更是有利因素之一。

5. 肩负开启艺术和文化之旅的使命

与其他图书馆不同,多伦多公共图书馆与当地重要艺术和文化中心、场馆合作,引领大众踏上艺术和文化之旅。由知名公司或企业赞助提供"博物馆+艺术馆通行证"(Museum + Arts Pass,简称 MAP),带你免费领略多伦多最好的艺术和文化瑰宝,有助于提升人们的文化修养和艺术素养。凭有效的多伦多公共图书馆的图书卡,可在任一家(有时在指定的)图书馆免费领取个人或家庭(2位成人和最多 5 个孩子)MAP。其中不乏平时收费的热门景点和深受儿童喜爱、百去不厌的场馆。发放日期通常是周六,参观日期为本季度任何一天。当然,发放的 MAP 非常抢手,需要早起排队领取。

参与多伦多艺术和文化之旅的有:

- 安大略艺术馆(Art Gallery of Ontario)
- Bata 鞋博物馆
- 黑溪村(Black Creek Pioneer Village)
- Casa Loma
- 多伦多城市历史博物馆(City of Toronto Historic Museums)
- 陶艺博物馆(Gardiner Ceramics Museum)
- 因纽特人艺术博物馆(Museum of Inuit Art)
- 安大略科学中心(Ontario Science Centre)
- 皇家安大略博物馆(ROM-Royal Ontario Museum)
- 加拿大纺织博物馆(Textile Museum of Canada)
- 多伦多动物园(Toronto Zoo)

这些也正是多伦多主要的社会公共教育资源,它们时时刻刻发挥着重要的作用。

三、多伦多美术馆

1. 概况

安大略省美术馆(Art Gallery of Ontario,以下简称 AGO,图 10-9)坐落于多伦多市中心,毗邻繁华热闹的唐人街与安大略省艺术设计学院,拥有从公元前 100 年至今的 8 万多件艺术收藏品,是北美最著名的美术馆之一。1900 年由一批私人艺术爱好者创办,最初叫多伦多博物馆,1966 年改名为安大略省美术馆,并于 1993 年进行了改建。安大略省美术馆新馆由加拿大最具世界知名度的建筑设计师弗兰克·盖瑞(Frank Gehry)设计,2008 年 11 月落成并向观众开放。

图 10-9　多伦多美术馆一瞥

安大略省美术馆建筑面积约有 45 000 平方米,每年都吸引了加拿大国内与国际上的大量艺术爱好者。5 层楼的建筑中不仅有风格各异、门类不同的艺术品展示,也有咖啡厅、书店和餐厅。平日里很多人会约上朋友在这里喝喝咖啡、品味艺术,安大略省美术馆已成为许多人闲暇时的好去处。

美术馆中有永久收藏,也有每几个月更换的各种展览。安大略省美术馆最重要的收藏品是大量的加拿大艺术品,作品表现的内容大多是文艺复兴时期至巴洛克时代的主题,此外,还包括欧洲艺术品、非洲和大洋洲艺术品以及现当代艺术品等。该美术馆因收藏有英国雕刻家亨利·摩尔(Henry Moore)的 900 多件作品而在世界享有声誉,馆藏约有 20 座雕像。美术馆还收藏了超过 16 000 幅自 14 世纪至现代的艺术创作、绘画等,其中,较现代的有野兽派艺术家马蒂斯(Henri Matisse)、普普艺术家安迪沃荷(Andy Warhol)等的作品;较古典的则有圣经画家乔瓦尼(Giovanni)、17 世纪荷兰画家林布兰(Rembrandt)、凡高以及毕卡索等的名作。还有体现加拿大、美国与欧洲现代艺术的发展与艺术运动的收藏,包括安迪·沃霍尔(Andy Warhol)、克拉斯·欧登伯格(Claes Oldenburg)、詹妮·霍尔泽(Jenny Holzer)以及极具加拿大特色的"七人画派"因纽特人的作品。由加拿大风景画家组成的"七人画派",他们基于对加拿大北部荒野自然的热爱,以图开创一种不同于欧洲传统的新画风,一种真正的表现加拿大本土的绘画风格。他们运用大胆、夸张的艺术手法,以富于变化的画面再现独具特色的加拿大自然风光。他们的作品和精神鼓励了后来者,激起了加拿大人对自己广博土地的兴趣和热爱,成为加拿大作为一个独立国家成长的重要精神力量和组成部分。

2. 项目开展

安大略省美术馆面向公众,开发设计各类项目、课程和活动,提供人们访问、参观美术馆的机会以及亲自参与创造艺术品的机会,培养和提升人们的审美能力和艺术素养。AGO 针对不同人群设计并开展项目的主要包括:

(1) 儿童和家庭项目

所有课程和工作坊源自美术馆的艺术和收藏,包括素描、绘画、雕塑课程等,为儿童和家庭的创造和学习提供独特的环境。同时,还举办家庭周日活动、艺术与设计营地、夏令营、生日派对、动手做活动(图 10-10)等。

图 10-10　安大略省美术馆手工活动场景

(2) 青年项目

通过艺术青年委员会,为青年提供工作、成为志愿者和实习的机会。委员会成员共同合作,开展由青年为青年发起的项目,包括展览、公共艺术项目、大范围艺术展览、实地考察及其他活动。其课程和工作坊的目的主要是培养 13~18 岁青少年广泛的工艺技能和创造力。

(3) 学校和教师项目

AGO 提供专业的学习机会,通过开展主题项目和跨学科课程鼓励学生亲身体验并探究相关艺术问题。培养学生艺术鉴赏和视觉理解技能,和 AGO 专业教师合作,在教室里将视觉艺术赋予生命。提供学校课程和教师课程,开设 K—3 年级课程、4—6 年级课程、7—8 年级课程、9—12 年级课程以及订制学校项目。例如,2013/14 学年为 9—12 年级学生开设的课程有:

① 数码相机和智能手机摄影介绍(2 小时),课程关联:视觉艺术

帮助学生了解 AGO 历史的和当代的摄影艺术作品,并利用智能手机或数码相机,学习基本的摄影构图、用光以及文本制作等技术。如需要,AGO 提供简单的数码相机,同时,鼓励学生带上自己的相机或智能手机。

② 展现自我:混合介质工作坊(90 分钟),课程关联:视觉艺术

为学生提供释放个人创造力并根据主题制作出艺术品。选择传统和非传统的材料,学生有权创造一幅油画、素描、抽象拼贴画或混合介质设计,以表达出自己想法、感受和理念。

四、多伦多动物园[1]

2012年2月,加拿大总理哈珀成功访华,并得到了中国政府赠送的国宝大熊猫。大熊猫的新家之一就是堪称世界一流的加拿大多伦多动物园(Toronto Zoo,图10-11)。这一消息使原本就享有较高知名度的多伦多动物园顿时火爆起来,客流量大增,给冰雪之城带得一丝暖意。

图10-11 多伦多动物园宣传画

加拿大多伦多动物园现有460多种、5 000多只动物,按地理位置分布在不同的展馆和大蓬中。有些展馆设计独特,原汁原味,其中包括获奖作品——面积达30英亩(1英亩=0.004 047平方千米)的非洲草原(African Savannah)、非洲雨林馆(African Rainforest)、非洲企鹅馆(African Penguin)。值得一提的是,动物园内的大猩猩雨林馆是北美最大的室内猩猩展馆。查莱氏探索乐园(Zellers Discovery Zone)是游客必到之处,也是孩子们的天堂。乐园里有体验互动乐趣的儿童动物园(Kids Zoo)、享受戏水乐趣的水上乐园(Splash Island)和观看动物表演的水榭剧场(Waterside Theatre)。

作为非营利机构,多伦多动物园采取多种方式鼓励大众支持动物园的日常经营、管理和项目,包括捐赠、领养动物、成为志愿者或大使、赞助等。

本书作者通过跟随约克大学教育学院的学生、多伦多私立学校(Dragon Academy)的学生几次前往多伦多动物园,观察他们利用场馆开展学习,发现其重要特色就是强大的教育功能。主要通过学校项目、野营项目、拓展项目和动物园学校项目来实现。具体活动包括学校组织学生到动物园参观,有受过专业培训的志愿者负责引导和讲解;有基于课程标准为小学生和初中生设计的生动有趣的动手做参与活动、游览等;还提供教师资源,组织教师专场活动;野营项目按不同年龄段设计了不同的项目,有家长和孩子共同野营活动,青少年、学校或家

---

[1] www.torontozoo.com.

庭参加的丛林野营、徽章项目等。值得关注的是拓展机会项目,它是基于课程标准设计的学生与动物园互动的项目,将课堂上学习的概念鲜活起来,有的项目也可以是通过将动物园中的动物带到教室的方式进行,实现与动物的亲密接触。这些项目涉及到课程标准中不同年级的内容,如二年级的内容"动物的生长的变化"、四年级的"栖息地和群落"及六年级的"生物的多样性和脊椎动物分类"等。动物园学校项目是动物园可为十一年级的学生提供生物学和大学预科(SB13U)课程的学习机会,鼓励学生开展互动式学习、幕后调查、与动物园员进行职业生涯讨论以及参与正规的课程学习。完成相关作业和考试后,获得相应公认的学分。多伦多动物园学校已在安大略省教育部以私立学校的形式注册成功。

五、安大略省科学中心[1]

2013年9月,作为世界上第一批互动式科学馆,加拿大安大略省科学中心(Ontario Science Centre)将迎来44岁生日,已有来自世界各地的4 000万人访问了安大略省科学中心,成为最引人入胜的文化胜地之一。到2010年3月,家庭会员数量已达20 579。

安大略省科学中心的最大特点就是作为教师和学生学习和探究科学的阵地。包括学校参访项目、科学学校、学生资源和教师资源。学校参访项目中设有基于2007年修订后的安略科学与技术课程标准开发的、针对K—3年级、4—8年级、9—12年级不同年段学生的50多个动手做项目;同时配合教学,上映IMAX大型穹幕电影,有《北极》《落基山脉》《海底世界》等。"挑战者学习中心"开展宇宙空间科学教育。已有400万学生利用航空模拟器完成航空任务,包括返回月球、火星航行等。这些在完成互动和合作的航空任务过程中,帮助学生树立信心,提高学生解决问题和做出决策的能力,以及团队合作、研究分析数据、表现交流的能力。

与其他科技场馆相比,安大略省科学中心更突出的特色是在开展科技活动时,采用多种多样、生活有趣的形式来吸引青少年投入其中。例如,通过生日聚会、过夜者、虚拟旅游、现场研究、露营等形式,鼓励儿童探索科学世界。同时,根

---

[1] www.ontariosciencecentre.ca.

据青少年的年龄和发展特点,设计安排不同主题的活动。以 2014 年活动设计为例,为 5—9 岁儿童生日聚会设计"化学变化""魔术""宇宙"等主题活动,为 10—12 岁的儿童生日聚会设计"工程学"等;过夜者活动则鼓励儿童带上自己的睡袋在科学中心过夜,包括观赏 3D 巨幕电影、动手做活动、童子军徽章活动、DJ/PJ 舞会、探索暮色后的科技中心等活动;露营在每年 3 月和 6—8 月组织,2014 年的主题分别为"中世纪科学探寻""摇滚乐的科学""运动",露营活动为期一周,并欢迎家长参加。

在安大略省科学中心(图 10-12)里还设有科学学校(Science School)。科学学校的学习有助于获得全方位的学习经历,包括独一无二的学习环境、小班教学条件、极具经验、热情和想象力的教师指导。科学学校渴望那些对科学学习和交流富有激情、具有较强的专业背景、主动展示、独立学习技能和团队合作能力的学生来这里探究科学与技术。十二年级及大学预科的学生可以在这里获得生物(SBI4U)、化学(SCH4U)、物理(SPH4U)、现代函数(MHF4U)、微积分(Calculus and Vectors MCV4U)。这些课程是由多伦多学区委员会支持的,所以学生申请录取后无需支付学费,但实习和实验需要付费。学生需要提交书面申请,包括学科成绩和两位教师的推荐信,其中一位教师应该是科学或数学教师。经筛选和面试后每学期从安大略省录取 30 名学生到科学中心的科学学校学习。

图 10-12　安大略省科学中心场景

值得一提的是,许多场馆组织的一些活动是免费,免费的背后是加拿大联邦政府和省政府的投入与支持,大型企业、慈善机构与个人的赞助与捐赠,国民税收款项的支撑等。

第三节　补充教育资源

有人曾担心:加拿大地广人稀,宁静清凉,外来移民很难融入社会,生活久了会得抑郁症。当你学习、工作或生活在多伦多等主要城市,关注并参与那里举办的各种节(假)日活动和庆典,上述的担心将是多余的。加拿大政府每年投入相当规模的人力、物力和财力,主办或协办各级各类颇具特色的活动和庆典,且鼓励企业、银行、慈善机构等赞助并捐献,共同合作开展活动,弘扬多元文化,补充教育资源。教育离不开历史、文化、社会、经济,他们相互作用,共同发展。身在异国他乡,庆祝本国重要的节日,如中国的元宵节、端午节、国庆节等;同时,还能通过参与各种庆典,了解其他国家的历史和文化,品尝世界美食美酒,观赏精彩的文艺表演,参与风趣的竞赛比赛,结识各国新朋友,消除乡愁、开拓视野、增长见识,感受世界大家庭的温暖、热闹和喜庆。

本书作者秉持体验多元文化、丰富人生经历的理念,参加了多伦多举办的一些活动。例如,每年5月底举行多伦多开放日(Doors Open Toronto),150所著名建筑在两天内对公众敞开大门。这些建筑平时要么不对外开放,要么收取参观费。为了能在有限时间内参观更多的建筑,人们会精心设计路线,提前做好功课。通过亲历,深刻体会到这些活动和庆典的举行无疑为到访者打开一扇窗,尽情领略加拿大的多元文化,感受融汇与和谐、欣赏文化与艺术,与思考历史与未来,学习传统与创新,实践尊重与批判,享受自然与活力,陶冶情操,品味人生。且收获颇多,简单的法语、西班牙语、俄语已不在话下,萨萨和

图 10-13　一年一度的萨萨舞节(Salsa)群众正在学习基本舞步

恰恰舞随乐而起,西餐与中餐混搭,滑雪与徒步交错……图 10-13 为萨萨舞节日上大家在学习基本步伐。

表 10-3 呈现的是 2014 年多伦多全年主要庆祝活动,如有机会访问加拿大时,这是不容错过亲身体验的机会。

表 10-3　2014 年多伦多主要节(假)日活动和庆典一览表

	主要节日或活动	备注(简要特色)
1 月	舞台戏剧节 (Next Stage Theatre Festival) 2014.01.08—19	2014 年已是第 7 个年头,是冬季戏剧的开始节目。成为边缘艺术家表演的舞台
	尼亚加拉冰酒节(Niagara-on-the-Lake Ice Wine Festival)2014.01.10—26	当尼亚加拉地区变成了寒冷的乐园,在 1 月份的 3 个星期里,人们庆祝加拿大最受喜爱的产品之一——安大略冰酒的上市。在节日里,人们可以参加品酒晚会,品尝炒栗子,逛冰吧和参观酒庄,一年一度的冰酒节给人们带来无限欢乐
	加拿大帝国商业银行元宵节 (CIBC LunarFest) 2014.01.25—26	2014 年是农历新年马年,为了庆祝加拿大人的亚洲传统节日元宵节,人们搭建了世界上最大的、两层楼高的摇摆木马,带着我们踏上了解亚洲历史的旅程。还有装饰天灯、品尝元宵等活动

续表

2月	冬季美食节(Winterlicious / Culinary Event Series) 2014.01.31—2014.02.13	多伦多最受欢迎的冬季美食节。200多家多伦多顶级饭店参加,展示各种不同国家特色的美食。3~4道组成的套餐以诱人的价格出售
	多伦多品茶节(Toronto Tea Festival) 2014.02.01—02	无论你是新手还是专家,多伦多茶叶节将带你发现茶的世界,从传统到流行,品尝上百种不同来源、不同工艺、不同香气、不同制作过程的茶
	大黄节(The Rhubarb Festival) 2014.02.12—23	加拿大首演实验表演节展示多伦多的现代戏剧,表演,艺术,舞蹈和音乐。上百名当地和国际艺术家呈现富有创新意识的表现
	冬季蓝调民谣音乐节(WinterFolk Blues & Roots Festival) 2014.02.14—16	冬季民谣音乐节不分年龄,在市中心举行。超过150位艺术家分别在5个舞台上表演3天。同时,还举办一些讲座
	快乐家庭节 Family Fun Fest [Toronto] 2014.02.15—17	30 000平方尺(1平方米=9平方尺)大型室内家庭娱乐活动
	8. Kids-Fest [Hamilton] 汉密尔顿儿童节 2014.02.15—17	北美洲最大的室内(超过80 000平方尺)充气娱乐活动。孩子们可以在大型充气装置和设施上蹦、跳、滑、爬乐,还有表演、互动活动、游戏,并可以参观加拿大战机博物馆
	冰雕节(IceFest) 2014.02.22—23	设计出各种神奇的、惟妙惟肖的冰雕展示、评比活动
3月	枫糖浆节(Maple Syrup Festival) 2014.03—04	在安大略省多地举行。为人们提供了解、参与枫糖浆传统制作过程的机会
	多伦多小品喜剧节 Toronto Sketch Comedy Festival 2014.03.06—16	是北美最生动的喜剧节
	大尼亚加拉地区家庭及园艺展 (Greater Niagara Region Home & Garden Show) 2014.03.21—23	为参观者提供家庭及园艺装饰、改造等需要的各种东西,包括花园,风景,水系,水池,温泉池等。还可以品酒,欣赏鸟捕食和现场烹饪展示
	美食美酒节(Food & Drink Fest) 2014.03.21—23	各种当地及国际葡萄酒,啤酒和美食品鉴
	多伦多春季啤酒节(Toronto's Festival of Beer—Spring Session) 2014.03.29	2014年首次举办
	多伦多萨萨舞蹈节 (Toronto Salsa Festival)	舞蹈节以国际知名萨萨舞蹈家,教练和主持人参加为特点,有众多研讨会,比赛和表演,让您度过一个难忘的周末

续表

4月	残疾人艺术节（Tangled Arts Festival）2014.04—05	历时2个月展现残疾艺术家的最前沿作品
	斯特拉福德节（Stratford Festival）2014.04—10	从4月到10月在安大略省斯特拉福德举行，是北美最大的古典珍藏戏剧节，还有丰富的附加活动
	萧伯纳艺术家（Shaw Festival）2014.04—10	演出季上演萧伯纳和同龄人创作的12~14个戏剧
5月	加拿大音乐节（Canadian Music Fest）2014.05.06—10	加拿大音乐节是加拿大音乐周的一部分，加拿大音乐周有1 000多艺术家分别在60多个场馆表演
	多伦多喜剧艺术节（Toronto Comic Arts Festival）2014.05.10—11	有250多名来自全世界的漫画家参加，举行展览、画展、阅读、讲座、研讨会等活动
	多伦多马戏节（Toronto Circus Festival）2014.05.17—19	由零重力马戏团为您表演
	酿酒作坊艺术节（ArtFest at the Distillery）2014.05.17—19	户外工艺品展，85位来自加拿大的艺术大师参加。有陶艺、玻璃、首饰、绘画、木雕、美食和音乐等
	多元文化节（Carassauga Festival of Cultures）2014.05.23—25	有机会在3天内畅游世界72个国家而不离开这个城市。在搭建的28个场馆领略各国特色，观看民间舞蹈，品尝美食，购买艺术品和时装
	巴里湖边节（Barrie Waterfront Festival）2014.05.23—25	多伦多以北一个小时车程，举行一年一度的巴里湖边节（户外现场音乐和街头艺人节）
	多伦多开放日（Doors Open Toronto）2014.05.24—25	150座建筑在这两天对公众敞开大门。这些建筑平时要么不对外开放，要么收取参观费。活动源于欧洲，在多伦多很受欢迎
	多伦多歌唱艺术节（SING! The Toronto Vocal Arts Festival）2014.05.30—06.01	来自加拿大和世界的艺术家欢聚一堂呈现100场演出，大多数是免费的
	南亚传统节（RUNG — Annual South Asian Heritage Festival）2014.05.31	在皇家安大略博物馆举行。75位艺术家和表演者呈现南亚传统的和现代的艺术、工艺品、音乐和舞蹈

续表

6月	多伦多原生/素食节(Toronto Raw/Vegan Festival) 2014.06.07—08	多伦多原生/素食节提供你所需要的健康,无残忍,生态友好,绿色生活。非素食者也可以参加
	穆赫塔迪国际鼓乐节(Muhtadi International Drumming Festival) 2014.06.07—08	分两个舞台,40只表演团队上演两天的亲家庭,赏多文化的表演
	多伦多探戈舞节(Toronto Tango Festival)2014.06.12—15	4天时间,以研讨会和表演的形式庆祝阿根廷探戈舞。人们可以学习或观赏到最专业的探戈
	海滩,烧烤和啤酒节(Beach, BBQ & Brews Festival) 2014.06.13—15	海滩,烧烤和啤酒节计划在父亲节的周末举行
	密西沙加湖边节(Mississauga Waterfront Festival) 2014.06.13—15	密西沙加海滨节是安大略省100个最好的节日之一
	北方音乐节(NXNE) 2014.06.13—22	相当于美国德州奥斯丁音乐节。800支乐队、150名喜剧大师,带来65场表演,30部影片展演,60位艺术提供10天音乐、喜剧、互动活动
	尼亚加拉新酒节(Niagara's New Vintage Wine Festival)2014.06.14—22	葡萄酒和美食爱好者的乐园
	多伦多葡萄酒及烈酒节(The Toronto Wine and Spirit Festival) Jun 19—21, 2014	在多伦多葡萄酒和烈酒学校举行,包括品酒和培训讲座
	龙舟赛节(Dragon Boat Race Festival) 2014.06.21—22	龙舟赛节将运动和娱乐相结合,体现多元文化的亮点。200支队伍、6 000多名桨手将参加100多场比赛
	多伦多牛排节(Toronto Ribfes) 2014.06.28—07.01	多伦多牛排节在加拿大日长周末举行的伊桃碧谷社团募款活动。节日所募集的所有资金将支持当地和海外的社团组织
	国际野餐会(CHIN International Picnic)2014.06.28—07.01	历时3天,每年吸引25万人,是加拿大最大的免费野餐会。除品尝世界美食外,每天都有来自世界各地的著名艺术家轮番登台献艺

续表

7月	多伦多戏剧节（The Fringe—Toronto's Theatre Festival）2014.07.02—13	艺术节为所以艺术家提供展示作品的机会，不论内容，形式和风格。并且尽可能地让社区成员负担得起和更易参与
	非洲节（Afrofest）2014.07.05—06	多伦多最大的非洲音乐和文化庆典
	湖边音乐节（Waterfront Blues Festival）2014.07.11—13	湖边蓝调音乐节——多伦多新城唯一真正的蓝调音乐节—将再次呈现顶级音乐人才
	本田印地赛车节（Honda Indy）	本田印地赛车节，安大略最大的年度运动赛事，将在安大略湖展览区公路和多伦多市中心街道进行
	芭恰塔 & 梅伦格舞蹈节（Bachata & Merengue Festival）2014.07.19—20	有来自国内外的歌手参加表演。芭恰塔舞和梅伦格舞起源于多米尼加共和国，在整个拉丁美洲很受欢迎
8月	加拿大国家博览会（The Canadian National Exhibition，CNE）2013.08.16—09.02	加拿大国家博览会在展览区举行，一年一度的夏末庆典
	西班牙节（Hispanic Fiesta）2013.08.30—09.02	西班牙节在杨格大街美拉斯门广场举行。以动听的音乐，诱人的食品和多彩的文化闻名于世。有来自国内外 20 多个讲西班牙语国家的 300 多当地、国家和国际的知名演员参加表演
	火辣食品节（Hot & Spicy Food Festival）2013.08。30—09.02	火辣食品节在海港中心举行，火辣的食品，音乐及舞蹈一定会让你热血沸腾，还有铁厨师大赛大受欢迎
	多伦多夏季艺术和工艺品节（Toronto Summer Art & Craft Show（ArtFest））2013.08.30—09.02	多伦多夏季和艺术庆典，全加拿大 65 名艺术家和工匠齐聚一堂，为期 3 天。欣赏手工加拿大陶艺，玻璃，皮革，珠宝首饰，美食，织画和现场音乐等
9月	素食者食品节（Vegetarian Food Festival）	素食者食品节在 Harbourfront 举行，是北美最大的活动
	第十届海滨凯尔特节（10th Annual Beach Celtic Festival）	海滨凯尔特节已经举办了 9 年，群星集聚海滨，带给大家精彩的节目
	乌克兰节（Ukrainian Festival）2013.09.13—15	多伦多乌克兰节展现乌克兰人的一切
	龙塞斯瓦列斯波兰节（Roncesvalles Polish Festival）2013.09.14—15	节日在龙塞斯瓦列斯镇周末时间举行，通过现场表演、美食美酒品尝等展示波兰文化

续表

9月	泛美食品节(Pan American Food Festival) 2013.09.20—22	体验北美,中美,南美洲和加勒比海41个国家的文化多样性,有众多的餐馆,大厨,民族和地区菜肴,艺术,音乐和西半球民俗
	音乐节(Junction Music Festival) 2013.09.21	有5个室外舞台和25个场馆,各种流派汇集,有疯克,旁克,爵士和拉丁等多种音乐
	甜品招待节(Sweets & Treats Festival)2013.09.21—22	品尝多伦多最好的甜品
	瑜伽节(Yogapalooza) 2013.09.21—22	在港口中心举行首次室外瑜伽节。音乐,运动和冥想是节日的庆典。两天的节日活动包括肚皮舞,宝莱坞劲爆歌曲,武术混搭和一些瑜伽信徒表演
	多伦多大蒜节(Toronto Garlic Festival)2013.09.22	庆祝安大略省大蒜丰收
	街边图书节 Word on the Street Festival	图书和杂志节,展商提供特价和促销,还有表演
10月	多伦多巧克力节(Toronto Chocolate Festival) 2013.10.12—11.03	作为多伦多全市活动,巧克力节回归有8年了
	多伦多国际弗拉门戈舞蹈节(Toronto International Flamenco Festival) 2013.10.13—19	节日致力于增加弗拉门戈舞蹈在北美的知名度
	国际作家节(International Festival of Authors) 2013.10.24—11.03	超过60位来自世界的作家相聚在多伦多湖滨区
11月	冬季灯光节(Winter Festival of Lights) 2013.11.09—2014.01.31	冬季灯光节将尼亚加拉大瀑布变成冬季仙境,5公里的线路安装300万只闪烁的彩灯
	冬季魔幻橱窗节(Winter Magic Festival—Window Wonderland) 2013.11.13—30	橱窗仙境再次点燃节日橱窗展示的传统。学生们进行展示竞赛,由专业评委和大众投票选出2个优胜者
	圣诞老人火车(Santa Train) 2013.11.16—12.15	约克—杜伦传统铁路有圣诞老人火车。圣诞老人挨个座位拜访孩子们并发糖果袋
	多伦多村庄节(Toronto Paskuhan Festival) 2013.11.30.	欣赏菲律宾圣诞节传统的精华,是融合视觉、嗅觉、听觉的盛宴

续表

12月	德国圣诞节市场（Christkindl Market＊Kitchener＊） 2013.12.05—08	从中世纪开始,每到圣诞节,德国的城市和村镇都会出现户外市场,木质货摊上摆满了传统手工圣诞节饰品、果仁饼干、木刻雕像、美食,还有音乐和舞蹈。该节在加拿大最古老最庞大德国社区举办
	仙女和海盗工作室 (Fairies and Pirates In The Workshop) 2013.12.07—29	在罗马城堡(CASA LOMA)举行。跟面点师学习如何设计和装饰神奇的节日姜饼屋。每个儿童可以用糖果喷洒或粘连及装饰自己神奇的姜饼屋
	胡桃夹子-加拿大国家芭蕾舞 (The Nutcracker—National Ballet of Canada) 2013.12.14—2014.01.04	"胡桃夹子"将在四季中心上演

总之,教育离不开社会价值和文化。一切源自文化、发展文化、回归于文化。

第四节 非营利组织的贡献模式

除上述实例外,在加拿大类似的组织、中心、场馆数不胜数,本书作者参观、访问的过的还有例如安大略省生态学校(Ontario ECO Schools)、地球巡护中心(Earth Rangers Centre)、安大略皇家植物园(Royal Botanical Garden)等。这些为教育做出重大贡献的组织和机构大多是非营利性,因此研究非营利组织对社会教育资源的贡献模式,在这方面是大有可为的。

一、共同特点和挑战

这些非营利组织形成强大的社会教育资源网,它是促进加拿大教育发展的不竭动力和源泉。通过分析发现,这些组织有着共同的特点。他们能够:

(1) 开拓融资渠道,从国际或当地知名企业或机构获得资金资助。如世界银行、壳牌石油、微软等公司。

（2）凝聚各行业精英，作为专业、顾问、董事会成员、项目负责人等，提升自身实力。

（3）投入极大的心血和热情，坚持和执著，科学管理和运作，广泛合作，整合各种资源，通过开展活动或展示、开发项目或课程、建立中心（实验室、工作坊）或基地、上门（学校）服务、配套数字化资源等方式向大众和社会做出贡献。

（4）丰富和拓展教育的内容领域，根据课程计划和课程标准，努力使课程结构、教与学的方式、评估模式发展变化，提供优质资源，从而帮助青少年提升21世纪关键能力，实现全面发展。

（5）注重人性化管理和服务，面向不同文化背景、年龄的大众，根据社区和居民的不同需求，开发相应的项目，尊重并弘扬多元文化，鼓励当地民众共同参与建设。

（6）得到政府、社会的认可，作为教育基地、示范中心、培训中心、拓展中心等，成为不可缺少的社会教育资源和重要支柱。

同样，这些组织也面临着相似的挑战，表现在政府对民间非营利组织的资助和重视程度，持续资金资助和申请，社会的广泛认同度，专业扶持和指导，与公立组织、正规教育等的关系与合作等方面。通过各方共同努力，虽然一些问题或挑战得到解决或改善，但仍会有新的问题和挑战应运而生，需要不断为之努力。

二、启示和借鉴

1. 正视现实，抓住机遇，加快非营利组织的建设和完善

在全球化的经济体系中，如果一个国家的教育经费和资源总是处于有限或缺乏状况，其在国际竞争和人才培养中必然处于劣势地位。世界多国的发展经验表明，非营利组织在促进领域发展、社会和谐、提高政府的公共管理能力方面发挥着极其重要的作用。同时，非营利性组织数量的多少在一定程度上可以反映出一个国家和地区文明和民主的发展程度，是公众发挥参与作用的重要途径。据统计，中国每万人拥有的非营利性组织数量为1.45家，远远滞后于其他国家，

如埃及为2.44家,印度为10.21家、美国为51.79家,法国则高达110.45家。2010年《国家中长期教育改革和发展规划纲要(2010—2020年)》指出:"完善体制和政策,鼓励社会力量兴办教育,不断扩大社会资源对教育的投入。"2012年党的"十八大"报告进一步提出"鼓励引导社会力量兴办教育"。因此,建议以此为契机,加速我国NGO的建设和完善,才能确保教育资源不断丰富,有助于我国由人口大国转向人力资源大国。

2. 加大政府积极扶持的力度,降低非营利组织成立门槛

我国政府目前对非营利组织的管理主要执行"双重分层管理体制"。非营利组织成立的条件和程序过于复杂、严格和苛刻,这大大影响和削弱了包括旨为科学教育领域做出贡献的民间组织或个人的积极性、参与性和创造性,严重阻碍我国非营利组织的发展。因此建议我国政府简化对非营利组织审批、注册政策,积极鼓励和扶持,拓宽和扩大社会资源对教育的投入,降低准入门槛,完善一系列相关政策(如税收政策等)和法律法规,加强过程管理和监控,一旦发现问题,及时处理。通过评估发现优秀典型,予以大力表彰,吸引更多优质组织为科学教育做出贡献。

值得欣慰的是,近年来,已有一些企业或个人意识到我国科学教育投入和资源不足,并尝试以非营利组织、慈善机构、专设基金、协会团体等形式参与发展。但在其组织自身建设和发展、如何处理与其他教育实体的关系、如何发挥优势做出贡献等问题尚待研究和完善。

3. 创建组织模式

创造性地提出"自身建设(Construction)、发展贡献(Contribution)、联系(Connection)、循环(Cycling)4Cs模式"(图10-14),旨在妥善处理、有效整合与分享公立、私立、正规、非正规教育资源,建立与政府的伙伴关系,并通过自身建设及发展贡献,以实现科学教育的本质特征——科学、技术、社会、环境(STSE)的相互联系,推动科学教育以及社会文化的进步(图10-15)。

(1) 非营利组织自身建设方面

要构建能在科学教育中发挥积极作用的非营利组织,首要前提是组织机构的自身建设,包括队伍构成、资金管理、项目开发和运营研发等。

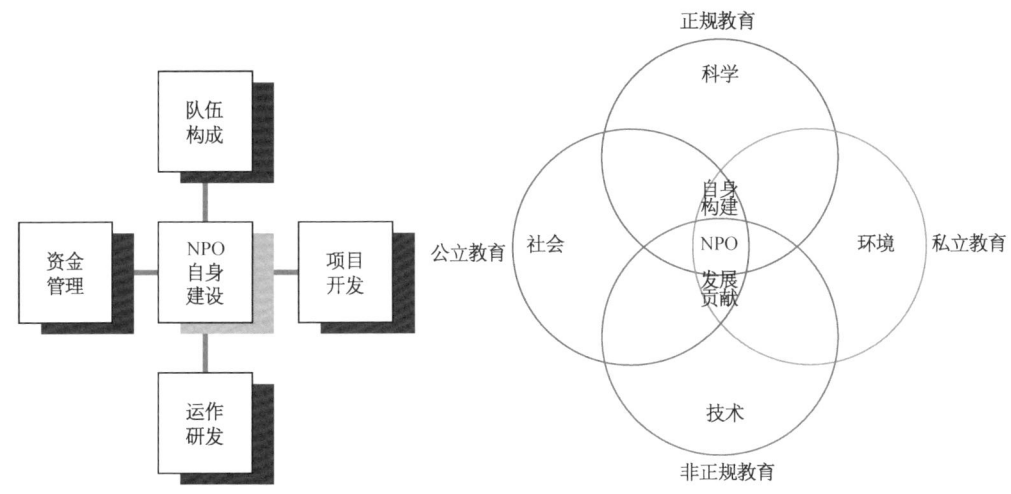

图 10-14　队伍构成模式图　　图 10-15　非营利组织"自身建设"模式图

在队伍构成上,要选聘具有科学教育学术背景的专业人士,具有教育教学丰富经验的资深人士及热爱科学教育事业的志愿者。聘请科学课程开发者以及相关领域的科学家、企业家作为专家顾问。队伍年龄结构及专、兼职比例要合理,成员间要善于协同合作,充分发挥各自的批判性思维能力和创造力。需要强调的是,每位成员对科学教育激情和热爱对组织建设和发展至关重要。

在资金管理上,要拓宽资金来源渠道、广纳基金与捐赠,同时对资金进行科学管理,做到公开透明,接受监督,定期报告,严格执行国家对非营利组织资金支出的相关规定。

在项目开发上,要基于各学段课程标准,突破其重点难点,以培养儿童和青少年的关键能力为核心,拓展学习领域的深度和广度,结合职业发展,面向全体,利用多种平台(电台、网络、媒体等)。在项目管理上实行项目负责制,专人负责,协同合作。

在运营研发上,要横纵联合、广泛合作,注重自我完善和提高,开展相关学术研究和政策研究,开展国际比较研究,努力研发全球关注、我国急需的项目,作好第三方评估工作,为政府提供决策服务。

(2) 发展贡献方面

非营利组织对科学教育的贡献涉及方方面面,当前尤其需要非营利组织通过努力来弥补其他教育实体资金、资源、师资的短缺和不足,整合各级各类各领域的资源,完善和支持科学课程、教学、评价改革,拓展学习环境,兼顾科学知识、能力、态度的普及与提高,扩大就业途径、举办或承办研讨会、开展专业培训、保持科学教育的可持续发展。

(3)联系与循环方面

非营利组织要通过项目研发、实施、运营等,将科学、技术、社会、环境(STSE)有机地联系起来,从而体现科学教育的本质特征,实现"教学环境影响教学方式,教学资源影响学习质量"的理念。同时,通过多种形式与公立、私立机构合作,打通正规与非正规教育,汇集学校、家庭、社区力量,将科学教育资源进行整合与分享,相互补充与支撑,共担风险与挑战,共同完善与进步,接受评价与监督,形成良性、动态、流畅及可持续的循环、贡献和发展状态,增进教育公平,提升教育质量,推动社会进步。

4. 提升认识,整合各方力量和资源,尝试借鉴+创新

无论在理论还是实践层面,我国对非营利组织的研究始终处于滞后的状态,这与我国在国际中的大国形象和国力水平不相符。在经济迅速发展的中国,更需要文化的变革。因此,迫切需要更多有志之士、有识之士加入到研究与创新中来,批判地借鉴国际先进经验,从战略高度认识到我国提高非营利组织的数量和质量的重要性。建议我国教育部、科技部、人力资源部等部委协同合作,整合资源,发挥各自优势,共同构建和完善新型的非营利组织,促进我国社会教育资源沿着更丰富、更均衡、更优质、更多元的方向发展。

开发和利用社会教育资源,各国都会重视,但笔者感到,加拿大开展这方面的工作尤为突出。他们通过构建教育服务与支持中心、组织、中介、网站及数据库,直接丰富教育资源;利用各类场馆,实现大课堂理念,间接拓展教育资源;举办各类活动和庆典,弘扬多元文化,补充教育资源。真正实现"社会大课堂、学校无围墙"的理念。我们在学习借鉴时,不仅要关注硬件的建设,更要注重软件层面的构建和发展,包括社会教育资源的组建和运作,项目开发与设计,有效资源整合,人员专业发展,利用效率和效益、动态可持续发展等方面。相信社会资源

的丰厚会提升人的幸福感和满足感。

总览加拿大建国以来近百年的基础教育发展变化情况,可以发现一个有趣的现象,加拿大的教育改革,没有国家的统一指令,总是在某个省或某个学校先进行试点,见到成效后,各个省或学校随后跟进,一直是在"润物细无声"中进行的。虽然没有轰轰烈烈、兴师动众的改革壮观,但同样能取得"异曲同工"的效果。这同加拿大国家整个社会大环境紧密相关。长期来,加拿大政局稳定,经济能保持持续发展的势头,近百年里,几乎没有在政局上发生大的动荡,经济上大起大落的现象。营造一个良好的社会环境很重要,是各项事业发展的根本保证,自然也给教育发展创造了有利条件。

凡是去加拿大考察过的人,不仅会被加拿大美丽的大自然风光所吸引;而且,对整个社会环境的良好氛围,也会留下深刻难忘的印象。

附录

一、加拿大当代著名的教育家

1. 马克斯·范梅南

马克斯·范梅南(Max van Manen)于 1942 年出生并成长在荷兰的希尔弗瑟姆,在那里他完成了国立教育学院有教师资格的各级(K-12)和英语作为第二语言的专业。1967 年移民加拿大后,他在埃德蒙顿公立学校教了几年书,并继续在加拿大阿尔伯塔大学教育学院完成硕士(1971 年)和博士(1973 年)学业,后成为加拿大公民。他于 1976 年加入了加拿大阿尔伯塔大学,直到 2008 年退休。他是教育研究方法、教学方法和课程研究教授。目前是阿尔伯塔大学名誉教授和维多利亚大学的兼职教授。

范梅南是北美"现象学教育学"的开拓者之一。现象学教育学使用现象学理论和研究方法来探讨教与学的问题。他是国际上第一本且目前也是唯一一本《现象学教育学》杂志的主编,尽管这本杂志现已经停刊。在其所著《教育机智——教育智慧的意蕴》一书里,他首次系统地提出了"教育机智"这一概念。他认为,教育活动始终是前反思、前理论、情境性、实践性的,对教育情境的把握则需要教师的实践智慧。这种智慧源于深切地体验、理解孩子的生活和现实。范梅南最具影响力的三本著作是:《教学机智——教育智慧的意蕴》《生活体验研究——人文科学视野中的教育学》《儿童的秘密——秘密、隐私和自我的重新认识》(与巴斯·莱维林合著)。

2. 迈克尔·富兰

迈克尔·富兰(Michael Fullan)出生在加拿大多伦多。他从多伦多大学获得社会学博士学位。1969 年担任学位教师在职课程教师和项目负责人。1988 年富兰被任命为多伦多大学教育系主任(FEUT)。他在1996到2003年之间担任多伦多教育学院的院长,目前为名誉教授。富兰从2004年至2013年一直担任总理的安大略省特别教育政策顾问。

迈克尔·富兰是加拿大当代著名的教育家。他多年来一直从事教育变革的研究,并取得了一系列具有重要影响的成果,在北美乃至世界范围内享有很高的学术声誉,被公认为教育改革理论领域的国际权威。

他关于教育变革的一系列著作,如《教育变革新意义》(第三版)、《变革的力量——透视教育改革》《变革的力量》(续集)、《变革的力量——深度变革》和《学校领导的道德使命》等,深受广泛关注和好评。迈克尔·富兰运用复杂科学的原理和非连续性教育理论,以及教育复杂性研究的最新理论成果对教育的变革进行深度观察和研究,揭示了教育变革的非线性和复杂性特征。在书中,迈克尔·富兰教授对教育改革问题进行了多角度、全方位、深层次的探讨,尤其对教育变革的动力、变革过程的复杂性以及变革的内在机制等问题进行了系统阐述。迈克尔·富兰认为,实现整体变革的核心问题是如何促使基层看到改革跟自己的利益密切相关,而不是政府的一厢情愿。最关键的是,方向来自中央,力量出自基层。

3. 哈里·戈尔斯

哈里·戈尔斯(Harry Giles)生于1930年加拿大的魁北克,是加拿大教育界的先锋,被尊为最具影响力教育家之一。他引入深具影响的入大学前竞争体制和化学、物理奥林匹克竞赛。他协助创立国际文凭课程(IB课程)并在加拿大建立了考试中心。代表加拿大出席了第2、3、4届国际教学课程会议。他于1962年创办多伦多法语学校 TFS(Toronto French School),共任26年校长。他在加拿大引入了浸透式法语教育,且推广至全国。同时,哈里·戈尔斯实施了加拿大第一个早期启发式教育课程。

二、加拿大著名的中小学校

在加拿大国家和政府的机构不会对中小学校进行排名。一般情况下,公众是从一些非政府的机构来获得信息。目前,比较有影响的中小学排行榜出自成立于1974年的菲沙研究院(Fraser Institute)。这个机构不属于政府或者任何一家商业公司,而是独立的非营利公共政策研究机构。学校排行榜只是该机构研究范围中的一小部分,它还在其他众多领域发布研究报告。尽管对中小学排名榜存在质疑的声音,包括仅考虑学术成绩、公立和私立学校混在一起排名等,本书在此并不想讨论加拿大中小学排名问题,只是参考菲沙研究院发布的相关信息,列举一些加拿大有一定知名度的中小学校。

加拿大政府规定学生可以就近入学。只要家长在小学学区内购买了房产或租赁了房子,即可注册上这所小学。公立小学包括普通公立小学和天主教公立小学,学生接受免费义务教育。在公立学校的系统中,没有什么所谓的"名校"或者"重点学校"。私立中小学校因为是收费教育,一般不需按学区招收学生,只要能通过私立学校的入学考试和面试,就能申请成功。

1. 蒙特利尔(Montreal)地区著名的中小学校

- **Collége Jean-de-Brébeuf**

这所1928年建在Outremont地区的私立法语学校提供从中学至大学预科的课程,高中部设有IB国际文凭课程。该校最初由天主教会筹建和管理;从1986年开始,由非教会团体接手管理,获得魁省政府的教育资助,并继承了该校一贯注重人文主义教学的精神。学校校舍及场地宽阔,教学水平高,学生成绩突出。已故加拿大前总理杜鲁多Pierre Trdeau、魁人党前党魁Andre Boiclair、魁省前省长Robert Bourassa等多位政治名人均毕业于这所学校。该校不少毕业生还成为加拿大的社会名流或商业精英,如Jean Coutu是连锁超市的创始人,等等。

地址:3200, chemin de la Cote-Ste-Catherine, Montreal

电话:(514)342-9342

网址:www.brebeuf.qc.ca.

除了那些著名的私立学校,大蒙特利尔地区的公立中学中也有质量出色、特色突出的学校。包括四所公立国际中学。国际中学是通过联合国教科文组织认可的学校,其在高中阶段多采用著名的International Baccalaureate(IB)国际文凭课程,该课程于1968年起源于瑞士的日内瓦,后来在联合国教科文组织指导下专为世界优秀中学生统一设计,是一种具有挑战性的大学预科强化课程。IB文凭被欧美高校所承认,为全世界大学通用,目前全球有1 270余所国际学校同步教授这一课程。在国际中学毕业可以同时得到魁北克省教育部颁发的中学毕业证书,魁北克省国际学校委员会颁发的国际中学毕业证书和瑞士国际文凭组织统一颁发的高中毕业证书。相较其他类型的学校,国际中学更强调把学生培养成适应国际化发展的人才,因此学校非常注重培养学生的语言能力和实际解决问题的能力。在蒙特利尔岛、Laval市、蒙特利尔南岸各有一所公立国际中学,分别为

- **Ecole internationale de Montreal (secondaire)**

地址:11, Chemin de la Cote-Saint-Antoine, Westmount

电话:(514)596-7240

网址:www.csdm.qc.ca/EIM.

- **Ecole d'Education internationale**

地址:720, rue Morin, McMasterville

电话:(450)467-4222

网址:eei.csp.qc.ca.

- **Ecole d'éducation internationale de Laval**

地址:5075, boul. du Souvenir Ouest, Laval

电话:(450)662-7000 poste 4399

网址:www.cslaval.qc.ca/eeil.

- **Ecole Primaire International De Montréal,公立国际小学**

地址:5010, av Coolbrook, Montréal, QC H3X 2K9, Canada

电话:(514)596-5721

网址:http://www2.csdm.qc.ca/eimp/.

这个学校有两个优势,一是小学毕业之后可以直升国际中学,而国际中学的入学考试的竞争是非常激烈的。还有一个优势是,虽然这是所法语学校,但是与其他法语公立学校相比,它更重视英语的学习,英语课占的比重很大。进入该校学习需要参加入学考试。如果在该校学前班学习,就可以直升国际小学。一般准备上这个学校的孩子,家长会考虑早点儿去排队读学前班。每年11月份学校

有 open house，可以去参观、咨询。如果错过了一年级的入学考试，三年级和四年级分别有两次插班考试。但是，由于招收数量较少，竞争非常激烈。

2. 多伦多(Toronto)地区著名的中小学

虽然公立学校的系统中，没有什么所谓的"名校"或者"重点学校"之分，但是，在大多伦多各地区，包括怡桃碧谷、北约克、士嘉堡、Forest Hills 都有一些相对来说历史比较悠久、教学质量良好的公立学校，重视教育的家长们常常会慕名而来。这些地方的房价也由此而略高。一般来说，这些学校的学习风气较好，但是，由于公立学校是不能选学生的，它们必须接受所有属于他管辖区的学生，多余的名额才可以对外开放，常常供不应求，有时只能采取抽签的形式。

- Seneca Hill P. S 公立小学

地址：625 Seneca Hill Drive, Toronto

电话：(416)395-2840

网址：http://schools.tdsb.on.ca/senecahill.

这所学校位于北约克(North York)，其课程编排出色，课外活动丰富，教师尽职尽责。学校经常开展户外教学，带领学生们观看演出、听音乐会、参加社会活动等。学生的学习生活非常愉快，而且学术成绩相当优异。该校有 4—6 年级的天才班(Gifted Program)。除注重语言和数学教育以外，该校十分重视学生领导才能以及艺术和体育等方面的培养。

- Hillmount 公立小学

地址：245McNicoll Ave, North York, ON M2H 2C6

电话：(416)395-2550

网址：http://schoolweb.tdsb.on.ca/hillmount/Home.aspx.

这所小学位于 Don Mills 街和 McNicoll 大街的东南角，成立于 1971 年，是老牌名校，过去 5 年中，在安大略省 2 714 所参加的小学中名列第一，获得 Garfield Weston 杰出教育奖。该校的学生来自 20 多个不同的国家，设有天才班(Junior Gifted Program)、学习障碍班(Junior LD Program)、艺术班(Arts Program)等。在注重语言和数学教育以外，该校通过多种形式的俱乐部和课外活动使学生得到全面培养和发展。

- **Bayview Secondary School 公立中学**

这也是一所老牌公立名校，成立于 1960 年。Bayview 中学的特色是开设国际课程(IB)。中学的 IB 课程高中毕业生可以得到安大略省的高中毕业证和 IB 双文凭证书。申请 IB 课程的学生不受学区限制，可跨区考取入读。

- **Richmond Hill High School 公立中学**

这所中学成立于 1851 年，位于 Yonge 夹 Elgin Mills 的东北角，是一所颇具知名度的老牌高中。该校 1999 年曾名列安大略省第一，之后虽有起伏但一直保持位居前列。是现任安大略省省长韦恩(Kathleen Wynne)的母校。Richmond Hill 中学校园面积达 4 英亩，拥有现代化的教学设施，配置先进的实验室，完善的体育馆和健身房，以及数百部电脑供学生使用。该校 9—10 年级设有 Richmond Hill 市唯一的天才班(Gifted Program)课程，为学习能力强、成绩优秀和思维活跃的资优学生提供更好的学习机会。该校 11—12 年级开设了 AP(Advanced Program)选修课程。AP 课程为大学预修课程，得到一定的成绩后可以转换为大学学分，减免大学课程。

- **Upper Canada College 上加拿大学院**

地址：200 Lonsdale Road. Toronto, Ontario, Canada. M4V 1W6 (E. of Spadina / N. of St. Clair W.)

电话：(416)488-1125

网址：www.ucc.on.ca.

这所加拿大著名的私立男校于 1829 年由当时的副总督 Sir John Colborne 发起建立。Sir John Colborne 参加过大革命和拿破仑战争。UCC 是安大略省内的第一个中学，当时创校目的是为了给刚创建的 King's College(即今天的多伦多大学)提供生源，后来跟英国几所学校关系良好。直到今天该校还一直与皇室保持着联系，Philip 王子至今仍担任该校校监。学校坐落在多伦多著名豪宅区森林山区(FOREST HILL)内，占地 17 公顷，该校也是森林山的地标之一。上加拿大学院提供 IB 课程，毕业学生可以得到安大略省的毕业证和 International Baccalaureate(IB)文凭。学校拥有超一流的师资、教学设备及各项设施，旨在将学生培养成为最优秀的人才。UCC 的校友包括 6 位省督、3 位总理、7 位大法官、4位多伦多市长、24位罗得学者、13位加拿大皇家研究会委员、10位奥运会奖牌获得者。学校招收从幼儿园到高中的不同学段学生,很多毕业生进入美国名校。该校以文科专业著名,崇尚艺术和体育,重视艺术熏陶,在学业上比一般公立学校有更严格的要求,而且非常注重培养男生的创造力。学校的师生比例约为1∶11。每年的学费大约是16 200加元。另外,该校暑假的活动特别多,如野营、欧洲游、高尔夫学习班、出游或观看体育比赛等,家长通常也要承担孩子参与相关活动的费用。

- **Toronto French School 多伦多法语学校**

  地址:306Lawrence Avenue East Toronto, Ontario, M4N 1T7, Canada

  电话:(416)484-6533

  网址:www.tfs.ca.

  这所学校始建于1962年,它的前身是一个家庭学校。当时由于一位律师Harry Giles和太太想要给他们的孩子创造一个双语的学习环境,因此在自己的家里创建。1984年,该校将所有分支机构合并,迁入现在北约克的校址。1995年,该校又在密市正式成立其分校区。搬迁至今,一直在扩大和完善校园,逐渐成为一个设施齐备的大型独立教育机构。学校课程完善,学生成绩优异,课外活动丰富,双语教学,设有IB课程,毕业颁发国际通用证书。其IT课程广受称赞。低年级学生主要用MAC,高年级学生主要用PC。学校有超过300台电脑,并且提供无线网络。此外,学校还设有多媒体电脑教室、物理实验室、机械实验室等。除专业成绩外,学校非常重视培养学生身体素质和广泛兴趣。现在有40多支不同项目的校队,其中游泳、网球、排球、篮球、足球和体操等项目都是该校的优势项目。学生们还可以参加各种俱乐部,以丰富他们的课余生活。

3. 温哥华著名的中小学校

- **York House School 私立学校**

  该校成立于1932年,是加拿大不列颠哥伦比亚省温哥华地区著名的私立女子学校。目前招收从幼儿园到高中三年级的女学生。该校的校训是"Not for Ourselves Alone"(兼济天下)。该校历史悠久,课程设置广泛,从女红缝纫到计算机科学的广泛领域均有涉猎。该中学为11—12年级的学生提供了AP课程;

为 8—10 年级的学生提供数学和法语的荣誉课程。该校连续多年一直被 Fraser Institute 评为不列颠哥伦比亚省的最出色的私立中学。该校不仅教学成绩优异,体育方面也一直表现卓越:该校的 Tigers 篮球队多次赢得了不列颠哥伦比亚省冠军;在越野赛中 Tigers 连续近两年均排名 TOP 5,2005 年名列第三。此外,田径、排球、足球、曲棍球、羽毛球、游泳、无板网球等领域均表现优异。高中部女子乐队每两年都要进行世界巡演,频获各种奖项;在许多顶级音乐节如 Whistler Music Festival 中都可以看到她们的身影。此外,学校每年排演多场戏剧,知名女演员 Aliza Vellani 毕业于该校。

- **St George's School 私立学校**

这所学校建于 1930 年,是加拿大最好的男子独立学校之一。该校有两个校区,分别招收小学 1—7 年级和中学 8—12 年级的学生,共有大约 1 100 名学生和 120 位教职员。St. George's School 以"培养学生热爱学习、热爱生命,拥有健康的身心,追求卓越,为创造更好的社会而奉献"为使命,以"是的,我能!"(Yes! I Can)为座右铭,强调学生自信心的建立,数十年来培养了无数社会精英。

- **University Hill Elementary School 公立小学**

地址:5395 Chancellor Boulevard, BC, V6T 1E2

电话:(604)713-5350

网址:http://go.vsb.bc.ca/schools/uhe/Pages/default.aspx/.

这所小学创办于 1927 年,是温哥华地区最早的学校之一,当时学校提供从幼儿园到 12 年级的课程,由校董事会负责学校的日常管理工作。1954 年,University Hill 中学成立后,University Hill 小学就主要提供从幼儿园到七年级的课程。进入这所公立小学就读,就可以直接进入其中学就读。其毗临 UBC 大学,校园环境非常优美。

- **University Hill Secondary School 公立中学**

地址:加拿大不列颠哥伦比亚省,温哥华 V6T 1S2, Acadia Road 路 2896 号

电话:(604)713-8258

网址:http://go.vsb.bc.ca/schools/uhill/Pages/default.aspx.

这个学校虽小却能提供优质的戏剧课程和实践机会。它是温哥华市内唯一

一所培训科技人才 TESSI(Technology Enhanced Secondary Science Instruction)的中学。从创校以来,该校学生就不断取得杰出的学术成就。学校为学生提供优良的学习环境,培养学生的自主学习意识、创造潜能、合作意识和责任感,鼓励学生多样化发展。同时,它也是一个多元化的中学社区,致力于为学生提供卓越的教学方式和学校环境。这个学校注重教职员工和学生以及学生家长的互动,并以此创建了一份 University Hill Secondary School 中学的发展原则:教职员工非常专业、优秀,校园文化强调公平、公正,注重学风和环境保护意识,关注全球热点问题。

- **Lord Byng Secondary School 公立学校**

地址:3939 West 16th Avenue, Vancouver, BC V6R 3C

电话:(604)713-8171

网址:http://go.vsb.bc.ca/schools/byng.

学校建于 1925 年,位于温哥华西区 West Point Grey 社区,占地 9 英亩。为纪念 Lord Byng 而命名,他是维米岭(Vimy Ridge)和加利波利战役(Gallipoli Campaign)的英雄,在康布雷战役(Battle of Cambrai)中,他主要负责大规模的坦克指挥。在学校成立之时,Lord Byng 是加拿大总督。该校提供完整课程,包括晋级分班课程、商业教育、西班牙语和法语。另外,该校也特别重视戏剧、管弦乐和视觉艺术教育。

后 记

记不清已经多少次踏上加拿大的国土,每次都有该写点什么的冲动,总想将自己的所见所闻、所思所想与周围的朋友分享。恰巧遇到几位志趣相投、经历相似的挚友,于是一起积极主动地投入到此书的创作过程中。他们是毕业于加拿大 Concordia University, Montreal, QC 并获得 PhD、现任加拿大 Dr. Liu Studio 负责人的刘万岑博士(主笔第一章、第二章、第三章、第八章),加拿大不列颠哥伦比亚省注册临床心理治疗师及其评审委员会委员、临床心理学黄蘅玉博士(主笔第九章),北京市高等师范培训中心、拥有国际项目经验的张莹(主笔第六章)。借此机会,向他们的辛勤努力表示衷心的感谢。

胡 军

2015 年 7 月